现实与超越

——大学教师理想角色形象研究

吕素珍　著

华中师范大学出版社
2012年·武汉

新出图证(鄂)字 10 号

图书在版编目(CIP)数据

现实与超越——大学教师理想角色形象研究/吕素珍著. —武汉:华中师范大学出版社,2012.9

(教育哲学研究丛书)

ISBN 978-7-5622-5687-8

Ⅰ.①现… Ⅱ.①吕… Ⅲ.①高等学校—教师—形象—研究 Ⅳ.①G645.1

中国版本图书馆 CIP 数据核字(2012)第 195045 号

现实与超越

——大学教师理想角色形象研究

 吕素珍 著

责任编辑:蒋红翠 冯会平　　**封面设计**:胡 灿

编辑室:文字编辑室　　**责任校对**:张晶晶

出版发行:华中师范大学出版社

社址:湖北省武汉市珞喻路 152 号

电话:027—67863040(发行部) 027—67861321(邮购)　　**电话**:027—67863220

传真:027—67863291

网址:http://www.ccnupress.com　　**电子信箱**:hscbs@public.wh.hb.cn

印刷:湖北新华印务有限公司　　**督印**:章光琼

字数:236 千字

开本:710mm×1000mm 1/16　　**印张**:14

版次:2012 年 9 月第 1 版　　**印次**:2012 年 9 月第 1 次印刷

印数:1—1200 册　　**定价**:30.00 元

欢迎上网查询、购书

总　序

教育哲学是教育研究中最具理论色彩的内容，也是我国目前教育学原理学科中唯一从哲学角度探讨教育问题的学科，因此，从教育哲学的学科归属来看，它既是哲学的应用学科，又是教育学的分支学科。不过，从中外教育哲学学科存在的实际情况看，似乎哲学界对其不够重视，这正如当代美国教育哲学家奈尔·诺丁斯(Nel Noddings)所说："与其他哲学分支不同的是，教育哲学很少在哲学系中开设，如同法律或医学哲学经常在法学院或医学院开设一样，通常教育哲学是在教育学院或教育系开设。"[①]不过，课程开设是一回事，从事研究则是另一回事。从历史上看，无论中外，真正的教育哲学研究乃是来自哲学家对教育理论的关注，历史上沉淀下来的教育理论精品，离开了哲学家的贡献，几乎没有多少内容。难怪中外教育哲学大家都发出感叹，真正的教育理论离不开哲学的支撑。王国维说："不通哲学而言教育，与不通物理、化学而言工学，不通生理学、解剖学而言医学，何以异？"[②]张岱年先生认为，中国古代哲学是教育家的哲学，哲学与教育哲学、哲学家与教育家几乎是同一的。美国教育家杜威也曾说过，教育哲学"并非把现成的观念从外面应用于起源与目的根本不同的实践体系：教育哲学不过是就当代社会生活的种种困难，明确地表述培养正确的理智的习惯和道德的习惯的问题。所以，我们能给哲学下的最深刻的定义就是，哲学就是教育最一般方面的理论"[③]。正是基于哲学家对人生意义的透彻感悟，英国教育家斯宾塞甚至断言："真正的教育只

---

① [美]奈尔·诺丁斯著，许立新译：《教育哲学》，北京师范大学出版社 2008 年版，第 1 页。

② 侯怀银：《国学视野中的教育学——王国维及其教育研究》，《中国教育科研报告》，2007 年第 4 期。

③ [美]约翰·杜威著，王承绪译：《民主主义与教育》，人民教育出版社 2001 年版，第 347 页。

的著名校长的言论都切实地说明了一个事实：大学里最重要的人不是校长、院长、系主任、行政人员，甚至也不是学生，而是教师。大学教师的知识、能力、学术、素养以及精神状态等决定了大学人才培养的质量、学术研究水平的高低和为社会所作贡献的大小，可以说，教师的水平直接反映、代表和决定了大学的水平。所以，研究大学教师对于促进大学发展和建设具有非常重要的意义与作用。

相关研究表明，20 世纪 80 年代以前关于教师的研究近乎空白。20 世纪 80 年代随着课程论研究范式的巨大转变，教师研究一跃成为教育研究领域的核心问题。在教师研究领域，教师形象研究是一个根本性、统整性和具有方法论意义的问题，因为“凡是关于教师的理论研究、政策制度和教师教育的目标、内容、方法及评价标准，其背后都隐含着对教师形象的一种假设、期待和取向。反言之，对于教师形象不同假设、期待和取向，将对教师研究、教师政策、教师管理、教师教育和教师评价产生根本性影响”[①]。教师形象分为理想形象与现实形象两种状态和水平。其中，理想的教师形象是对教师作为教育者和职业者的预设与期待的一种应然性的目标状态，它对教师培养、教师管理以及教师社会地位和职业自身的发展都有着重要作用。

在高等教育学领域，20 世纪后二十年以来研究重心也渐呈下移趋势：从原来宏观领域的高等教育结构、规模、体制、效益日益向中观领域拓展。这一趋势表现为两大方向：一是聚焦于院校组织层次，如近年来悄然兴起的“院校研究”（主要以单个院校作为研究对象）、大学文化、大学精神、大学理想、大学制度等；二是聚焦于大学教师、大学生、大学校长等主体层面[②]。大学教师研究日益成为高等教育学研究的重要内容之一，2000 年以前我国基本上没有关于大学教师的专题研究，而在 2000 年后尤其是 2003 年以后，相继出现了数篇以大学教师为主题的博士论文。在这些论文中，论题主要涉及教师聘任制、教师队伍建设或教师政策、教师激励、教师劳动合约、研究型大学教授群体、课程与教学论视角的教师研究、知识分子视角的教师研究以及大学教师的社会角色研究等。另外，笔者在中国知网和万方数据库中以大学（或高校）教师为篇名检索到的硕士论文有 150 多篇，其论题也主要是关于教师激励、绩效薪酬问题、师资建设、教师管理、教学问题、教师聘任制问题、教师权益保障、组织承诺等。王全林博士在《精神式微与复归——“知识分子”视角下的大学教师研究》中将国内外有关大学教师研究的领域概括为如下几个方面：政策与

---

① 阮成武：《主体性教师学》，安徽大学出版社 2005 年版，第 91 页。

② 王全林：《精神式微与复归——“知识分子”视角下的大学教师研究》，南京师范大学出版社 2006 年版，第 2 页。

教育政策视野中的大学教师研究、国际比较视野中的大学教师研究、高等教育管理视野中的大学教师研究、与大学教师有关的政策文件与文献资料整理、“院校研究”视野中的大学教师研究、教学科研及学术视野中的大学教师研究以及大学教授研究。综合已有的研究，我们发现现有研究以大学教师管理、教学等实践问题的研究占主导，而相对忽略了大学教师的系统理论研究。对于具有统整性意义的大学教师形象问题更是鲜有涉及，因此，笔者选择大学教师理想形象研究这一具有十分重要意义的课题作为本书的研究主题。

根据日本学者平冢益德对教师形象的理解，教师形象研究涉及教师的社会地位和教师的素质与能力两个基本方面，教师形象是二者的总体。教师形象的整体提升有赖于上述两个方面的共同作用。在上述两个方面中，前者主要是从社会学角度对教师职业的社会地位等进行研究，后者是从教育学角度对教育者的素质等进行研究。综合上述因素考虑，本书拟主要从教育学角度入手，即从教师的应然素质、能力及教师角色入手，对大学教师的形象进行研究。按照这种理解，目前大学教师研究中大学教师素质研究就是大学教师形象研究的重要方面之一。但是，从已有关于大学教师素质的研究成果看，学者们对大学教师素质的研究还远远不能构成大学教师形象特别是大学教师的理想形象，这主要是因为已有研究对大学教师素质的概括没有反映大学教师和大学教师职业的特性。所以，本书试图选取最能反映大学教师特性的三种理想角色，并从构成这些角色的特质出发，重塑大学教师的理想形象。

（二）研究意义

研究大学教师理想形象有理论和实践两个方面的意义。

第一，教师是高等教育活动的一个基本要素，也是高等学校的一个重要的主体。大学教师形象在大学教师研究中是一个具有统整性的重要问题。但目前在我国理论界很少有关于大学教师形象的专题研究，至少笔者还没有发现，所以笔者试图从社会角色角度以角色特质为基点构建新的大学教师理想形象，完善现有的高等学校教师理论。

第二，大学教师形象研究对大学师资建设等一些实践问题的解决也有重要的作用，尤其是在知识经济时代，它还具有很强的时代意义。当今社会正迈向知识经济时代，知识经济时代的社会经济发展速度和水平直接取决于高素质的人才。因此，大学作为培养高素质人才的主要基地，在现代社会中具有举足轻重的作用。而大学能否培养出适应时代发展所需要的高素质人才，有赖于大学是否拥有一支高素质的教师队伍。大学教师形象研究为大学高素质的教师队伍建设提供了理论依据，之所以如此，是因为大学教师的考核、评聘等工作都建立在对大学教师形象的科学认识基础之上。另外，大学教师形象研究本身也有利于指导大学教师的自我发展。故而，大学教师形象研究在当代社会具有很强的时代意义和实践意义。

二、已有研究概述

前面已经指出，王全林博士将国内外大学教师研究现状概括为七大领域的研究。但是到目前为止还没有发现系统研究大学教师形象的著作，笔者以大学教师及其素质研究为主要内容对当前大学教师的研究现状作一简单回顾。

（一） 国内关于大学教师研究的概况

目前国内对大学教师进行系统研究的著作十分少见（就笔者目力所见仅有李彦奎所编写的《高等学校教师论》），而以大学教师素质为主题的专著和编著几乎为零，仅有部分高等教育学教材中涉及此方面的内容，但是对此问题的论述也只限于泛泛而谈，缺乏系统性和针对性。

近年来，陆续出现了一些研究大学（或高校）教师的博士、硕士论文，但令人遗憾的是，这些论文以大学教师管理与发展、教学等实践领域的研究为主，鲜少有关于大学教师的系统理论研究。比如，在博士论文中，涉及的主题主要包括：教师聘任制，如吴鹏的《大学教师聘任制：基于“角色”概念的研究》和邓小林的《民国时期国立大学教师聘任之研究》；教师队伍建设，如杨震的《基于事业人假设的高校教师人力资源开发研究》和刘立志的《高校教师队伍建设政策发展的理论研究》；教师激励，如乔锦忠的《研究型大学教师激励机制》；教师劳动合约，如王寰安的《大学教师劳动合约研究》；教授群体，如王怀宇的《研究型大学的教授群体》；课程与教学论视角的教师研究，如张艳辉的《课程与教学视野中的大学教师研究》；知识分子视角的教师研究，如王全林的《“知识分子”视角下的大学教师研究——大学教师“知识分子”精神式微的多维分析》；大学教师的社会角色研究，如胡金平的《学术与政治之间：大学教师社会角色的历史分析》等。硕士论文涉及的主题包括：大学教师的激励、绩效薪酬研究，师资建设、教师管理研究，教学、教学评估（评价）、教学学术研究，教师（含教育技术）培养与发展（含教师专业化）研究，教师聘任制研究，教师健康与工作压力研究以及教师素质与角色研究和教师权益保障研究等。

（二） 国内对大学教师素质研究的概况

教师素质就是教师质量问题，“它与教育一样，是一个古老而又常唤起人重新思考的话题。只要时代处于深刻变化的转折关头，人们在重新审视现有教育、找出它的问题、希望改变它的现状并赋予它新的使命的同时，总会提出教师质量问题，为教师重新画像”[①]。当今中国正处于这样一个深刻的历史变革时期。全球化和知识经济的出现引发了社会的巨大变革，进而导致了教育大变革。高等教育作为教育体系中知识层次最高和程度最高的系统，在以知识创新为基础的社会大变革中具有前所未有的重要性。为了适应这种新形势，如何提高和改善大学教师素质成为学者们关注的问题。这些研究主要以单篇的期刊论文形式呈现。从研究的具体内容看，现有围绕大学教师素质的研究涉及两大内容：第一是大学教师素质的内容结构；第二是怎样培养与提高大学教师素质。

素质是人在先天禀赋基础上经过后天教育和环境影响所形成和发展起来的相对稳定的素养和品质。它是知识和技能的升华与内化，既包括可以开发的人的身心潜能，又包括社会发展的物质文明和精神文明成果在人的身心结构中的积淀；既可指个体素质，又可指群体素质。大学教师素质也包括个体素质与群体（或整体）素质两大方面。关于大学教师的个体素质主要有二分法、三分法、四分法、五分法、六分法等几种看法。所谓二分法，也就是将大学教师素质分为教师的道德素质与学识两大方面；三分法主要是在二分法的基础上将学识具体化为知识与能力，形成道德、知识与能力三要素；四分法中众学者共同认可的素质项包括思想品德素质（包括教师人格）、身心素质、文化业务素质，在这三项素质以外，学者们各自根据自己的认识增加了其他项素质；多数五分法的学者将大学教师的素质分为思想道德素质、科学文化素质、身心素质、创新素质、其他项；还有一些学者将高校教师素质划分为六个方面，即思想政治素质、道德素质、科学文化素质、能力素质、身体素质、心理素质[②]。

教师的整体素质取决于个体素质和整体的构成状态，一般反映为教师的群体结构，分为职称结构、年龄结构、学历结构、专业结构、来源结构。教师的群体结构从根本上说是一个动态结构，它要适应所处阶段的国家政治和经济发展水平，适应高等学校教学和科研的实际情况，适应高等学校的客观条件和外部环境；相应地，它处在一个发展变化和不断更新的状态，是随着高等学校的发展而发展完善。静态的大学教师群体结构包括合理的职称结构、最佳的年龄结构、高层次的学历结构、多门类的专业结构、多元化的来源结构。我国学者刘立刚把教师群体素质分为结构

① 叶澜等：《教师角色与教师发展新探》，教育科学出版社 2001 年版，第 17 页。

② 高校教师素质测评组：《高校教师素质测评体系初探》，《清华大学教育研究》，1998 年第 2 期。

因素与心理因素两大内容。其中，结构因素又包括年龄结构、学历结构、知识结构、职务结构、专业结构、个性结构、体能结构等；心理因素包括心理相容、感情融洽、心向一致、行动协调。

如何培养和提高大学教师素质是大学教师素质研究中的又一问题。针对这一问题，有学者提出了一些具体策略。如高校教师素质培养策略的制度构建是管理机制和培养机制；而高校教师素质培养策略模式包括：推行教师职业专业化制度——确保我国教师社会政治地位，推行教师管理的公务员化制度——确保我国教师职业声望和吸引力，建立一支高效精干的教师队伍——确保我国教师经济利益，强化教师终身学习的进修意识——加快教师职业专业化进程，实施教职员本位发展计划——提升在职教师的专业精神①，等等。

（三）对已有研究的评述

笔者认为，现有关于大学教师素质的研究对重建大学教师形象有一定的借鉴作用，但总体来看，这些研究反映出如下一些问题：

第一，对大学教师形象研究的重视程度还不够。

这从有关大学教师素质研究的成果数量多少可以得到部分反映。总的来说，现有关于大学教师素质的研究成果数量还是相对较少的。在笔者可以查阅到的资料中，几乎没有关于大学教师素质的编、专著类著作；学位论文中也仅有少量直接关于大学教师素质的硕士论文（在中国期刊网 2000 年—2006 年间共有关于教师素质的学位论文 53 篇），即：刘福满的《课堂教学受学生欢迎的高校教师素质结构分析》（2004 年），鄢朝晖的《高等教育国际化趋势下我国高校教师素质研究》（2002 年），刘立刚的《高校教师素质论》（2001 年）。这与基础教育理论界十分重视教师素质研究的状况刚好相反。在基础教育研究领域，关于教师素质的研究成果非常丰富，不仅有专著，如熊大成等著的《教师素质教育论》、鞠献利著的《教师素质论》、刁培萼等著的《智慧型教师素质探新》、朱仁宝主编的《现代教师素质论》、朱仁宝、王荣德主编的《21 世纪教师素质修养》、修朋月等主编的《教师素质发展论》、吕文硕主编的《现代教师素质》等；也有博士论文，如华东师范大学博士张奎明的论文《建构主义视野下的教师素质及其培养研究》（2005 年），以及众多硕士论文和一般学术论文。在中国期刊网上，自 1979 年至 2006 年，共有关于大学（或高校）教师的文章 3500 余篇，其中涉及教师素质的文章仅有 170 余篇。

① 陈世国：《重构高校教师素质培养机制和管理模式》，《中国高教研究》，2003 年第 9 期。

第二，有待进一步加强学术性的大学教师素质或形象研究。

研究成果的学术水平可以从成果发表的类型和所载期刊的层次水平反映出来。一般意义上讲，著作类成果的学术性大于编著类，而编著类成果的学术性又优于纯粹编写类；在论文中学位论文的学术性要比一般论文高，一般论文的学术性则可以从所载期刊的层次中反映出来，按照我国现有期刊的分级标志，总体上看，一级重点期刊的论文学术性最强，核心期刊次之，一般期刊的学术性又次之。从这个意义上讲，目前我国理论界对高校教师素质的研究总体学术水平还不是很高。在已有文献中，还没有发现有系统地研究大学教师素质的著作和编著作，博士论文中也缺乏对此课题的研究，即使在一般性论文中有涉及研究，但研究层次明显不高，这主要体现在关于大学教师素质的核心文章比较少。

第三，缺乏能够突出大学教师职业特性的系统学理性的大学教师形象研究。

一方面，在所有关于大学教师素质的论文中，没有学者将大学教师素质作为学术性概念进行过专门研究，一般情况下都是将教师素质概念直接移用到大学教师素质上。如有学者指出，大学教师素质是指构成大学教师的思想品德、知识、能力和生理心理条件诸要素在限定时间的状态。这种按照中小学教师素质结构划分方法将大学教师素质划分为几个大的内容结构——或者道德和学识素质，或者道德、知识和能力素质，又或者道德、文化业务、身心素质及其他等——的研究思路虽然可以明晰大学教师与其他非教师职业人员素质之间的区别，但不能突出大学教师职业的特性，所以导致大多数论述都只能流于泛泛而论，很难深入细致地做学理性的研究，得出独创性的结论。另外，现有研究中经常出现概念不明晰的现象，如将“高等学校”和“大学”当作同一学术概念使用。另一方面，现有研究中实践研究多于理论研究。从所有关于大学教师素质的论文中可以看到，只有三篇硕士论文是以大学（或高校）教师素质为主题，并且其中刘福满的《课堂教学受学生欢迎的高校教师素质结构分析》是关于大学教师教学素质的实然状态的调查研究，并非是对作为大学教师的素质作整体的理论研究。另外鄢朝晖的硕士论文《高等教育国际化趋势下我国高校教师素质研究》论证了高等教育国际化趋势下高校教师在道德、知识、能力素质方面应有的变化，不属于严格意义的理论研究。刘立刚的《高校教师素质论》虽然从品德、文化、业务、身心素质四个方面揭示了高校教帅个体应该具有的素质，但缺乏大学教师职业的特性。

鉴于上述所论，笔者认为，大学教师理想形象的建构必须充分体现出大学教师职业的特性——大学教师职业角色的多重性，从大学教师职业角色特质出发来塑造理想的大学教师形象。

三、研究思路

大学教师理想形象研究的主要思路借鉴了基础教育领域对“教师形象”研究的有关理论与思路。“教师形象”作为一个学术概念兴起于日本，20世纪八九十年代以来，我国学术界也逐渐将其作为一个学术问题来进行研究，特别是基础教育领域针对教师形象问题展开了热烈讨论，以反思我国传统教师形象和重建新的教师形象，极大地丰富了我国教师理论。传统的教师形象研究一般有教育学和社会学两种研究范式。教育学上研究教师形象是把教师作为教育活动的要素，进而对教师作为一个教育者的角色、职能及其素质要求的一种规划和设计；社会学上研究教师形象是把教师作为一种职业的社会属性、价值、职能、角色、地位等特征的评价和定位，进而提出教师职业应当是什么样的。日本学者平冢益德建立了一种新的研究范式，他在《世界教育辞典》中指出：“教师形象是把教师同从事其他职业的人员相比，一般教师形象从某种意义上说系指：(1) 教师的社会地位；(2) 教师的素质、能力等的总体。”[①] 由此可见，平冢益德事实上是把教育学和社会学的研究范式结合起来作为一种新的研究范式来建构教师形象。本书从研究范式上讲主要采取的是教育学研究范式，即从大学教师能力、素质角度研究大学教师理想形象。

阮成武在《主体性教师学》中指出，教师形象分为教育形象与职业形象两个基本层面和部分以及理想形象与现实形象两种状态和水平[②]。教师理想形象是对教师的教育形象和职业形象预设与期待的一种应然性的目标状态，而现实形象是一定社会条件下教师职业群体所实际具有和表现出来的素质、能力和实际的社会地位等方面的结合体。一般而言，教师理想形象与现实形象之间总是存在一定差距，前者一般高于或超前于后者，同时又总是在一定程度上能够转化为后者。所以，教师理想形象研究对于教师培养、教师管理以及教师社会地位和职业自身的发展，都有着重要作用。基于上述缘由，本书主要从理想状态或水平对大学教师形象进行探讨。

大学教师虽然从广义上说也属于教师职业，但是由于大学与中小学在性质上有着根本性差别，导致大学教师与中小学教师职业性质也有重大不同，进而对大学教师角色的要求也不同于中小学教师，所以大学教师理想形象研究必须抓住大学教师的本性，换句话说，也就是要突出大学教师的价值与意义。质言之，大学教师理想

---

① ［日］平冢益德著，黄德诚等译：《世界教育辞典》，湖南教育出版社1989年版，第217～218页。

② 阮成武：《主体性教师学》，安徽大学出版社2005年版，第95页。

形象研究本质上就是研究大学教师如何实现自身存在的价值和意义，进而言之，就是研究大学教师在职业生涯中应当承担什么角色及应当具有什么样的角色特质的问题。由此，本书引入了社会学的相关理论和方法——主要是角色理论、知识人的社会角色理论以及“理想类型”方法——并结合对大学和大学教师的基本认识将大学教师的职业生涯中所应扮演的社会角色分为教育者、学者和知识分子三类，而后根据每一类角色所应具有的典型特征分析大学教师的理想角色形象。

第一章　大学教师及其理想型社会角色

大学教师是大学的核心，是大学里最重要的人。他们是大学精神、大学使命的主要负载者和承担者，是大学职能的主要履行者。因此，要理解大学教师首先就必须正确认识大学的本质。

一、大学的本质

大学是什么？恰如英国学者罗德·珀金所说："一个人如果不理解过去不同时代和地点存在过的不同的大学概念，他就不能真正理解现代大学。……过去的希望、抱负和价值观与现代大学概念紧紧结合在一起。"① 这就意味着，要正确理解现代大学的内涵就必须看它在过去不同时代和地点所经历过的不同发展样态。

（一） 大学的发展

大学是探索和传播高深学问的地方。"一切文明社会都需要有研究高深学问的机构来满足它们探求知识奥秘的需要，同时它们也为知识的拥有者和探索者提供各种所需条件。"② 从这个意义上看，大学在中西方都有着十分悠久的历史，如中国古代的稷下学宫、古希腊柏拉图的"学园（Academy)"等。但是，真正近代意义上的"大学（university)"诞生于中世纪后期即文艺复兴初期的欧洲。

1. 中世纪大学的诞生

西欧中世纪既是"黑暗时代"，也是道德和智力觉醒的时期，特别是 11 世纪到

① ［美］伯顿·克拉克主编，王承绪等译：《高等教育新论——多学科的研究》，浙江教育出版社 2001 年版，第 49 页。

② ［美］伯顿·克拉克主编，王承绪等译：《高等教育新论——多学科的研究》，浙江教育出版社 2001 年版，第 27 页。

13世纪被称为是“中世纪的精华”，它既是有历史以来发展的顶点，也是促使以后年代发展最好的时期。大学就诞生在这一时期。美国教育家S·E·佛罗斯特指出：“中世纪大学的兴起，是中世纪复兴的不可避免的结果。中世纪复兴带来了特殊的社会模式，大学向它一样的发展。”① 从公元11世纪开始，西欧社会在经济、政治和文化等方面既迅速分裂又快速发展，直接影响了中世纪大学的产生。经济上，手工业和商业的繁荣直接促进了自治城市的出现，结果在自治城市里，一方面新兴的市民阶层提高了对教育的要求，另一方面富裕的城市为大学的兴起和大批学者的游学提供了厚实的经济基础。政治上，新兴的市民阶层和城市贵族等世俗势力、封建王权以及教皇之间的矛盾和冲突不断，各方竞相争取大学的举措为大学争取一系列自治权提供了有利时机。文化上，经院哲学内部的分裂进一步动摇了基督教神学不可侵犯的理论基础，开拓了人们的视野，启发和促使当时的学者以一种较为理智的眼光和较为科学的思维方式对自然和神学作进一步的思考和探索。同时，在一些哲学问题辩论的中心，荟萃了西欧以及来自其他地区的学者，其中一些著名学者纷纷各自设坛教学，招纳弟子，传播自己的学术思想和观点，渐渐地，这些学术研究和辩论中心就发展成为早期的大学。大学正是在这样一种无论在政治、精神方面还是在知识学问方面都处于分裂状态的独特文明之中诞生的。

中世纪早期的大学有意大利的萨拉尔诺大学、波隆纳大学、法国巴黎大学，以及英国的牛津大学、剑桥大学等，它们都被称为“母大学”。这些大学可以分为两种基本类型，一种是以巴黎大学为代表的“教师型大学”，另一种是以波隆纳大学为代表的“学生型大学”。然而，无论是教师型大学还是学生型大学，其基本目的都是职业训练，大学的唯一任务就是通过教学来培养教师、律师、牧师、医生等高级专门人才。“中世纪大学的基本目的是职业训练。时代需要一批经过很好训练的人，大学热心接受这个挑战。法律、医药、神学和文艺等都是需要有能力的和受过学校教育的人。而大学正是提供这种经过很多训练的人的地方。”② 中世纪大学教师成立了自己的行会组织，以决定教师职业的标准和保证学生的学习质量。教师行会制定并严格实行入会标准。应试者要学习大学规定的内容，成绩优秀，并讲授一定题目的课，最后参加由学者主持的考试，如果通过了考试，才会被批准加入教师行会，并被授予相应的学位或教学许可证，然后正式成为一名大学教师。所有获得学位或许可证

---

① ［美］S·E·佛罗斯特著，吴元训等译：《西方教育的历史和哲学基础》，华夏出版社1987年版，第158页。

② ［美］S·E·佛罗斯特著，吴元训等译：《西方教育的历史和哲学基础》，华夏出版社1987年版，第159页。

者，被教师行会接受的人，一律称硕士，有时也称为博士。起初，硕士和博士并无程度上的差异，二者在同一意义上使用，只不过一般情况下，文科教师称硕士，法学、神学、医学教师称博士；到了13世纪的时候，英国大学将其发展成为三级学位制度，二者才有差异。中世纪大学教师享有一定的特权和豁免权，尤其是教师型大学的教师享有管理大学的自治、自主权利。中世纪大学里虽然有女性参加教学工作，但是她们不被大学组织承认，大学教师队伍完全由男性组成。

2. 16—19世纪初期欧洲大学的变化与发展

从16世纪开始，欧洲传授和探索高深学问的机构或组织逐步发生了变化，中世纪大学开始向近代高等教育阶段过渡。传统大学内部神学教育地位不断下降，大学开始成为为国家所控制、迎合民族国家的利益、为国家培养高级官员的高等教育机构；与此同时，还出现了各种其他类型的新型高等教育机构，如独立学院（Academy、College）和专门学院（Specialized Schools）等。传统“大学（University或Studium General)”的概念已经不能涵盖已经出现的包括大学在内各种高层次教育的现实，因此，黄福涛博士等人认为此时使用“高等教育机构”一词可能要比“大学”更能准确概括欧洲最高层次的教育的发展与变化。

“大学”的内涵在这一时期也逐渐发生了变化。分别建于17世纪末期和18世纪中期的哈勒大学（Halle，1694）和哥廷根大学（Gotingen，1737）首先改变了大学的内涵。首先，哈勒大学和哥廷根大学改变了传统的课程内容，力图使传统教育内容与反映近代国家需要的实用知识结合起来，哈勒大学首次在法律系中将绅士教育的内容（如骑马、击剑、外国语和一些时髦新学科）同培养国家或地方官吏必备的知识结合起来，哥廷根大学几乎完全摒弃了传统大学课程中占比重较大的教会法，转而设置了大批为近代工商业社会发展所需要、能够直接服务于国家内政外交的法律课程（如封建法、德国习惯法、德国和欧洲宪法、法律史和审判法等）。其次，哲学由中世纪从属于神学、法学、医学等学科发展为在新大学中与神学等同等地位的学科，并且哲学系也不再仅仅是传授既定知识的场所，它已转变为开发受教育者心智和能力的机构。再次，哈勒大学首次提出了大学教学与科研相结合的主张。尽管如约瑟夫·本-戴维说过，“自古以来，高等院校就是研究（research）的场所。柏拉图、亚里士多德以及中世纪许多学者都把教学和研究结合起来，这种做法即使在今天仍是值得模仿的”[①]。但是，哈勒大学的教学与科研相结合的主张仍有十分重要的

① ［以色列］约瑟夫·本-戴维著，李亚玲译：《学术研究的历史、目的和组织》，《外国教育资料》，1989年第6期。

意义。与哈勒大学所主张的教学与科研相比，古代“大学”学者的科研和中世纪大学教师的科研都尚未建制化，学者进行科研仅是个人的事情，是不公开的，而自哈勒大学提出教学与科研相结合的主张开始，科研成为大学教师公开的并且是必须从事的活动。1810 年威廉·冯·洪堡创建柏林大学并将“教学与科研统一”原则作为大学的基本办学原则，科研正式成为教学以外大学的又一基本职能。

柏林大学虽然在形式上仍然继承了传统大学的传统，但在培养目标、课程结构、内容及管理体制等方面却与传统大学相去甚远，具有鲜明的近代特征。具体来看，柏林大学对“大学”内涵的影响最典型地表现在两个方面：首先，通过改造哲学部赋予了“大学”近代性内涵。柏林大学哲学部成为大学中师资力量最雄厚、规模最大和地位最高的系。1810 年 10 月柏林大学教师各部教师构成如下：哲学部 57%，医学部 27%，法学部 8%，神学部 8%①。哲学部从中世纪时期从属和依附高级的神、医、法等学部转变为在神、医、法各学部之上，成为统合和评判各种知识和学科的标准。哲学部的职能也发生了变化，不再是纯粹的教学机构，除了教学以外，哲学部还肩负研究的使命。通过对哲学部的改造，柏林大学赋予了大学新职能——科学研究。自此，大学的内涵变得更为丰富。其次，柏林大学设置了“习明纳”(Seminar，也译为研讨班）和研究所。这种独特的教学形式和研究机构将大学中的教学和研究真正结合了起来，这也是新大学区别于传统大学的根本所在。所以，布鲁贝克说：“高等教育应该开展科研的思想早在弗朗西斯·培根和夸美纽斯身上就出现了。但是，哈勒大学和柏林大学是实际开展科学研究的先锋。”② 美国学者 S·E·佛罗斯特也认为自哈勒大学开始的德国新型大学是不同于本科教育的研究生教育，这种大学办学理念深刻地影响了美国大学的建立。新型大学在教师的选用上也与传统大学不同，“大学职员是由专家而不是家庭教师来充任”，选择教师的标准是“根据他们把知识尖端向前推进的能力”，而不是“根据他们传授知识的能力”③。柏林大学要求教师必须具备科学研究者必备的素质和能力；教师与学生在地位上是平等的，双方平等地以一种求实的科学精神去发现知识的内在规律；教师拥有“教学自由”，即教授具有在其学术领域内不受干涉、调查和传授真理的自由。

---

① 黄福涛主编：《外国高等教育史》，上海教育出版社 2003 年版，第 161 页。

② ［美］布鲁贝克著，吴元训等译：《教育问题史》，安徽教育出版社 1991 年版，第 462 页。

③ ［美］S·E·佛罗斯特著，吴元训等译：《西方教育的历史和哲学基础》，华夏出版社 1987 年版，第 487 页。

3. 19 世纪中期以后美国大学的发展

如果说“在 20 世纪以前，欧洲大学，尤其是德国大学几乎成为世界大学的‘耶路撒冷’”，那么，20 世纪“世界高等教育的中心正在从欧洲大学移向美国大学”，“美国大学业已取代了德国大学的地位”，“20 世纪是美国高等教育的世纪”①。

美国高等教育源于殖民地时期的学院，最早的殖民地学院是建立于 1637 年的坎布里奇学院（Cambridge College），1639 年该学院更名为哈佛学院（Harvard College）。半个多世纪以后，第二所学院威廉玛丽学院（College of William and Mary）成立，随后又建立了耶鲁学院、达特默斯学院以及包括宾夕法尼亚大学、哥伦比亚大学、普林斯顿大学、布朗大学等大学的前身在内的众学院。这些仿照英国高等教育模式创建的学院主要实施自由教育。学院在层次上介于高等学校与中学之间，规模从几十人到几百人不等。独立战争结束以后，随着资本主义经济迅速发展，学院已经不能满足对高等教育事业兴趣的增长需要。为满足职业训练的需要，一些州首先将学院扩充为大学，在大学内增设新课程、增设新系科、增办新学院，传统大学开始向现代大学转变。到南北战争前夕，美国 27 个州已有 25 个州建立了州立大学。具有美国特色的高等教育体系基本上初现轮廓。

在美国高等教育史上，19 世纪中后期被有些学者称为“大学化时期”（1869—1902 年）②。从这一时期开始一直到第一次世界大战结束以前，美国高等教育基本上沿着两个方向发展：一是创办美国式的学院和大学，如农工学院或农工大学、综合大学；二是按照德国大学模式改造传统学院以及建立新型研究型大学。1862 年，在美国高等教育史上具有划时代意义的联邦赠地法案《莫雷尔法案》（Morrill Act of 1862）正式颁布实施。该法案直接推动了继美国州立大学之后兴起的“赠地学院运动”的开展，促进了新型大学的出现，并促使美国大学教育向世俗化、学术化、现代化、多元化方向发展。“赠地学院运动”适应了美国工农业迅速发展和人口激增对高等教育的新需求，“使得美国现代公立大学体系开始形成”。赠地学院依法开设各种实用课程和专业的实践，客观上催生了美国高等学校的社会服务职能。其中，在“赠地学院运动”中发展起来的威斯康星大学的办学理念及其实践，标志着美国高等学校社会服务职能的正式形成。1876 年，约翰·霍普金斯大学的创立标志着美国大学时代的开始，它使大学首次把培养研究生放在第一位，使授予博士学位和开展研

① 施晓光：《美国大学思想论纲》，北京师范大学出版社 2001 年版，第 13 页。

② Paul，Westmerer：A History of American Higher Education，Tomas，1985，p. 84.

究生教育成为一所学院变为大学的标志，使学者们第一次能够在自己的专门领域把教学与创造性的研究结合起来[①]。在约翰·霍普金斯大学的示范作用下，美国出现了一批真正意义上的大学，如哈佛大学、耶鲁大学、芝加哥大学和斯坦福大学等。美国新型大学有如下特征：①必须包括两个层次的活动：低层次的活动是为那些还在学习如何学习的人准备的活动；高层次的活动是为那些已知道如何学习、懂得如何创造新知识的人准备的活动；②图书馆和学者是大学的两个最基本要素；③学术自由和学术自治；④一流的学者和教授；⑤较大的校园规模；⑥自由交流学术的精神；⑦大学与宗教分离[②]。从新型大学的特征看，美国所谓的新大学应该是一个研究机构，应成为“学者之家”，而不是学院。

20 世纪前半叶是美国大学思想从传统走向现代最为关键的时期。一方面，20 世纪初期迅速发展起来的初级学院（或社区学院）和专业学院不仅完善了美国的高等教育结构，而且还更新了高等教育观念，对大学思想的发展也产生了巨大影响。人们不得不重新来认识“大学是什么”、“高等教育是什么”的问题。另一方面，第二次世界大战促进了美国高等教育与社会之间的密切联系，高校利用自身的教学优势为部队培养了大量的军事技术人员、管理人员和专家，利用科研优势直接参与军事科研，为军队研发了原子弹等现代军事武器以及其他急需物品；与此同时联邦政府也开始大规模地介入高等教育，增加对大学科研经费的投入，促进了大学科研大规模的发展，因此“二战成为美国大学科研发展的一个转折点”[③]。虽然自霍普金斯大学开始美国大学就已经确立了科研在大学中的地位，但是直至二战以前，在大学里，科研一直都是小部分人从事的小规模活动，经费十分有限。另外，19 世纪大学科学研究的内容主要在“纯学术”方面，“社会科学的进展和自然科学的情况相同，这些发现并不是对外界需求的反应，而是从纯学术的关注中产生的”[④]。这一时期大学科学研究的主要贡献是促进了各门学科（自然、社会、人文）的独立和发展。进入 20 世纪后，随着世界科学技术的迅猛发展以及二战期间大学科学研究在战争中所发挥的重要作用，美国大学的科学研究发生了重大变化，日益与社会需要联系起来。

20 世纪五六十年代，美国高等教育出现了前所未有的大发展和大变革的局面，进入“巨型大学”时代。大学在校人数猛增，由 1958 年的 322 万人增至 1968 年的

① 黄福涛主编：《外国高等教育史》，上海教育出版社 2003 年版，第 186 页。

② 施晓光：《美国大学思想论纲》，北京师范大学出版社 2001 年版，第 49～50 页。

③ 黄福涛主编：《外国高等教育史》，上海教育出版社 2003 年版，第 238 页。

④ [以色列] 约瑟夫·本-戴维著，赵佳苓译：《科学家在社会中的角色》，四川人民出版社 1985 年版，第 104、211、239、244 页。

692 万人，占同龄人口的 30.4%，高等教育进入大众化时代。大学数量和规模不断扩大，在 1955 年前，万名学生以上的高校数量仅占高校总数的 2.2%，到了 1968 年，这一比例升至 7.2%，同时期校均人数也由 1428 人扩大到 2790 人①。大学职能发生改变，主要职能由战前以道德教育和职业训练为主的教学型大学，到 60 年代后变为以科学研究为主的研究型大学或"多元化巨型大学"。20 世纪 70 年代后，大学的职能和形式进一步多元化、多样化，成为现代社会的一个"多层次复合体"。现代大学从社会"边缘"走到了社会的"中心"，成为社会发展的"发动机"、"火车头"。

（二）大学是什么

正如不同时期不同地点大学的形态、功能等并不完全相同一样，大学概念在不同时代或国家的不同学者那里也各有不同。

中世纪大学有两种称呼：studium generale 和 universitas。studium generale 的含义是指接受来自世界任何地域学生的学习场所或机构，12 世纪的意大利萨拉尔诺大学、波隆纳大学和法国巴黎大学就是以 studium generale 而著称于世。从 13 世纪后期开始，随着国王和教会相继建立大学，大学逐步发展成为国王或教会的附属机构以后，studium generale 的原有特征逐步消失，studium generale 也就不再用于指代大学机构。到了 15 世纪，universitas 开始取代 studium generale 而成为大学的称呼，意指由教师传授高级学术的机构，亦即现在意义上所指的"university"。自中世纪以降，大学的概念也随着大学的发展而不断变化。19 世纪初期德国教育家洪堡认为新大学应该是保证学生通过探索纯粹的客观学问获得教养的机构。费希特认为大学既是理性进步或探索真理的机构，也是通向上帝、通向宗教的途径，是人类及其社会进步的中枢，"大学即是人类本质之超越有限、生生不息生命的所在。……是我们永恒人类的有形体现。……是世界，作为上帝之现象与上帝本身统一性的有形体现"②。19 世纪中期英国神学家、文学家和教育家纽曼指出，"大学是探索普遍学问的场所 (a studium generale, or school of universal learning)"。20 世纪 30 年代美国高等教育思想家弗莱克斯纳提出，"现代大学"是"一个做学问的场所"，它"致力于保存知识，增进系统化的知识，培养远高于中等教育水平之上的学生"；现代"大学是复杂的有机组织：它们的胳膊可能是健全的，而双腿却可能折了；它们即使表面上看起来很可能满足时尚，骨子里却是滞后的；它们在骨子里滞后的同时，也能像报纸和

---

① 黄福涛主编：《外国高等教育史》，上海教育出版社 2003 年版，第 333 页。

② 陈洪捷：《德国古典大学观及其对中国的影响》，北京大学出版社 2006 年版，第 45 页。

政客那样对时髦话题侃侃而谈”[①]。20 世纪中叶永恒主义教育思想家何钦斯提出“大学是人格完整的象征、保存文明的机构和探求学术的社会”，他还认为，在自古以来产生的各种组织机构中唯有“大学是独立思想与批评的中心”。而同时期的德国存在主义哲学家雅斯贝尔斯认为，大学是“一个由学者和学生共同组成的追求真理的社团”[②]，“一种特殊的学校”[③]。美国当代著名的高等教育思想家克拉克·科尔认为，“真正的现代大学”是“多元化巨型大学”，它是“世界上一种新型的机构”[④]。

我国古代“大学”有四种含义：其一，相对于童子发蒙教育，大学指成人终身教育；其二，相对于“小人”教育（学“小道”），大学指“大人”教育（学“大道”）；其三，相对于大学校，大学指大学问；其四，相对于大学问，大学指大学校。简言之，“大学”可以指成人终身教育、“大人”教育、大学问以及大学校[⑤]。但是，在近代学校体制产生以前，古代“大学”教育主要还是“大人”教育问题，即“‘大学者，学大艺、识大节、履大义也’;‘大学之道，在明明德，在亲民，在止于至善’；‘太学者，贤士之所关也，教化之本原也’；‘大学者，大人之学也’”[⑥] 等。20 世纪初，西方的“university”引入中国并与中国古代的“大学”联系起来，大学成为一种特殊的教育组织。如何看待这种组织？近代著名教育家蔡元培先生认为，大学是“研究高深学问”的机构，“大学为纯粹研究学问之机关，不可视为养成资格之所，亦不可视为贩卖知识之所”[⑦]。而梅贻琦先生说“所谓大学者，非谓有大楼之谓也，有大师之谓也”[⑧]。当代学者杜作润教授认为，“大学是学术殿堂，它研究高深学问，发展和传授知识；大学是专业教育机构，它实施高等专业教育计划，培养专家和专门人才；大学是社会服务机构，它介入地区和国家的社会生活和经济生活，并为之服务；大学是岗位培训站，它通过各种形式的教育和教学，培训各类职业岗位的人员，使他们能够胜任本职工作或适应工种的变换”[⑨]。眭依凡教授认为，“大学是实施高等教育的社会组织”或“大学是实施本科及本科以上学历教育的综合性或多科性

---

① ［美］弗莱克斯纳著，徐辉、陈晓菲译：《现代大学论——美英德大学研究》，浙江教育出版社 2001 年版，第 201、4 页。

② Jaspers Karl：The Idea of the University，Peter Owen Ltd.，1965，p. 19.

③ ［德］雅斯贝尔斯著，邹进译：《什么是教育》，生活·读书·新知三联书店 1991 年版，第 139 页。

④ ［美］克拉克·科尔著，陈学飞等译：《大学的功用》，江西教育出版社 1993 年版，第 2、1 页。

⑤ 涂又光：《中国高等教育史论》，湖北教育出版社 2003 年版，第 28 页。

⑥ 明庆华、程斯辉：《我国古代大学之“大”及其现实意义》，《高等教育研究》，2005 年第 7 期。

⑦ 《蔡元培全集》第 3 卷，中华书局 1984 年版，第 191、211 页。

⑧ 刘述礼、黄延复编：《梅贻琦教育论著选》，人民教育出版社 1993 年版，第 10 页。

⑨ 杜作润主编：《世界著名大学概览》，四川人民出版社 1994 年版，前言第 7 页。

普通高等学校”①。

笔者认为，上述大学概念的差异，主要是由两个方面的原因引起的：一是大学本身在不同时代不同地区的存在和发展状态不同，二是众学者认识大学的思维方式不同。认识大学可以有三种方式：一是从与其他社会机构的比较中来认识大学，可以用“什么是大学”的问题来做概括；二是从大学的本质属性来认识大学，可以用“大学是什么”的问题来概括；三是从大学的应然属性来认识大学，可以用“大学应是什么”的问题来概括。有学者对“什么是大学”与“大学是什么”作了如下比较：第一，从审视大学时所处的角度来看，前者主要是从与社会其他机构的比较中来识别大学，也就是从大学（或高校）系统外部来认识大学，属于泛指；而后者是从高校系统内部来考察、分析大学，属于特指。第二，从揭示大学含义层面上的差异来看，前者主要从现象（活动）、范围、层次和社会意义上来解释大学，属于广义性质；而后者主要是从性质（宗旨）、职能、定位和学术意义上来解析大学，属于狭义性质。第三，从解释类型上讲，前者属于释义型，是对“大学”字义、词义或社会意义的直接的解释；而后者属于定义型，是对大学的本质特征或其内涵与外延的确切而简要的说明②。而“大学是什么?”与“大学应是什么?”属于同一性质的问题，都属于对大学的定义，但是二者也有一定的区别。具体地说，前者要求是一个事实性的解释，是对既成事实的本质概括，按照这种思路形成的概念就是所谓的利用“逻辑方法”而得到的“科学概念”，如“大学是实施高等教育的社会组织”或“大学是实施本科及本科以上学历教育的综合性或多科性普通高等学校”；而后者是一个带有一定价值取向的解释，是价值判断。本文定义大学主要是采取第二种认识方法，即主要解决“大学是什么”的问题。

透过对大学历史的考察可以发现，“大学的含义和目的可以说是因时而异、因地而异，它依靠改变自己的形式和职能以适应当时当地的社会政治环境，同时通过保持自身的连贯性及使自己名实相符来保持自己的活力”③。也就是说，无论不同时代不同地区大学的职能和形式等方面表现出怎样重大的区别，却有一个内在的东西促使大学经久而不衰。大学通过什么来保持自己的连贯性，换句话讲，支撑不同时代不同地区形式和职能各异的大学之基础是什么？普西认为，“每一个较大规模的现代

① 眭依凡：《大学校长的教育理念与治校》，人民教育出版社 2001 年版，第 16、17 页。

② 韩延明：《大学理念论纲》，人民教育出版社 2003 年版，第 25 页。

③ ［美］伯顿·克拉克主编，王承绪等译：《高等教育新论——多学科的研究》，浙江教育出版社 2001 年版，第24页。

社会，无论它的政治、经济或宗教制度是什么类型的，都需要建立一个机构来传递深奥的知识，分析、批判现存的知识，并探索新的学问领域。换言之，凡是需要人们进行理智分析、鉴别、阐述或关注的地方，那里就会有大学”①。质言之，“知识材料，尤其是高深的知识材料，处于任何高等教育系统的目的和实质的核心”，这些材料“在很大程度上构成各民族中比较深奥的那部分文化的高深思想和有关技能”②。大学发展的历史也表明，无论在何时何地大学发生怎样的形态和职能变化，它都是围绕着高深知识而组织起来的机构。这是理解大学的逻辑起点，也是大学的基本特点。高深知识也即“学术”。换言之，学术是理解大学的逻辑基点。诚如张俊宗博士所言：“支配着大学的根本是学术，大学正是在学术这一本质特点上，确定着自己存在的根据、自身与他物之间的关系以及自身的发展”，可以说“学术是大学的边界和起点，大学的一切问题都需要从学术性上加以说明”③。从这一逻辑起点看，大学是什么？笔者认为，大学是一种学术机构。虽然大学是学术机构，但学术机构不一定就是大学。二者之间并不是等价的关系。否则的话，大学与研究所也就没有本质的区别了。因为如果大学的目的仅仅是为了科学和哲学发现，那么大学就不应该拥有学生。大学与社会上其他学术机构的根本区别在于，大学也是一种特殊的学校，大学自产生之日起就还是作为培养人特别是培养高级专业人才的机构而存在的，它也是一种教育机构。总之，大学是学术机构与教育机构的有机合一，是学术性的高等教育机构。

作为学术性的高等教育机构，本书所指的大学包括研究型和教学研究型大学两个层次④。按照我国国务院1986年颁布的《普通高等学校设置暂行条例》的规定，它必须具备如下条件：①主要培养本科和本科以上各类高级专门人才；②在文科

---

① ［美］约翰·S·布鲁贝克著，王承绪等译：《高等教育哲学》，浙江教育出版社2002年版，第13页。

② ［美］伯顿·R·克拉克著，王承绪等译：《高等教育系统——学术组织的跨国研究》，杭州大学出版社1994年版，第12、11页。

③ 张俊宗：《学术与大学的逻辑构成》，《高等教育研究》，2004年第1期。

④ 我国学者韩延明教授将普通高校按“层级和能级”观念划分为四个层次：最高层次（第四层次）是研究型大学；这类大学重在学术研究、发展科学；其特征是学校规模大，学术层次和师资水平较高，学科较为齐全，办学条件和效益较好，以培养博士、硕士研究生和本科生为主。第三层次为教学科研型大学；这类大学特征是抓好教学、科研两个中心，以培养本科生、硕士生为主，部分专业可以招收博士生。第二层次为教学型本科院校；高校一般应是重在培养人才、提高教学质量，其特征在于以培养本科生为主，并招收少量的硕士研究生，主要以满足本地区或本行业对专业人才的需求、适应市场经济的发展为目标指向。第一层次（基础层次）为高等专科学校；其特征是培养专科层次的具有一技之长的学生，以适应社会发展、经济建设、生产活动对相应层次职业技术岗位的多样化需求。参见韩延明：《大学理念论纲》，人民教育出版社2003年版，第40～41页。

(含文学、历史、哲学、艺术)、政法、财经、教育（含体育)、理科、工科、农林、医药等八个学科门类中，以三个以上不同学科为主要学科；③具有较强的教学、科研力量和较高的教学、科研水平；④全日制在校生计划规模在5000人以上。或者如《中华人民共和国高等教育法》规定，“应当具有较强的教学、科学研究力量，较高的教学、科学研究水平和相应规模，能够实施本科及本科以上教育”，并且“必须设有三个以上国家规定的学科门类为主要学科”。特别需要指出的是，学术意义上的大学与现实生活中高等教育机构的名称之间并不是完全对应的关系。现代社会许多被冠以“大学”名称的高等教育机构并不一定是真正意义上的大学，而一些没有被称为“大学”的高等教育机构也并非不是真正的大学，前者如我国高等学校系统中那些以教学为主但被冠称为“某某大学”的高等学校，后者如美国的麻省理工学院、加州理工学院、法国的巴黎理工学校和巴黎高等师范学校等世界著名学府，这些大学虽然没有大学名称但却是真正的大学。

大学作为学术机构与教育机构的有机合一体，其基本属性也体现在两个方面，这就是学术性和教育性。

首先，学术性是大学作为学术机构的基本属性。大学的学术性有“虚”和“实”两个层面，“虚”表现为正确的学术观念、优良的学术精神、浓郁的学术氛围，“实”则是一流的学科建设、学术队伍建设和一流的教学、科研所培养出来的一流人才[①]。大学的学术性特点要求大学要有“学术至上”的观念、要有“为学术而学术”的学术态度和精神，要视学术活动为大学的天职。美国当代著名教育家、卡内基教学促进基金会前主席欧内斯特·L·博耶在20世纪90年代初期提出一种扩展了的学术观，他说，“学术工作包括相互联系的四个方面。探究的学术是开端。研究工作应该继续成为知识分子生活的中心，不仅如此，研究工作还要加强，因为我们需要解决的问题越来越多、越来越难。但是，为了避免学究式的迂腐，我们还应当重视整合知识的学术。为了避免理论和实践的脱节，我们应当支持应用知识的学术。最后，我们还要给教学的学术以新的尊严和新的地位，以保学术之火不断燃烧”[②]。也就是说，大学学术活动可以分为四种类型，即：“探究的学术”、“整合的学术”、“应用的学术”以及“教学的学术”四种类型。这种学术观超越了传统的“教学与科研”这

---

① 张保军：《学术性——研究型大学的立身之本》，《中国高等教育研究》，2001年第9期。

② ［美］欧内斯特·L·博耶著，涂燕国、方彤译：《关于美国教育改革的演讲》，教育科学出版社2002年版，第78页。

一争论不休的话题，把教学纳入到学术工作之中使之合法化，具有非常重要的意义。但由于教学活动是教育机构的基本活动形式，所以，这里为了研究的方便我们把大学作为学术机构讲时，其学术活动就不包括教学学术，而只涵盖前面三种，即着重讨论探究、整合和应用的学术活动。

其次，教育性是大学作为教育组织的基本属性。教育社会学把学校视为教育组织，即学校是受社会委托、按照一定的目的和计划进行教育活动的组织[①]。大学是一种特殊的学校，所以大学也是专门进行教育活动的组织。教育活动的价值在于对学生身心施加积极的影响，促进其精神、能力的发展变化，使其学会做人、做事。简单地讲，教育活动的价值就在于培养人。大学既然是教育组织，那么大学组织也要体现出教育组织的共同特性——教育性。因而，大学作为教育组织的价值就是培养高层次专门人才。然而，大学虽然也是教育组织，但它不同于一般教育组织，“‘博学的’或‘学术的’学院也执行教育功能，初学者正在为一定的社会角色而准备。但是，准备的目标完全是知识上的，并唯一地定向于这样一种人，这种人在其职业角色中特别需要具备比所有社会行动者水平高得多的知识工具。世俗大学是成熟个体的聚合体，教授占据着权威地位。虽然像其他社会群体一样，教授对其成员的行为施加一定的控制，但他不想在身体上或道德上去教育他们，指导他们的个性发展以便适于社会参与，因为，所有这些都假定已经在他们的少年和青年初期完成了。使教授与学生结合成一个群体的是知识之类的东西——学术类型的、理论的、系统有序的、绝对真的知识开发与延续正是群体的主要任务，也是它的主要存在理由：如果停止执行这一任务，它也就不再是高等知识教育的中心。不论刺激特定个体寻求进入这一群体的心理动机是什么，只要他们是群体成员，就必定接受知识是最高的普遍价值这一共识。”[②] 波兰学者弗·兹纳涅茨基的这段话详尽地说明了大学教育组织的特殊之处，即：大学组织的教育性是建立在学术性基础之上的，是学术性的教育组织。大学教育组织的这种特殊性也决定了大学教师的教育性不同于一般教师的教育性。

总之，笔者认为，现代大学的本性，即为承担社会责任而执着于高层次学术研究与人才培育活动，充当社会发展的文化先导。

---

① 鲁洁、吴康宁著：《教育社会学》，人民教育出版社 1998 年版，第 358 页。

② ［波兰］弗·兹纳涅茨基著，郑斌祥译：《知识人的社会角色》，译林出版社 2000 年版，第 106 页。

二、大学教师是谁

与大学一样，大学教师也是一个在日常和学术意义上都非常多义的概念，所以，我们有必要在理解大学教师的内涵以前首先弄清楚本书大学教师所指代的具体范围。

（一）大学教师概念的外延

由于本书所指的大学属于狭义概念，即大学是学术性的高等教育机构。它与高等学校并不是同一概念。根据《中华人民共和国高等教育法》第68条的规定，“高等学校是指大学、独立设置的学院和高等专科学校，其中包括高等职业学校和成人高等学校”。由此可知，高等学校不仅包括大学，还包括非大学性质的学院、高等专科学校等。大学是高等学校系统中处于最高层次的那部分，质言之，大学只是高等学校系统之一部分，是高等学校系统中具有学术性的那一部分。高等学校与大学是包含与被包含的关系。因此，大学教师也并不等同于高等学校教师，二者是子属关系。或者说，从学术概念上讲，大学教师可以被称为“高校教师”，但反过来并不成立，高校教师并不一定就是大学教师。当然也有例外情况，比如前文已经指出的没有被冠称“大学”的高等学校教师也属于狭义的学术概念中的大学教师。

在日常意义上，大学组织中所有的教学、科研、教育教学管理人员和图书管理人员等都被称为“大学教师”，但是本书中的大学教师特指，专指那些直接从事教学和科研学术工作的人。如果把上述大学组织中所有的教学、科研、实验人员、教育教学管理人员和图书管理人员统称为“大学里的教师”，大学教师并不等同于“大学里的教师”。上文中提到“大学的荣誉不在于它的校舍和人数，而在于它一代又一代的教师质量。一个学校要站得住，教师一定要出名”，“保持优秀的大学教师阵营——这是我们大学的核心”，以及我们通常所言“教师是大学的核心”等中的“教师”都主要是指狭义的大学教师，也就是那些在大学中直接从事学术工作的人。

概言之，本书所谓的“大学教师”是专指在大学组织中直接从事教学和科研学术工作的那部分人。

（二）“大学教师是谁”

传统认识论中对事物或人的定义（本质）的认识一般用“什么是什么”的模式来解答，然而，美国著名的哲学家和神学家赫舍尔指出，“人是什么”与“某物是什么”有着很大的不同；对“某物是什么”这个问题的任何解答都不会影响到该物的行为，但人对人的本质的认识则会影响到人自身的行为；自我认识是人存在的一部分，人的本质只能从人出发去理解；按照“人是什么”的模式来认识人，仍然是从事物的角度来认识人；对人的认识应当用“人是谁”这个命题提出。推而论之，大学教师是人，对大学教师的解答也只能从大学教师自身出发，用“大学教师是谁”的问题来论之。

“大学教师是谁?”与“大学教师是什么?”这是两个不同性质的问题。“大学教师是什么?”是把大学教师作为空间中的一个物来解释，它是一个事实性的问题。“大学教师是谁?”寻求的是“做大学教师”，这里的“做”并不是一个中立事实的“做”，而是同意义紧密联系在一起；“做大学教师”是对作为大学教师的人的意义的探寻，是寻求大学教师的价值。故而，“大学教师是谁?”是一个价值性问题，它指的是做大学教师意味着什么、根据什么来证明他有资格做大学教师，以及如何渡过大学教师职业生涯才是有价值和有意义的等问题。换言之，“大学教师是谁”是对大学教师的理想形象的一种理性追求。

“大学教师是谁?”是寻求作为大学教师的意义之所在，或者说作为大学教师的人在其职业生涯中怎么做才算是有意义的。要回答这一问题，首先要知道的是大学教师的意义从何而来？而要回答大学教师的意义从何处来又必须先弄清楚人的意义从何而来？赫舍尔认为，人“不仅要求被满足，还要求能够满足别人，不仅要求拥有所需要的东西，而且要求自己成为一种需要”，“对自己来说，人是不充分的，如果生命不为自我以外的目的服务，如果生命对别人没有价值，那么生命对人就没有意义”①。质言之，人的意义是超越自我的，人对意义的寻求不是向内的而是向外的，是成为一个“被需要者”。“人的目的就是为社会或人类服务”，或者说“一个人的最高价值就取决于他对别人有用，取决于他的社会工作效果”②。并且“只有一个自由的人才懂得，实存的真正意义只有在奉献，在给予，在面对面地和一个人相遇时以及在满足更高的需要时才能体验到”③。换言之，人的意义不在于自我需要的被满足，而在于人成为一个满足者，成为一个被需要者，成为一个奉献者。人的意义的获得或人的最高价值的实现在于奉献。由是，大学教师的意义也应在于奉献，在于人作为“大学教师”在其大学教师职业生涯中所作出的奉献程度和贡献大小。抽象地讲，大学教师的意义与价值就在于献身于大学教师职业。但是具体地看，大学教师人生意义的实现还应该从大学教师自身的处境着手，也就是从大学教师具体的职业活动

---

① ［美］A·J·赫舍尔著，隗仁莲译：《人是谁》，贵州人民出版社 1994 年版，第 52 页。

② ［美］A·J·赫舍尔著，隗仁莲译：《人是谁》，贵州人民出版社 1994 年版，第 53 页。

③ ［美］A·J·赫舍尔著，隗仁莲译：《人是谁》，贵州人民出版社 1994 年版，第 55 页。

入手来进行分析。大学教师的职业活动应包括那些？或者说，大学教师应该献身于哪些职业活动以及怎样对待自己的职业活动才算是实现了自身的人生价值？现代社会随着大学的不断发展，大学职能也经历了由单一职能到双重职能再到多重职能的变化，相应地，大学教师职业活动范围和内容也逐渐增加，职业活动方式也越来越多样化。在这种复杂的状态下，大学教师具体地怎样做才算是有意义地度过了其职业生涯呢？为了更好地解释这一问题，笔者认为借鉴社会学中的社会角色理论和“理想类型”方法有助于解决此一问题。

（三） 社会角色与“理想类型”

角色与社会角色都是社会学的基本概念。社会学中的角色是借用自戏剧舞台表演的角色概念，用以研究社会人处于各种社会职位、地位和各种情景场合的表现。社会学家凯利等认为，角色是他人对相互作用中处于一定地位的个体的行为的期望系统，也是占有一定地位的个体对自身行为的期望系统①。角色的基本特征来自于每一类角色都有一组由社会为之规定的、由角色行为规范模式决定的，并与其所处地位、身份、职位相符合的特殊行为。不同角色相互区别的关键，就在于它们各自具有一组特殊的行为，这些特殊的行为共同构成行为规范模式。也即，角色与行为规范模式之间具有一致性。每一种社会角色都有一特定的行为规范模式与之相匹配。笔者认为，从上述社会学的角色理论我们可以得出如下启示：鉴于角色与行为期望系统之间的一致性，对于大学教师如何有意义地度过其职业生涯这一问题，可以换个角度从大学教师在职业活动中应该扮演哪些社会角色以及应如何扮演这些社会角色来解答。质言之，研究大学教师的社会角色有助于“做大学教师”或“成为大学教师”，进一步说就是有助于解决“大学教师是谁？”的问题。

每一个角色都处于社会关系的网络之中，在社会关系网络中占据一个特殊的位置（地位），社会关系网络支配和决定角色行为。每一个人在社会关系网络中都占据着多个社会为之规定的位置，具有多重社会角色。所以，人的角色就像大树的众多树枝，是个“角色丛”。譬如，一个人在家中是夫（或妻），是子（或女），是父亲（或母亲），还是兄或弟（或者姐或妹）；在学校是教师，是同事，还可能是领导等。大学教师在职业活动领域也处于职业社会关系网络之中，因而具有多重职业社会角色。美国学者詹姆斯·杜德斯达甚至认为，新时代“大学教师的角色必须多样化，他们要作为学者、顾问、评估者以及学习的保证者”②。面对这些多样化的社会角色，

---

① 庞丽娟主编：《教师与儿童发展》，北京师范大学出版社 2003 年版，第 32 页。

② ［美］詹姆斯·杜德斯达著，刘彤等译：《21 世纪的大学》，北京大学出版社 2005 年版，第 128 页。

学者们从不同的标准出发将其划分为不同类型，如：有学者按照大学教师与文化、学生和社会的关系，将大学教师的社会角色分为研究者、教育者和社会批判者（知识分子）三种[①]；有人从大学教师活动指向对象以及与其形成的关系的差异，将大学教师的社会角色划分为教育者、研究者和服务者三类[②]；也有人将大学教师分为“学术人”和“社会人”两种角色[③]；还有学者将中国大学教师的社会角色分为知识人和政治人两类[④]；有学者认为大学教师角色的制度化身份包括：大学教师是真理的化身、大学教师是道德的榜样、大学教师是社会的良心[⑤]；另外有学者从时代特征出发，认为在“网络时代”，大学教师将“由知识的传授者转变为知识的组织者”，“由教育活动的主导者转变为教学活动的参与者和学生的咨询者”，“由师道尊严的教师形象转变为生活中与学生共同对话与成长的良师益友”，“从职业的大学教师身份向学者身份的回归”[⑥] 等。上述各种分类法的特点在于都是从大学教师与他者之间的相互关系，即从大学教师的社会关系网络出发来界定其社会角色类型，抓住了社会角色概念的核心，但是相对地忽略了大学教师的本性，从而造成了各说其是。

怎样划分大学教师的社会角色才能充分体现大学教师的特性进而有助于大学教师价值的实现？笔者认为，波兰学者弗·兹纳涅茨基关于知识人的社会角色理论以及德国社会学家马克斯·韦伯的“理想类型”法有助于我们解决这一问题。

社会学家弗·兹纳涅茨基的《知识人的社会角色》一书，无疑是知识人社会角色研究领域的代表作品之一。兹纳涅茨基指出，知识是所有社会角色的先决条件。“事实上，每一位执行某项社会角色的个体，都被他的社会圈子认为具有或者他自信具有正常的角色执行所必不可少的知识。”[⑦] 他认为，在知识与社会生活之间有两种相互联结的方式。首先，人类对某些社会系统的参与和人类在社会系统界限内的行为，通常依赖于他们对一个特定知识系统的参与。其次，人类参与一定的社会系统通常取决于（虽然也许不是完全地、绝对地）他将参与什么样的知识系统，以及如何参与[⑧]。这也就是说，个体必须借助参与一个特定的知识系统来参与社会系统，而

---

① 周宗诚：《大学教师社会角色论》，《高等教育研究》，2001 年第 5 期。

② 徐辉、季诚均等：《大学教学概论》，浙江大学出版社 2004 年版，第 45～46 页。

③ 吴鹏：《大学教师聘任制：基于“角色”概念的研究》，华中科技大学 2003 年博士论文。

④ 胡金平：《学术与政治之间：大学教师社会角色的历史分析》，南京师范大学 2005 年博士论文。

⑤ 朴雪涛：《大学教师角色的制度性分析》，《沈阳师范大学学报》（社会科学版），2005 年第 1 期。

⑥ 刘开练：《“网络”时代大学教师的角色分析》，《社会科学战线》，2006 年第 1 期。

⑦ ［波兰］弗·兹纳涅茨基著，郏斌祥译：《知识人的社会角色》，译林出版社 2000 年版，第 17 页。

⑧ ［波兰］弗·兹纳涅茨基著，郏斌祥译：《知识人的社会角色》，译林出版社 2000 年版，第 7 页。

且，所参与的知识系统的类型以及参与知识系统的方式决定了他所参与的社会系统的类别，从而也就决定了其社会角色类型。根据这一思想方法，弗·兹纳涅茨基首先根据知识人参与社会系统时所凭借的知识类型把知识人划分为四个大类型，然后在每一大类下又主要根据知识参与方式将其分为不同亚类型。弗·兹纳涅茨基对知识人的具体类型划分如下①：

1. 技术顾问

(1) 技术专家：即诊断专家，他负责解释当前情况中的相关资料、它们的基本组成部分和相互关系以及完成有计划的共同任务的理论基础；他能发挥“参谋”或顾问的功能。

(2) 技术领导：即行政主管，他负责对实际相关的不同类的知识进行综合，在此基础上，确定计划并选择实现该计划的方式方法。

2. 为其政党、派别或阶层的集体倾向提供理智辩护的哲人

	当前倾向的辩护士	所持准则与目前的秩序或与对立方不相容的理想主义者
保守派	(a)“顽固的保守分子”	(b) 改善论者
革新派	(a) 反对派成员	(b) 革命者

3. 学者（亦即某个学派的正统信徒）

(1) 宗教学者：通过准确而忠实地再现宗教真理的符号表述，使宗教真理永世长存；人们指责他在维持一种自足的、固定的、不会受到挑战的、不可改变的宗教真理体系。

(2) 世俗学者：包括以下子类：

①真理的发现者：创立某个“思想学派”，并且断言存在着可用一定的理性证据加以证明的“绝对真理”。

②系统分类者：从发现者已确立为自明的第一原则中进行演绎，从而对某些领域现有的全部知识进行检验并将其组织到一个具有逻辑一致性的体系之中。

③有贡献者：提供新的发现，人们含蓄地或明确地期望这些发现能够提供新的与大师的体系相一致的证明；修正“不大令人满意的”归纳证据，直到它完善、或者直到“有理由”把它拒绝时为止。

④真理战士：通过使学者们相信，在某个论战中他的那一派掌握了得到理性证

① [美] R·K·默顿著，鲁旭东等译：《科学社会学》，商务印书馆 2004 年版，第 57～58 页。

据证实的正确主张，从而确保这个学派在逻辑上战胜其他的学派（论战限制在一个特定的领域之中，只有那些承认真理具有权威价值的人才能进入这个领域，因而真理斗士不同于有偏见的党派哲人）。

⑤知识的传播者

普及者：培养成人的业余爱好，从而促进大众对学术、尤其是民主化社会中的学术提供支持。

从事教学工作的教师：把理论知识作为非职业教育的一部分传授给年轻人。

4. 知识的创造者（探索者）

(1) 事实的发现者（查明事实者）：发现至今未知和未曾预料的经验材料，这些材料在很大程度上可以作为修改现有知识体系的基础。

(2) 问题的发现者（归纳理论家）：发现新的和未曾预见的理论问题，这些问题有待新建立的理论来解决。

在上述四大类社会角色中，技术顾问所凭借的是技术知识，圣哲所凭借的是作为现存文化秩序之基础的常识性知识，这两类知识有一个共同点，即都与实际利益有关。弗·兹纳涅茨基的第三大类社会角色是学者，学者角色所凭借的知识是真理性知识（根据真理标准的有效性差异，学者又被分为宗教学者与世俗学者两类），这类知识的价值不在于实际用途而主要在于知识逻辑自身。最后创造者所参与的知识类型主要是新知识。学者与创造者的主要区别在于：一方面，二者的知识类型不同，学者知识是系统化的知识，而创造者对知识的系统化不大感兴趣；另一方面，二者的思维模式不同，前者主要是演绎逻辑，而创造者的创造性思维没有规律可循、是高度个性化的，“创造性思想没有‘逻辑’，现有知识的系统化有一定的原则，相比之下，探索新知识没有原则可循”，“探索性思维基本的、独特的特征，除非联系探索者正在创造的新型知识的客观结构加以考虑，否则无法揭示”[①]。弗·兹纳涅茨基又根据参与知识的方式的差异将每一大类社会角色划分为若干亚类型，比如世俗学者又可以分为：真理的发现者、对真理进行体系化的组织者、完善真理体系的有贡献者、为所属学派进行辩护的真理斗士以及传播已确立的真理体系的知识传播者。弗·兹纳涅茨基把知识作为划分“知识人”的社会角色，突出了知识人的本性以及为理解知识人的社会角色找到了一个共同的基点，这一点对于我们理解大学教师的社会角色具有非常重要的启发意义。大学教师是典型的“知识人”，大学教师的各种

---

① ［波兰］弗·兹纳涅茨基著，郑斌祥译：《知识人的社会角色》，译林出版社 2000 年版，第 116 页。

职业社会角色都是建立在知识基础之上的，这应当成为我们划分大学教师职业社会角色的逻辑基础。但是，弗·兹纳涅茨基关于知识人的具体分类又过于繁琐，不利于具体理解和把握大学教师的职业角色，所以笔者认为，在利用“理想类型”的方法上将上述关于知识人的社会角色加以简化，这样就更有利于简明清晰地理解大学教师的社会角色。

“理想类型”又译为“理想型”、“理念型”，是韦伯社会学方法论的精髓，是他观察、分析和解释经验现实的概念工具。理想类型从形式上来看是一种抽象理论的概念结构。但是，根据韦伯的观点，由于它体现了价值关联的原则和理解的方式，从而便与任何其他的概念结构区别了开来，成为文化科学认识经验实在的特有方法。“理想类型”的概念最初出现于韦伯 1904 年发表的《社会科学和社会政策中“客观性”》一文中，以后多次在著述中使用这一概念。概而言之，“理想类型”的方法论原则有如下特征：(1) 理想类型是研究者思维的一种主观建构，但它并不是凭空虚构，而是通过强化实在中的某些因素而获得的理想化的典型。一个有用的“理想类型”必须是在综合许许多多“弥漫的、无联系的、或多或少存在和偶尔又不存在的个别具体现象”的情况下而形成的。但是，理想类型与社会实在又不完全一致，“就其概念的纯洁性而言，在现实世界的任何地方都不能凭借经验找到这种精神结构。它是一种乌托邦”①，即理想类型说到底是一种理念。(2)“理想类型”是一种“片面的深刻”②，它是为了研究的目的单向侧重概括了事物的一组或某种特征而得到的。韦伯说：“一种理想类型是通过片面突出一个或更多的观点，通过综合许多弥漫的、无联系的、或多或少存在和偶尔又不存在的个别具体现象而形成的，这些现象根据那些被片面强调的观点而被整理到统一的分析结构中。”③ 从这个意义上讲，理想类型的方法就是一种对现实进行简化和纯化的方法，这是理想类型最主要的特征。但是，简化和纯化研究对象并不是理想类型的仅有作用，理想类型的作用还在于展示对象的内在逻辑。法国社会学家布东（R. Boudon）指出，理想类型的概念：“是通过突出被考察对象的某些性质并抛开其他性质而取得的。例如，人们从现代资本主义中获得资本积累、合理运算、钱财流通的观念。由此得到的形象是经过有意简化的，但这种简化有这么个好处，就是把工业资本主义有别于高利贷或军火商的资本

① ［德］马克斯·韦伯著，杨富斌译：《社会科学方法论》，华夏出版社 1999 年版，第 186 页。

② 胡玉鸿：《韦伯的“理想类型”及其法学方法论意义——兼论法学中“类型”的建构》，《广西师范大学学报》（哲学社会科学版），2003 年第 2 期。

③ ［德］马克斯·韦伯著，杨富斌译：《社会科学方法论》，华夏出版社 1999 年版，第 186 页。

主义的特性显示出来了，后一类资本主义是所有社会都曾经历过。”[①] 这句话也就表明理想类型的简化特征是与研究对象的“文化意义”相联系的，有助于推究特定文化意义的成因。(3) 理想类型是一种分析结构。“抽象理想类型的建构不是作为目的而是作为手段而受欢迎的。”[②] 它是为了研究的目的而建构起来的一种观念结构，是一种方法论上的分析结构。韦伯认为：“参照一种理想类型，我们可以使这种关系的特征实际地变成清晰的和可理解的。对于启发的和说明的目的来说，这一程序可能是必不可少的。理想类型的概念将有助于提高我们在研究中推断原因的能力：它不是‘假设’，但它为‘假设’的构造提供指导；它不是对现实的描述，但它旨在为这种描述提供明确的表达手段。”[③] 总之，“理想类型中的‘理想’乃是于可能性中考察事物之谓，所谓可能性（按康德的说法）即无矛盾，能有之意。利用理想类型以说明或叙述社会事象，即是以‘能有’为媒介以探明‘现有’之谓，理想类型的方法特色，即在于透过可能性以认识现实性”[④]。我国学者郑戈认为，“理想类型”的方法论意义在于：“一方面，各种理想类型所蕴涵的不同信息得以区分出各种文化现象之间的差异，同时又可以保障这些差异是根据同一种逻辑而言的；另一方面，理想类型又与经验事实之间保持着一定的距离，它有助于研究者把握与其研究旨趣相一致的经验对象。”[⑤]

笔者认为，马克斯·韦伯的“理想类型”方法论对我们理解大学教师的社会角色可以有如下启示意义：一方面，根据“理想类型”方法论的纯化和简化原则，可以按照弗·兹纳涅茨基“知识人”的划分逻辑将知识人的社会角色分类进一步加以简化和纯化，提取出与大学教师的本性相一致的基本社会角色类型及每一角色的典型化特征。另一方面，“理想类型”方法作为一种分析结构是为了分析特定文化现象的文化意义而建构的，从这一方面看，利用该方法提炼出的大学教师的社会角色都有其特定的文化意义，这正是我们利用这一方法论的重要目的之一。所以，笔者认为，利用理想类型方法建构起来的大学教师的理想社会角色形象与我们对大学教师意义之所在的寻求有内在一致性。

---

① 陈洪捷：《德国古典大学观及其对中国的影响》，北京大学出版社 2006 年版，第 50 页。

② [德] 马克斯·韦伯著，杨富斌译：《社会科学方法论》，华夏出版社 1999 年版，第 188 页。

③ [德] 马克斯·韦伯著，杨富斌译：《社会科学方法论》，华夏出版社 1999 年版，第 185～186 页。

④ [德] 马克斯·韦伯著，张乃根译：《论经济与社会中的法律》，中国大百科全书出版社 1998 年版，第 314 页。

⑤ 李猛：《韦伯：法律与价值》，上海人民出版社 2001 年版，第 43 页。

（四）大学教师的理想社会角色型及其文化意义

大学教师是大学本性的有力体现者或维护者，换言之，大学的本性决定着大学教师的本性。因此，大学的学术性特点决定了大学教师职业也是一种学术性职业，大学教师是学术人员。大学教师职业学术性的重要表现之一是大学教师以学术性知识为主要工作媒介。按照知识人的社会角色理论来说，即大学教师参与社会系统时所依赖的知识系统是学术性知识。与一般的知识相比，学术性知识具有三个方面的特点：第一，学术是一种普遍的知识，只有揭示普遍意义的知识才是一种学术；第二，学术是理性的而非感受的，只有出自人们理性思考的，并具有一定的系统性理论的知识才是学术；第三，学术是高深的知识而非常识性的知识，是人类在不同时代认识客观世界所达到的最高程度①。由此可见，大学教师不仅是典型的"知识人"，而且是特殊的"知识人"——"学术人"。所以，学术水平理所当然应成为大学教师职业生涯的核心。美国学者博耶指出："学术水平并非一种奥秘的附属物，而是教师职业生涯的核心。所有的教师都应在其职业生涯中始终把自己当作学生。"② 博耶把美国当代大学教师的学术水平分为发现的学术水平、综合的学术水平、应用的学术水平和教学的学术水平四种③。事实上，这种看法适用于当代社会大多数国家的大学教师。但是正如博耶本人所认为的，新的学术观是一种扩展了的学术观。基于上文已经提到教学是教育性组织的基本工作形式的理由，为了方便建构大学教师的社会角色类型，这里从传统的学术观出发讨论大学教师的学术性，即主要考察大学教师发现、综合和应用的学术水平。发现的学术水平是大学教师学术水平的核心，是学术人员最首要的因素，是对知识的探究或发现。综合的学术水平强调大学教师应对孤立的现象加以解释，正确地从整体上加以考察，以及鉴别和把自己或别人的研究综合到更大的智力模式中去，也就是强调知识的综合。在现代大学中，知识的发现和综合都属于科学研究的范畴，而且知识的发现与综合是密切相关的。应用的学术水平强调大学教师对社会的服务，但是，"要把服务看成是学术水平，就必须将服务同一个人的知识的专门领域直接联系起来，与自己的专业性活动联系起来或直接来自于自己的专业性活动"④。这就是说，能够成为大学教师学术水平之一的应用必须

---

① 张俊宗：《学术与大学的逻辑构成》，《高等教育研究》，2004年第1期。

② 吕达、周满生主编：《当代外国教育改革著名文献》（美国卷·第三册），人民教育出版社2004年版，第151页。

③ 吕达、周满生主编：《当代外国教育改革著名文献》（美国卷·第三册），人民教育出版社2004年版，第18页。

④ 吕达、周满生主编：《当代外国教育改革著名文献》（美国卷·第三册），人民教育出版社2004年版，第22页。

建立在大学教师的专业性活动基础之上。大学教师的应用学术水平不是单向的，不是先“发现”知识，然后“运用”知识，学术性服务也是为了促进智力上新思想的产生。也正是在这一理由上，我们才认为应用也是一种学术。总之，通过对大学教师学术水平的分析可以看出，大学教师参与学术性知识的方式应该是以探究或发现为核心，包括探究与发现、综合以及应用知识等方式。

从大学教师所参与的学术性知识系统的类型以及参与学术性知识系统的方式看，大学教师的社会角色与弗·兹纳涅茨基在知识人分类中的“世俗学者”角色最为接近。在弗·兹纳涅茨基眼中，世俗学者是“绝对真理的承担者”。大学教师的学术性知识即“高深学问”，“高深学问忠实于真理，不仅要求绝对忠实于客观事实，而且要尽力做到理论简洁、解释有力、概念文雅、逻辑严密”①，所以，在很大程度上，学术性知识就是真理。故而，从大学教师的学术性角度讲，大学教师的社会角色是“学者”，也即“绝对真理的承担者”。弗·兹纳涅茨基认为，世俗学者又可以分为真理的发现者、组织者、贡献者、为真理进行辩护的斗士以及知识的传播者。但本书从狭义的学术概念出发，学者角色主要又包括真理的发现者、组织者、贡献者和真理战士。发现者获得其社会地位的途径主要是发现真理，组织者获得其社会地位的主要途径在于对真理进行系统化，贡献者确立其社会地位的途径主要是提供新证据完善真理体系，真理战士凭借为本学派进行逻辑辩护而获得其社会地位。无论是对真理的发现，还是对真理进行系统化、完善真理体系以及为真理进行辩护，都属于真理的创造过程，也就是属于学术研究过程。概言之，学者角色对知识系统的参与方式是学术研究，它具体包括探索或发现、整合或综合以及应用等方式。

学者角色的文化意义在于：学者是为真理而存在的，学者的价值在于发展真理，学者是“为真理而真理”的“理性人”。因此，作为学者的大学教师应是“为知识而知识”、“为学术而学术”的人，把探索和发展知识即科学研究当作自身价值的体现和历史使命之所在，特别是应在自己学科领域内竭尽所能，以自己的探索活动完善该学科。作为学者，大学教师应坚信自己的进步与人类的发展密切相连：自己的进步决定着人类发展的一切其他领域的进步，自己应该永远走在其他领域的前头，以便为他们开辟道路，研究这条道路，以引导人类发展②。

大学也是一种教育组织，大学组织的教育性决定了大学教师必须承担起教育者

① ［美］约翰·S·布鲁贝克著，王承绪等译：《高等教育哲学》，浙江教育出版社2002年版，第14页。

② ［德］费希特著，梁志学等译：《论学者的使命》，商务印书馆1980年版，第38页。

的职责。教育者与学者角色的不同之处在于：教育者参与知识系统的主要方式是传授，教育者是知识的传授者而不是知识的研究者。作为教育者，大学教师的价值在于致力于高深学问的传授以促进大学生的发展。知识传授活动即教学，大学教学由于教学任务的多样性、教学内容的高深性、教学对象的差异性、教学情境的复杂性以及教学过程的探索性等特点，决定了它也是一种学术活动。美国学者博耶也把教学学术水平作为大学教师的学术水平之一。所以，知识传授技能也应成为大学教师必须掌握并不断完善的技能，是大学教师的专业能力。曾对德国古典大学观作出重要贡献的德国学者施莱尔马赫就非常重视大学教师的知识传授能力，他说："一名大学教师所真正发挥的作用，总是直接取决于他讲课的能力。……教授当然知识越多越好，但再博大精深的学问，没有讲课的艺术也是徒然。"[①] 但是，大学教学的学术性特点决定了大学教学不同于一般的教学活动，"高等学术学院执行着教育机构的专门的社会功能，只是因为它的主要活动不是社会活动而是科学活动，它的目的不是维持社会秩序而是对维持作为超社会的文化范畴（自身具有至高无上的价值）的知识作出贡献"[②]。大学讲授的目的不在于宣讲知识，而在于开启学生的心智，引发其思想，与普通教育的主要任务是教人"求知"不同，高等教育的主要任务就是使人"开智"。大学教师的责任不仅是培养人，而且是培养高层次的人才、培养未来的学者。所以，大学教师在教学中不仅要传授知识，更要指导大学生形成科学修养及科学运用理性的能力，"教师必须使其所讲在听者面前形成发展，他不必讲述他所知道的东西，而是要再现其自己的认知活动本身，使学生不仅仅不断地接受知识，而同时观察到理性在发展知识的活动过程，并在观察中仿效之"[③]。为了达到这一目的，大学教学应以学生的独立学习为主，教师只提供学习的材料并激励学生的求知活动，学生自己钻研这些材料。

教育者角色的文化意义在于：教育者是知识的传授者，通过知识传授而培养人是教育者职责之所系；教育者的意义与价值在于促进学生最大程度地发展。所以，作为教育者，大学教师是通过传授高深学问而培养高层次的人才。大学教师对人才的培养既有一般教育活动特点——促进大学生的身体、道德、个性等全面发展，促使大学生进一步社会化以维持社会秩序；同时，大学教师的教育活动还是培养未来

① 陈洪捷：《德国古典大学观及其对中国的影响》，北京大学出版社 2006 年版，第 42 页。

② ［波兰］弗·兹纳涅茨基著，郑斌祥译：《知识人的社会角色》，译林出版社 2000 年版，第 106～107 页。

③ 陈洪捷：《德国古典大学观及其对中国的影响》，北京大学出版社 2006 年版，第 42 页。

学者的活动，是为了促进大学生发展成为真正的学者。概言之，作为教育者，大学教师要立足于教学，通过高品质的教学促进大学生最大可能地一般发展和最大可能地成为学者。

高深学问是大学教师的主要工作媒介，而高深学问就是基于理性而形成的学术性知识，是理念性知识，因而探究高深学问的活动具有知性的价值。知性的主要价值，就是正义、真实与理性。而知识分子是“理性、正义和真理这些抽象观念的专门卫士，是往往不被生意场和权力庙堂放在眼里的道德标准的忠实捍卫者”①。所以，大学教师理想社会角色也应包括知识分子角色。“知识分子”是一个精神性概念。所以，知识分子不在于是什么，而在于干了什么。“‘成为一个知识分子’的意向性意义在于，超越对自身所属专业或所属艺术门类的局部性关怀，参与到对真理、判断和时代之趣味等这样一些全球性问题的探讨中来。是否决定参与到这种特定的实践模式中，永远是判断‘知识分子’与‘非知识分子’的尺度。”② 知识分子必须是“有知识”的人。然而，知识分子虽然与他们的专业知识或技术知识有关，但是仅仅有专业或技术知识也不足以享有“知识分子”的称号。以专业知识来换取生活的资料只是知识分子的本职工作，如果他还要同时扮演“知识分子”的角色，他就必须还要在职业本分以外有更高的表现，这种更高的表现有两个方面：一方面是他对自己的专业知识和思想有一种庄严的敬意，在自己所选定的专业领域内严肃地追求真理。在这种求真精神上发展出对文化的基本价值，如理性和公平等的一种深切关怀。另一方面，知识分子还是一个永远把答案变成问题的人，他不是占有已知的旧真理，而是不断地寻求未知的新真理。这样，知识分子就发展出了他所必须具备的一些重要品质，如不武断、容忍、有通识、超越的精神和批判的态度。事实上，虽然“知识分子”是一个近代概念，但是在中西方历史上自古就有具有知识分子精神和发挥了知识分子作用的人。尤其是我国的知识分子精神传统历史悠久，著名美籍华裔学者余英时先生认为中国古代的“士志于道”的精神与近代西方的知识分子精神相契。中国古代士阶层向来“以卫道为己任”起着“明道救世”的功能，他们养成了“先天下之忧而忧”的强烈忧患意识、“天下兴亡，匹夫有责”的高度责任感，以及“家事、国事、天下事，事事关心”的深切关怀精神。

---

① ［美］刘易斯·科塞著，郭方等译：《理念人——一项社会学的考察》，中央编译出版社 2004 年版，前言第 3 页。

② ［英］齐格蒙·鲍曼著，洪涛译：《立法者与阐释者》，上海人民出版社 2000 年版，第 2 页。

知识分子角色的文化意义在于：知识分子是立足于专业知识而又超出了纯粹知识的范围而生发出了对社会的强烈关怀，他们是“社会良知”的守护者、是正义的维护者以及社会核心价值的创造者和维护者。知识分子的主要行动方式是批判——文化批判和社会、政治批判。因此，作为知识分子，大学教师不能仅仅囿于专业知识的创造与传授工作，而应发挥自己的特长，以自己的专业能力对人类的基本文化、道德价值和社会现实进行批判和关注，具有强烈的人文精神气质。

在大学发展历史上，大学教师的教育者角色和学者角色相继得到了制度化的确认，而知识分子角色却从来没有变成制度性社会角色。中世纪的大学教师虽然同时进行“写作和教学”，但是只有教育者是大学教师的制度性职业角色。中世纪的大学教师是“以传授思想为业”的人。到了19世纪，德国以柏林大学为代表的古典大学观主张“教学与科研统一”原则，最终使学者角色也发展成为大学教师的制度性职业角色。在德国大学中，科学研究不仅是学者的一项学术工作，还是一种信仰，费希特的学者使命观可为明证。德国大学以科学研究的能力和水平为选择教授的首要条件，德国教育史学家尼珀戴指出，“在选择教授人选时，起决定性作用的不是地区的考虑，不是同事个人的好恶，不是社会交往能力或口才的好坏，也不是笔头或教课的能力，而是研究工作及其结果的独创性”；另一学者包尔生也指出，“德国大学对其教师的要求，最集中地表现在决定是否接受他们之时，即由各学院授予执教资格之时。接受与否的条件当中，首推科学研究的能力，其余皆为次要”①。柏林大学把“杰出学者”作为大学教师任用的几乎唯一的标准，其具体标准包括三个层次：首先，大学教师应该在他所从事的领域学有专长并具有向听众传递自己知识的能力；其次，大学教师应能把自己的理性活动通过发表来宣扬自己的思想；最后，也是最重要的一点，大学教师应从事科学研究②。自此以后，学者一直都是大学教师重要的制度性职业角色。既是教育者也是学者成为现代大学对教师的当然要求。然而，即使知识分子角色在大学发展史上没有演变为制度性角色，但“过去几个世纪以来，大学一直是知识分子的避风港，因为它允许他们在不同程度上处于日常事务的世界之外”③。事实上，自中世纪大学产生以来，大学教师至少一部分大学教师一直承担着知识分子使命，发挥着知识分子作用。如中世纪的彼埃尔·阿贝拉尔，巴黎高等

① 陈洪捷：《德国古典大学观及其对中国的影响》，北京大学出版社2006年版，第74、75页。

② 郭丽君：《大学教师聘任制》，经济管理出版社2007年版，第52页。

③ ［美］刘易斯·科塞著，郭方等译：《理念人——一项社会学的考察》，中央编译出版社2004年版，前言第12页。

师范学校几乎所有教师都是德雷福斯派成员[①]，以及我国近代的知识分子代表鲁迅等人。“当一名知识分子是一种理想。……是面向某些贤者提出的要求。也许还不能够达到知识分子的身份，但是，这样的实践必然应该是接近知识分子身份的一种尝试。”[②] 这就意味着成为一名知识分子是大学教师的理想追求，是大学教师超越性的社会角色而非基本角色。

大学教师是谁？笔者认为，从社会角色角度看，理想的大学教师是集教育者、学者和知识分子角色于一体的人，教育者和学者角色是其基本的职业社会角色，知识分子角色是大学教师追求生命之高境界的社会角色。理想的大学教师应具有与教育者、学者和知识分子角色相应的特质。“做大学教师”也就意味着献身于传授和发展知识，即献身于培养大学学生和发展科学，并努力追求超越自身的专业领域而发展出一种深切的社会关怀意识，成为“社会的良心”。

---

① 德雷福斯原本是法国军事情报部门的一名犹太裔军官，1894 年 12 月，在法国当时反犹的背景下，他因被诬陷犯有叛国罪而受到指控，并被判处终身监禁。1898 年 1 月，了解到事件真相的法国著名作家左拉公开致信共和国总统，呼吁重审德雷福斯被诬案。第二天，公开信发表在《震旦报》（又译为《曙光》）的头版头条上，主编克里孟梭还特意冠以“我控诉!”的通栏标题。为扩大影响，该报连续刊登“抗议”，并征求签名支持。当时法国一批杰出的知识分子在赞同重审的声明书上签了名。左拉也因写《我控诉》而被指控受到审判。后来，那些同情德雷福斯、赞同重审的人被称为“德雷福斯派”。科塞认为，“德雷福斯事件”之所以成为近代知识分子史的一个分水岭，是因为这个事件的过程中体现着对政治权力、社会秩序和民族国家的两种泾渭分明的态度。德雷福斯派的知识分子抵制国家和社会秩序的要求，维护普遍的、抽象的价值。参见［美］刘易斯·科塞著，郭方等译：《理念人——一项社会学的考察》，中央编译出版社 2004 年版，第 238～243 页。

② ［法］朱里安·本达著，孙传钊译：《知识分子的背叛》，吉林人民出版社 2004 年版，第 4 页。

第二章　教育者角色的大学教师理想形象

自中世纪大学产生以来，大学一直不断地通过改变自身的形式和职能以适应外界环境变化的要求，但是，无论大学发生怎样的形式或职能变化，大学作为教育组织的基本特性却始终保持不变。大学自始至终是作为一种特殊的教育组织而存在和发展着，为此，教育者角色也始终是大学教师必须履行的职业社会角色，是大学教师之所以称为“师”的集中体现。因此，教育者角色形象是研究大学教师理想角色形象的必然内容之一。在本章中，教育者与教师具有同义性，所以，本章从认识教师入手逐步展开对大学教师理想教育者形象的分析。

一、教师是谁

翻开古今中外有关教师的书籍，笔者发现要想找到一个比较清晰一致的教师概念，的确是一件比较困难的事情。如我国古代西汉扬雄从教师的为人角度认为，教师就是“表率”，即“师者，人之模范也”①。唐代韩愈从教师职责角度认为，“师者，所以传道授业解惑也”②。到了近现代，由于人们感到教师的崇高、伟大是不言而喻的，因此对教师的歌颂超过和代替了对教师本质的理论思考。有人把教师比作蜡烛，有人把教师比作人类百花园中的园丁，也有人说教师是培育儿童和青少年一代的灵魂工程师。如英国著名学者、哲学家费兰西斯·培根曾把教师称为：是知识种子的传播者；是文明之树的培育者；是人类灵魂的设计者。有人说教师是向野蛮和无知发动进攻的积极的成员，是过去和未来之间的一个活的环节。如苏联教育家乌申斯基说：一个教师如果不落后于现代教育的进程，他就会感到自己是克服人类无知和

---

① 扬雄：《法言》。

② 韩愈：《师说》。

恶习的大机构中的一个活跃而积极的成员，是过去历史上所有高尚而伟大的人物跟新一代之间的中介人，是那些争取真理和幸福的人的神圣遗训的保存者。他感到自己是过去和未来之间的一个活的环节，他的事业从表面看来虽然很平凡，却是历史上最伟大的事业之一。苏联教育学家加里宁认为，教师这个词有两种含义："按狭义解释，这是专门学科的讲授者；按广义解释，是指有威望的，明智的，对人们有巨大影响的人而言的。"①

我国当代学者对"教师"概念的解释也不尽一致。其一，杭州大学教育系编写的《教育辞典》认为，教师是"学校里承担向学生传授知识、技能，发展学生体力、智力，培养学生思想品德任务的人员"②。其二，顾明远先生主编的《教育大辞典》认为，教师是"学校中传递科学文化知识和技能，进行思想品德教育，把受教育者培养成一定社会需要的人才的专业人员"③。其三，李友芝先生主编的《中外师范教育辞典》认为，教师是"学校中通过传递人类科学文化知识和技能，进行思想品德教育，使受教育者在思想品德、智力和能力方面得到全面发展的专业人员"④。其四，《中华人民共和国教师法》第三条规定："教师是履行教育教学职责的专业人员，承担教书育人，培养社会主义事业建设者和接班人，提高民族素质的使命。教师应当忠诚于人民的教育事业。"

国外对教师也有不同的理解。有人认为教师是艺术家、作家。日本教育家斋藤喜博认为，教育的工作同文学艺术一样，是追求复追求的工作。教师需要有作家般敏锐的眼光、追求心和创造力，需要有一颗信任人、热爱人的心，并用这颗心去率直、谦逊地观察对象、研究对象，然后运用自己丰富的经验、智慧和创造力，就像作家在稿纸上或艺术家在帆布上创作那样构思、创造。他说："我一直认为，教师的工作是艺术，教师是艺术家。……教师是凭借儿童、凭借班级、凭借授业，去表现自己的工作的作家。"⑤ 还有人认为教师是临床医生，"教学可以被概括为一种问题解决和决策的形式，这种形式与医生的工作相同"⑥。就像医生对症开处方，教师要根

---

① 转引自臧乐源主编：《教师学》，天津人民出版社 1987 年版，第 4 页。

② 朱作仁主编：《教育辞典》，江西教育出版社 1987 年版，第 630 页。

③ 顾明远主编：《教育大辞典》（第 1 卷），上海教育出版社 1990 年版，第 230 页。

④ 李友芝主编：《中外师范教育辞典》，中国广播电视出版社 1994 年版，第 3 页。

⑤ 转引自筑波大学教育学研究会编，钟启泉译：《现代教育学基础》，上海教育出版社 2003 年版，第 450 页。

⑥ Lorin W. Anderson (ed.): International Encyclopedia of Teaching and Teacher Education, Elsevier Science Ltd., 1995, p. 6.

据学生的特点因材施教，否则其教育效果就很难达到。也有人认为教师是研究者，因为他们可以“改进教学实践；改变其工作的情景；在更大的社会范围内理解他们的教学活动”[①]。

可见，现在“教师”的问题领域处于外部品头论足与内部沉默的夹缝之间，构成了两难问题。围绕教师本质的认识，学者们也是仁者见仁，智者见智。日本学者佐藤学教授在《课程与教师》一书中指出，教育学领域关于教师的研究存在三种基本方法：一种方法是规范性逼近的研究方法，该研究方法主要是设问“教师应当如何？(ought to)”另外两种方法都是围绕设问“教师角色”展开的，一种是制度性逼近的研究方法，另一种是存在论逼近的研究方法。设问“教师应当如何”的“规范性逼近”研究最终是同教师的作用、地位、培养与研修方法的改革联系在一起，该方法源于启蒙主义的传统；“制度性逼近”的研究方法是以问题“所谓教师是怎样一种职业?”“教师的责任与作用是什么?”等提问方式展开的，它寻求的是作为教师的“立场”与“作用”，该方法是设想现实问题的解决，或设想理论阐明的“议题”(issue) 而形成的，它源于近代的技术理性的传统；而“存在论逼近”的研究是以“教师是怎样一种角色?”“教师意味着什么?”“为什么我（您）是教师”等提问方式展开的，该方法旨在寻求教师的“实然方式”和“存在方式”，也可以说，获取教师自身的存在与自己工作意义之证据的意识，亦即探究作为教育主体的存在证据与教育实践中“真实性”的意识性，使这种“存在论逼近”研究得以形成，它使得近代的“宏大叙事”解体。

教师是具有多重角色的复杂体，三种研究方法分别从不同的认识角度揭示教师本质，各有侧重点，对丰富人们对教师的认识非常有益。三种研究方法也分别有自己特定的论题。本部分主要是着眼于理想教师形象的教师特质研究，所以在研究方法上主要是侧重规范性研究方法，也即上述所指的规范性逼近，以回答“教师应当具有什么特质”的问题为主，按照这种方法揭示教师本质就是要回答所谓“教师是谁”[②] 的问题。“教师是谁?”是一种以价值理性为主导的问题，要求具有主体参与性价值的陈述。提出“教师是谁”旨在弄清楚：教师是以何种特殊性使其不似偶然凑在一起的等闲之辈，而是有特殊使命、特定尊严的一种身份的象征；也是想把更适应于从事教育教学目的的人同那些不适应于此种目的的人区分开来，从而通过某种

---

① Lorin W. Anderson (ed.): International Encyclopedia of Teaching and Teacher Education, Elsevier Science Ltd., 1995, p. 9.

② 叶澜等：《教师角色与教师发展新探》，教育科学出版社 2001 年版，第 31 页。

共同品质把适合从事教者组织成为一个自觉的教师职业群体，相互理解、相互信任、相互合作，为共同的教育理念而贡献自己的力量；更是着眼于未来的对以往教师形象的反思，并试图建立起对未来充满希望的教师理想形象，是一种理性的设想。

（一） 教书育人是教师的根本任务

在现代社会，随着社会发展、教育改革和师生身心和谐发展等方面的需要，教师要承担起越来越多的角色及职能。譬如：我国学者喻立森认为，教师是传授文化科学知识的艺术家，是年轻一代理智资源的开拓者，是塑造未来一代灵魂的工程师，是社会主义现代化文明建设的生力军[①]；申继亮教授认为，21 世纪教师应当承担起以下几种角色，即学习者、学习引导者、心理教育者、行动研究者和教育创新者等角色。美国一些学者从反思教学的角度阐释了各种假设的教师角色，包括组织者角色、管理者角色、咨询者角色、交流者角色、职业角色、革新者角色、伦理者角色、政治角色和法律角色等[②]，以及认为动态教师承担着多重角色，他们应是：价值守护者、课堂意义的建构者、具有教育哲学思想的教师、促学者、探究者、沟通的桥梁、教育变革者[③]。但是，正如加拿大学者戈培尔等人所言："无论怎样界定教师这一角色，其教学方面的基本功能的完整性都是不能不予以考虑的。在界定医生这一角色的功能时，无论我们怎样说明医生所具有的作用，我们都不能不肯定，医生的职能就是救死扶伤，并向病人提供如何增进健康的建议，等等。同理，我们也可以无条件地界定，教师的角色功能就是促进学生的学习进步。无论对教师这一角色做何种描述，教师的这种基本职能都是不可以被曲解的。"[④] 我国也有学者指出："教师职业的出现是人类文明发展的重要标志，也是促进人类文明发展的重要手段。不论是古代社会还是现代社会，教师的最根本任务在于培养延续人类文明的有用人才，也就是人们常说的'教书育人'。"[⑤] 也就是说无论教师角色和职能随着时代和环境的变化而发生什么样的改变，但教学始终是教师最基本也是天然的职能，它是教师职业的象征。"教书育人"是教师的根本任务。

教书主要是指传授知识。育人是指促进学生的发展，具体地讲，就是促进学生

---

① 瞿保奎主编：《教育学文集（教师卷）》，人民教育出版社 1991 年版，第 23～32 页。

② Lorin. W. Anderson (ed.): International Encyclopedia of Teaching and Teacher Education, Elsevier Science Ltd., 1995, p. 9.

③ ［美］莎伦·F·拉里斯等著，侯晶晶译：《动态教师——教育变革的领导者》，北京大学出版社 2006 年版，前言第 3 页。

④ ［加］戈培尔等著，万喜生译：《教师的角色转换》，湖南教育出版社 1991 年版，第 10 页。

⑤ 陈永明主编：《现代教师论》，上海教育出版社 1999 年版，第 142 页。

思想品德、智力、能力和体力等方面的全面发展。教书育人就是指教师在职业活动中，将传授科学文化知识与帮助学生树立正确的人生观、世界观融为一体，在指导学生掌握现代科学文化知识的同时，教育他们成为品德高尚、意志坚强并富有责任感的人。教书和育人是一个有机的整体。有学者认为，根据现代科学教育理念，应当用“育人教书”来取代“教书育人”，因为这二者之间不只是词序的颠倒，而且是两种不同教育理念的反映，由这两种不同的教育理念带来了教育效果的重大差异①。我们认为，教书育人是教师的基本职能，也是学校教学的基本任务。教学工作的意义与任务就在于教书育人，这是教学活动的一体两面，就像一个硬币的两个面一样，缺一不可，缺少任何一面都不再是硬币本身了，教学也一样，不存在只有教书而不育人的教学，也不存在只有育人而不教书的教学，否则就不能算是真正意义上的教学了。教书与育人在教学活动中没有先后之分，教书的过程也就是育人的过程，反之也成立。如果需要将教书与育人作一比较，那么只能从教育的终极价值是育人这一角度来区别。从育人是教育的最终目的看，教书与育人之间，教书是手段，育人是目的，教书是实现育人目的的最基本也是最主要的手段。手段与目的之间是相互依存的。没有无目的的手段，离开了一定的目的，手段的存在是没有任何意义的手段。也不存在无手段的目的，缺少了相应实现手段的支撑，目的只能是空想。正如德国教育家赫尔巴特所说：“教学如果没有进行道德教育，只是一种没有目的的手段；道德教育如果没有教学，只是一种失去手段的目的。”所以，教书与育人在教育活动中是不能区分先后主次、上下轻重的，它们是相互依存的关系，是手段与目的的关系。教书与育人紧密联系、不可分割。

（二）教师是专业人员，教师职业是专门职业

自有人类教育活动以来，就有了从事教育的人——教师的存在。教师职业经历了漫长的演化发展过程，教师形象也经过了一个不断发展变化的过程。教师形象由早期原始社会生产生活中的能人长者发展为古代和近代社会的职业者，到了当代社会则发展为专业者。

---

① 有学者认为，“育人教书”抑或“教书育人”反映的是一种有关人类发展与培育未来一代的关乎个体成长、种族延续和社会文化传承依据性的价值取向与判断，表现为在促进个体成长与发展的内在与外在、核心与外围、可持续与暂时、持久与短暂、稳定与非稳定等诸因素的价值性取舍以及偏重。“教书育人”表述与强调的是教书为主，育人为次；教书为重，育人为轻；教书为本，育人为末；教书为先，育人为后；教书为上，育人为下；教书为大，育人为小。“育人教书”则刚好与之相反，强调的是先育人后教书，育人为上教书为下，育人为重教书为轻，育人为主教书为次，育人为本教书为末。参见孙庆民：《“教书育人”抑或“育人教书”——不只是词序的颠倒》，《教育发展研究》，2005 年第 6 期。

在当代社会里，教师不仅是专职教育者，更是专业教育者。教师作为专职教育者是相对于作为非专职教育者的父母而言的。从广义上讲，教师和父母都担负着教育下一代的任务，都是教育者，但二者的角色功能并不完全相同，这主要是因为一个是专职教育者，一个是非专职教育者。根据我国学者庞丽娟教授等人的研究，教师和父母在承担教育职责时由于其角色定位的不同，表现在功能范围、情感关系、理性程度、目的性以及公平性等方面都有巨大差异①。从功能范围上讲，家长的功能范围是全面而无限度的，而教师则是特定而有限度的。家长功能的全面型是指子女生活、成长的每一方面，责任、义务、关系等都属于家长的职责范围，都是父母分内的事；教师的职责主要限定于教育、教学范围内。家长的角色功能是长久甚至是终身的，没有固定时间是全天候的；教师的功能是有特定时间和阶段的。从情感关系上讲，父母与子女之间应维持适度的相互依恋关系，而教师与学生之间则应该保持适度的“疏离”(detachment) 关系，即教师对学生是“疏离式关爱”——教师应关爱儿童，对儿童有爱心、关切、关怀，同时，又与儿童保持适度的距离。这种关系有三个好处：第一，教师与学生保持适度距离，可以避免教师因与学生关系过于亲密而陷入“情感衰竭”的困境，从而导致丧失适宜感应和反应的能力，进而不利于达成良好的教育效果。第二，适度疏离使教师可以客观据实地看待、评价学生的发展与学习情况。第三，适度疏离可以增进教师教育的公平性。从理性角度看，父母对子女应保持“适度的非理性”，因为过度理性会让儿童感觉父母太冷酷、不慈爱，容易引起儿童情绪困扰，而过度非理性则不利于儿童形成规则意识、是非观念、自制力、积极人际关系处理能力等。教师对学生则应保持适度的理性。从目的性角度讲，父母对子女的教育是自然而发的。教师对学生的态度与行为则力求适度的“目的性”或说“教育性”，教师代表社会为社会培养所需的积极健康的人。从公平性上讲，父母总是偏爱自己的子女，把自己子女的利益以及需求放在第一位。教师则力求对学生一视同仁，专业教育者力求把自己的专业智能同时提供给可能招人喜欢或不喜欢的学生。

专业 (profession) 是“专门性职业”的简称。职业是社会分工条件下人们所赖以为生的基本生存方式，教师职业是随着专门化的教育机构——学校的产生而产生的，有着十分悠久的历史。专业是社会分工、职业分化的结果，是社会分化的一种表现形式。医生、律师等职业被认为是古老而又典型的专业，社会学家们根据这些典型专业的特征总结出了一套专业的指标体系，并以此来衡量社会上其他职业的专

① 庞丽娟主编：《教师与儿童发展》，北京师范大学出版社 2003 年版，第 41～44 页。

业状态。目前，社会职业按照专业化程度一般分为三类：一是专业性的，如医生、律师、会计师等；二是半专业或准专业，如护士、图书管理员等；三是非专业性职业，如售货员、操作机器的工人等①。按照这种分类标准，教师职业究竟属于哪一类？目前国内外理论和实践界并没有达成完全一致的意见。在实践界特别是在一些正式的官方立法和文件中都肯定了教师的专业人员地位和教师职业的专业性。如20世纪60年代，国际劳工组织和联合国教科文组织在《关于教师地位的建议》这一官方文件中就指出："应把教育工作视为专门的职业，这种职业要求教师经过严格的、持续的学习获得并保持专门的知识和特别的技术，它是一种公共的业务。"1993年《中华人民共和国教师法》也规定，"教师是履行教育教学职责的专业人员"。但在理论界学者们对此却是见仁见智。我国学者周浩波认为，"专业"的最重要特征是"自主性"，教师显然不具备这一特征，所以"教师是一项职业而非专业"②。除此以外，学者们争议更多的表现在"专业"与"准专业"、"半专业"以及应然状态的"专业"与实然状态的"半专业"等方面。如日本学者市川昭午认为，"教职仅在非营利服务这一点上，符合专业的标准，在专业技术和长期训练、特别的才能与素质这一点上，还逊于其他专业。教师的工作只能作为'准专业'"③。美国学者认为："依照目前的表现诊断，教育只能算是半专业。不过，就其贡献及其社会功能而言，在本质上，教育应该是一项专业。平心而论，教师一职并未充分发挥其潜能。"④ 我国有学者从教师职业的特性和教师培养角度提出，教师职业"是有其固定属性的专业职业"，"与医生、律师等专业相比，是有一定替代性的专门职业"⑤。还有人认为教师职业是"形成中的专业"，所谓"形成中的专业"，是指"其地位高于半专业而接近完全专业的地位，处在专业和半专业的中间状态"⑥。以及教师专业是"边际性的横向专业"，也就是说，教师专业"并不是所学和所教的某一学科专业"，而是由"'教什么'与'怎样教'、'教书'与'育人'两方面的知识、能力和素养构合起来的一种边际性的横向专业"⑦。另外，佐藤学教授也认为，教师工作所固有的三大特征——回归性、

① 陈永明主编：《现代教师论》，上海教育出版社1999年版，第172页。

② 周浩波：《教育哲学》，人民教育出版社2000年版，第245页。

③ 筑波大学教育学研究会编，钟启泉译：《现代教育学基础》，上海教育出版社2003年版，第453页。

④ 台湾师范教育学会主编：《师范教育政策与问题》，师大书苑公司1990年版，第24页。

⑤ 谢安邦：《师范教育特性》，《高等师范教育研究》，1994年第2期。

⑥ 刘捷：《专业化：挑战21世纪的教师》，教育科学出版社2002年版，第78页。

⑦ 阮成武：《主体性教师学》，安徽大学出版社2005年版，第72页。

不确定性和无边界性——从消极的角度看是不利于教师的专业属性的。

从以上中外实践与理论界对教师与教师职业的专业性的讨论中，我们可以得出两点结论：从教育在现代社会中的重大作用以及未来社会对高质量教育和高素质教师的要求来看，教师职业应是专门性职业，教师应是专业人员，或者可以说，从职业性质上讲，教师职业是专门职业，教师是专业人员；从教师职业发展的现状看，按照严格的专业标准来判断，教师职业还没有达到典型专业的条件要求，还是一个“部分的”而非完全的专业，正在向“完全专业”方向前进。所以，刘捷博士说：“中小学教师的专业化，并非实质上是‘有’还是‘无’的问题，而是专业化程度‘高’与‘低’的问题。”[①] 所谓专业化程度的“高”与“低”的问题实质就是肯定了教师职业的专业性。笔者赞同这一观点，认为从教师自身发展和现代社会对教师的要求看，教师应是专业人员，教师职业是专门性职业。但是，由于受到客观环境的影响以及教师角色本身规范性程度低的影响，实践中教师成为成熟的专业人员还需要进一步努力。

教师是谁？笔者认为，所谓教师就是在学校里直接从事教育教学工作履行教书育人职责的专业人员。需要指出的是，在现代学校中，凡是与教育教学工作有关的人都被尊称为教师，如教育教学管理人员、实验人员以及图书管理人员等。这在日常概念中不存在异议，表达了对上述人员的尊重和对其劳动的认可。但是，在有关教师问题的专题研究中，一般都不包括上述人员，教师研究中的教师是特指直接从事教育教学工作的专业人员，是狭义上的教师概念。本书对教师的定义也是针对狭义范围的教师而言。

二、理想教师的特质

教师从事的是一种社会性劳动。这种劳动和其他职业的劳动一样，有其存在的必然社会价值，只是这一劳动的特殊性决定教师这一职业有不同于并且在某种程度上高于其他职业的特殊要求。这种由教师职业劳动的特殊性而形成的特殊要求就是我们所说的教师特质。笔者认为，教师的特质既反映在古今中外教育思想家对教师的理想要求上，又反映在现实的教师考核、选聘标准上。前者突出了教师特质的理想性，后者反映了教师特质的现实性。

① 刘捷：《专业化：挑战21世纪的教师》，教育科学出版社2002年版，第77页。

（一）中外教育家眼中的教师角色理想特质

什么样的教师是一个理想的教师，即理想的教师角色应具有哪些特质？中外教育家有关教师理想形象的论述对于回答这一问题有重要的启示作用。

1. 中国古代教育家眼中的教师理想形象

尊师重教是中华民族古老而悠久的文化传统。中国古代历史上许多著名的思想家、哲学家同时又是杰出的教育家，他们有着丰富的教育教学实践经验，并在自己的著述或实践中阐发、践行了对教育、教学的深刻见解，塑造了生动丰富的教师理想形象。概括起来，我国古代教育家眼中的教师理想形象主要表现在以下几个方面：

第一，高尚的师德涵养。

中国古代社会教师职能是“传道、授业、解惑”，即教师在职业活动中首先是“道”的代表者、传授者。所以，古代教育家几乎无一例外地都要求教师首先必须具有高尚的道德品质，能够为人师表。具体来讲，对古代教师的道德要求主要包括：

严于律己，以身作则。即重视“不言之教”或“身教”。如孔子就多次论述以身作则的重要作用，他说：“其身正，不令而行；其身不正，虽令不从。”“不能正其身，如正人何？”[①] 荀子也认为，“以身为正仪，而贵自安者也”[②]。隋代教育家王通主张身教重于言教，做到“心化”[③] 和“不言之辩，不杀之兵”[④]。明代王廷相又说：“古之有身教焉，今唯恃言语而已矣，学者安望其有得？近世复有以清心、静坐、解悟教人者，求诸义理、德性、人事之实，则茫然不达，此又言语之不如也。”[⑤]

“诲人不倦”，“不隐其学”。古代多数教育家认为教师应有“诲人不倦”的教学态度和精神，并竭力身体力行之。如孔子认为“爱之，能勿劳乎？忠焉，能勿诲乎？”[⑥] 他本人也受到弟子“教不倦，仁也”[⑦] 的评价。汉代董仲舒从教时多年无闲暇，有“三年不窥园”[⑧] 之称。朱熹与学生“讲论经典，商略古今，率至夜半，虽疾病支离，至诸生问辩则脱然沉疴之去体。一日不讲学，则惕然以为忧”[⑨]。相较于社

---

① 《论语·子路》。
② 《荀子·修身》。
③ 《中说·周公》。
④ 《中说·述史》。
⑤ 《雅述》上。
⑥ 《论语·宪问》。
⑦ 《孟子·公孙丑上》。
⑧ 《汉书·董仲舒传》。
⑨ 《朱子行状》。

会上其他各行业在面对自己的服务对象时“各有所隐”，古代优秀教师对于学生是“不隐其学”，并将之上升为一种职业道德。孔子自称“无隐”、“无行而不与二三子”①。朱熹对学生“则反复戒之，而未尝隐”。元代许谦甚至将“不隐其学”当作一件乐事对待，他说：“己有之，使人亦知之，岂不快哉！”

“有教无类”，关爱学生。孔子主张“有教无类”，对任何人，他都本着“与其进也，不与其退也”② 的态度。宋代胡瑗“视诸生如其子弟”，对失足青年“先警其心，而后教谕之以道”③。朱熹对学生则是“务学笃则喜见于言，进学难则忧形于色”。

安贫乐教。古代教育家从崇高的社会责任感和政治抱负出发，投身教育事业，自愿安贫乐道，清廉守节，甘为红烛、春蚕。孔子“饭疏食饮水，曲肱而枕之”，视“不义而富且贵”如浮云，认为“君子忧道不忧贫”。他十分欣赏颜回不以贫困为忧而乐，称其“贤哉回也！”④ 宋代程颢“与弟伊川先生讲学于家，化行乡党，家贫蔬食或不继”。清代戴震病逝时“囊中索然”。

另外，古代社会有“经师”、“人师”之分，并有“得经师易，得人师难”之称，以及贬“经师”倡“人师”等。这些都表明我国古代社会十分重视教师的道德修养，并将其作为良师的核心标准。

第二，渊博的学识。

古代教育家要求教师必须具备渊博的学识，即“学高为师”。

孔子首先提出教师应当“学而不厌”以及“温故而知新”⑤。朱熹、王夫之等也将“温故知新”作为教师的重要条件，说“司教事者，温故而知新”⑥，反对“通身倒入古人怀中”而不能自拔。

荀子主张教师要知微而论，认为简单传习学问的人不足论。《学记》也明确指出“记问之学，不足以为师”。汉代扬雄将教师分为“大知之师”与“小知之师”，主张教师应“知大知”，即教师应掌握圣人之道的根本法则，他说：“师之贵也，知大知也，小知之师亦贱亦！”⑦

古代教育家对教师的知识要求以儒家经典为主，但又不限于经典，还要求博学，

---

① 《论语·述而》。

② 《论语·述而》。

③ 《宋元学案·安定学案》。

④ 《论语·雍也》。

⑤ 《论语·为政》。

⑥ 《周易内传》卷二。

⑦ 《法言·学行》。

能多方涉猎其他知识。首先，历史上许多教育家都提倡读史，重视历史教学，有“六经皆史”之说，把经和史结合起来进行教学。其次，广泛涉猎诸子百家之说。如汉代王充主张教师应由“通人”担任，学古今之事、通百家之言，多闻博识，才能使学生通明博见、获得真才实学，成为“强民富国”之才。唐代柳宗元虽然提倡“师道”，但这里的“道”并不仅仅限于儒家经典的范围，还包括老、庄、杨、墨、申、韩、刑、名、纵横、浮图诸家学说中有助于佐世的思想成分，他主张为人师者必须做到“专而通”、“新而一”，才能肩负起“以圣人之道及乎人”的重任。总之，教师应在主要掌握儒经的基础上，博学多闻，做到“知古今”、“专而通”、“新而一”，既博览群书，又深入钻研，不违背“圣人之道”，以使“诵说而不陵不犯”。

第三，高超的教育教学能力。

我国古代教育家历来重视教师对教育教学能力的掌握与运用，把善教当作教师的重要条件之一。

《学记》是我国古代最早的一本教育专著，是先秦时期教学思想的总结。《学记》把教师教育教学能力的标准概括为四点[①]：一是懂得并掌握教育教学规律，即“既知教之所由兴，又知教之所由废，然后可以为人师也”。二是了解教育内容：“知至学之难易，而知其美恶，然后能博喻，能博喻，然后能为师。”三是了解教育对象，并能做到长善而救其失：“学者有四失，教者必知之。人之学也，或失则多，或失则寡，或失则易，或失则止。此四者，心之莫同也。知其心，然后能救其失也。教也者，长善而救其失者也。”四是掌握教育艺术：“善教者使人继其志。其言也约而达，微而臧，罕譬而喻，可谓继志矣。”

除了《学记》对教师教育教学能力的标准进行了总结概括以外，其他古代教育家对教师应具备的具体教育艺术也进行了详细的论述。例如：

因材施教。孔子首创因材施教，并得到后来历代教育家的继承和发展。胡瑗主张分斋教学制度，其弟子“或治水利，或治算数，皆有实用”[②]。王夫之主张必须根据受教育者的特点进行教育，他说，学者有“刚柔敏钝之异”，“故教者顺其性之所近以深造之，各如其量而可矣”[③]。宋代张载更将“知至学之尤其难易而知其美恶”的教学方法，引申为因材施教的德育方法，他说：“知至学之难易，知德也；知其美恶，知人也。知其人且知德，故能教人使入德。”[④]

---

① 施克灿：《中国古代教育家理想中的教师标准研究》，《教师教育研究》，2006年第1期。

② 转引自宋嗣廉等主编：《中国师范教育通览》（历史卷），东北师范大学出版社1998年版，第13页。

③ 《四书训义》卷10。

④ 《张子正蒙注·中正篇》。

启发诱导。孔子主张“不愤不启，不悱不发，举一隅不以三隅反，则不复也”①。孟子主张“君子引而不发，跃如也，中道而立，能者从之”②。《学记》提出“道而弗牵，强而弗抑，开而弗达”。张载强调“人当思而得之”，而“不以闻见梏其心”。王夫之则说“若教则不愤而启，不悱而发，喋喋然徒劳而无益也”。

教师要根据具体情况灵活施教。孟子认为“君子之所以教者五”并且“予不屑之教诲也者，是亦教诲之而已矣”③。也就是说，君子施教的方法有五种（多种），甚至拒绝教诲也是一种教育方法。《吕氏春秋·孟夏纪·诬徒》载：“达师之教也，使弟子安焉、乐焉、休焉、游焉、肃焉、严焉，此六者得于学，则邪辟之道塞矣，理义之术胜矣。”

我国古代教育家的教育教学思想十分丰富，除了上面所论及的教育教学艺术外，还提出教学应循序渐进、直观等。

第四，以威为主、慈爱威重的职业形象。

古代不同派别教育家眼中的教师职业形象略有差异，以孔孟为代表的儒家主张教师应是慈爱、亲和式的，如孔子要教师尽力做到“温而厉、威而不猛、恭而安”④；以荀子为代表的则主张教师应是威严式的形象，他说：“尊严而惮，可以为师。耆艾而信，可以为师。”但从中国“师道尊严”的文化传统和伦理本位的文化特点来看，由于“师”与“道”密切关联，教师形象总体上是以威为主、慈爱威重。如胡瑗为苏湖教授时，“虽大暑，必公服终日，以见诸生，严师弟子之礼”。另据《少仪外传》所载，河南北运判吕进伯因所请的门客与学生对坐和以子称呼学生，于是将他们辞退。这说明古代人们心目中的教师形象应该是威严的。

另一些思想家以中庸思想为标准，主张教师形象应是“威和并至”。如邵雍认为教师应内外俱修，既要有严肃的外表，又要有高尚的内在品德。他说：“衣冠严整，谓之外修。行义纯洁，谓之内修。内外俱修，何人不求?”⑤ 周敦颐也认为教师应“性者，刚柔、善恶，中而已矣”⑥。朱熹则将良好教师的形象总结为“威和并至”，他说：“凡师之道，威和并至则吉也。”⑦ 因为威而不和，则人心惧而离；和而少威，则人心玩而弛。

---

① 《论语·述而》。

② 《孟子·尽心上》。

③ 《孟子·告子下》。

④ 《论语·述而》。

⑤ 《伊川击壤集》卷15。

⑥ 《周敦颐集·通书·师七》。

⑦ 《近思录》卷10。

第五，崇高的社会责任感。

古代读书人为学的最终目的是“齐家”、“治国”、“平天下”。所以，古代教育家历来要求教师以积极入世的精神，参与社会变革，承担起崇高的社会历史使命。《学记》将师、长、君看作一个自然的逻辑顺序，使为师成为为君的一项使命，即“能为师，然后能为长；能为长，然后能为君。故师也者，所以学为君也”。宋代周敦颐也认为，“师者所以攻人之恶，正人之不中而已矣。师范立，则善人多；善人多，则朝廷正，而天下治矣。此所以为天下善也”①。黄宗羲认为，教师除了向学生进行传道、授业、解惑之外，还肩负有清议的重任，要求教师必须“无玷清议”，即议论国家政事之是非。他明确指出，太学祭酒在讲学时，应该议论朝政，若“政有缺失”，则“直言不讳”。同样，郡、县学学官也应议论地方政事。黄宗羲关于教师议政的思想，发前人之未发，是对传统教师职责理论的拓展和深化。他甚至认为即使是名儒，若有碍清议，也不能担任教师。“其人稍有干于清议，则诸生得共起而易之，曰：‘是不可以为吾师也。’”②

2. 西方教育家眼中的教师理想形象

西方教育思想史上教育家对教师理想形象的论述大致包括以下几个方面的内容：

第一，优良的品德。

西方教育思想家也非常重视教师的品德修养，认为品德高尚是教师必不可少甚至是首要的条件。如奥古斯汀认为，“教师是好人，不是坏人；坏人绝不可成为教师”③。“好”与“坏”属于伦理中善的范畴，奥古斯丁认为坏人决不可成为教师，这表明在奥古斯丁眼中高尚、善良的品格是为师的必要因素。意大利人文主义学者伊拉斯谟认为，教师要“具有优秀品德和无可争辩的原则性、严肃，不仅精通理论而且具有丰富经验”④。西班牙教育家威夫斯也认为教师应该是好人，“一个教师应该既是个好人，又是学问的爱好者”，所以，“对那些被提升担任青年的讲师的人，不仅要按他们的学识，而且也要按他们的品德来评价他们”⑤。美国教育思想家曼恩指出，为人楷模的教师，一定要品格高尚、心地善良。学校委员会应如同“步哨一般地在每个学校门口站岗，不准任何上至头部下至脚底缺乏装扮德性的教师跨入门槛”⑥。

---

① 《周敦颐集·通书·师七》。

② 孙培青主编：《中国教育史》（修订版），华东师范大学出版社 2000 年版，第 270 页。

③ 林玉体：《西方教育思想史》，九州出版社 2006 年版，第 122 页。

④ 单中惠主编：《外国教育思想史》，高等教育出版社 2000 年版，第 39 页。

⑤ 华东师范大学教育系等选编：《西方古代教育论著选》，人民教育出版社 2001 年版，第283～286 页。

⑥ 林玉体：《西方教育思想史》，九州出版社 2006 年版，第 494 页。

热爱儿童及儿童教育工作是教师重要的美德，也是为师的前提条件。昆体良在《雄辩教育》一书中指出，如果有人能力优秀，但却不屑于做孩童的教师，或对孩童教育深感厌倦，则这种人不配成为教师。教师应该是才德俱优，即言即行的人。昆体良的这一思想得到后来历代教育家的继承与发展，并演变成为西方教育思想史上的一个重要传统。

威夫斯从儿童的心理特点出发，认为爱是学童渴切的心理需求，教师应以父爱对待学生，学童虽非其所生，但父母只给子女肉体生命，教师却给学生心灵生命，而后者之价值远高于前者。他说："教师对学生的爱应是一个做父亲的爱，他应真正从心底里爱学生，好像学生就是他自己的儿子。"而"教师的爱对优良的教和学能发生多么巨大的影响，是难以令人置信的"①。夸美纽斯把"热心于工作，教师应有乐业敬业的心态"当作是教师的基本条件之一，而把"爱心"与"耐性"看作是教师的重要条件，认为厌恶儿童或不喜与孩童为伍的人都不应充任教学工作。瑞士教育家裴斯塔洛齐将师生之间的爱称为"教育爱"，并从人道主义出发，尤其注意对价值层次低的学童——贫困儿童、品学兼劣者、身心残废者——施以爱的教育，这种"能为人所不能为"的教育奉献精神，充分表现了教育爱的特质。19 世纪美国杰出的诗人爱默生更提出要"敬爱儿童"。爱默生认为成人多半失落、远离了人性的光辉，而儿童却生生不息地保持着这种人性最圣洁与崇高的天性。他说，"婴儿是永远的弥赛亚，落入沉沦的成人手中，祈求成人重新回到乐园境地"。如果人间少了儿童，则天堂与乐园都会失色。所以，孩童的存在本身就具有最重要的教育意义。而"教育的秘密，藏在对孩童的敬爱中"②。敬爱儿童并不意味着是对儿童的放任或纵容，敬爱儿童具体表现在教师对儿童的鼓励、赞美以及宽容上。教师敬爱儿童，也敬爱自己，这是教育成败的关键。

耐性是教师热爱儿童、敬爱儿童的必不可少的条件。夸美纽斯认为，教师的重要条件就是要沉静地忍受儿童的无知，也知道如何有效地除去无知。爱默生也认为，爱心与耐性本来就是一体的两面，缺一不可。教育如同植物生长一样，不能速成。揠苗助长，反而死亡。教育需要花费很长的时间。

另外，西方教育家十分重视"身教"，要求教师能为人师表。如威夫斯要求教师的一言一行都不能给学牛留下一个坏的榜样，也不能是不该模仿的东西。如果教师有什么缺点，就应完全根除这些缺点，或者，不得已而求其次，至少应努力地使学

① 华东师范大学教育系等选编：《西方古代教育论著选》，人民教育出版社 2001 年版，第 309、310 页。

② 林玉体：《西方教育思想史》，九州出版社 2006 年版，第 496 页。

生注意不到其缺点。第斯多惠重视品德教育上的直观，即“身教”，要求教师以实际行动来照顾学童，犹如园丁耕耘他的花园一般。

第二，精于教育教学。

威夫斯认为，教师除了具有使他们能很好地进行教育的学问外，还要求他们具有教学的技巧和才能。夸美纽斯把拥有教学能力和技巧看作是教师的基本条件，他强调教师的基本条件：一是拥有教导他人的能力，因此必须受过专业训练；二是知道如何教导他人，所以方法必须独到；三是热心于工作，教师应有乐业敬业的心态[①]。其中前面两条都涉及教育教学的能力和技巧。特别是他在论述教师职业的必要性时指出，与父母相比，教师担任教职之必要的首要理由就是父母多半未受过教育，不知如何教学。反之，就是教师善于教学是教职之必要的重要原因。曼恩则指出：“教学是所有技巧中最困难的一种，也是最深奥的科学。”所以，教师不仅要精于所任教学科的专业知识，不是只拿教科书、教书手册、教学指引或参考书要学生背诵记忆或照本宣科就已了事，应在知识上超前一步，还应“精于教学”。因为获得知识与传授知识是两回事，特别是传授知识时的因材施教、灵活施教，这不是“耍技”，而是深悉教学要领者的妙招。

怎样对待体罚问题是教师能力的一个重要表现。昆体良、威夫斯等人极力反对体罚。昆体良认为，“学习要出之于学童的善意自愿，这种特质不能由强迫得来”，体罚是负面的，有伤人格尊严，体罚不只未能根除恶源，还带来仇恨，甚至还种下了报复或凶残的心性；俟长大成人，则以怨报怨，社会将形成乖戾之气。威夫斯则认为，以残酷的威胁、殴打及皮鞭来要求小孩做大人应做的事的教师最应挨打。还有一些学者虽然也反对体罚，但又认为在某些情况下体罚可作为教育的“最后一招”，也就是说不是绝对禁止体罚，只不过要慎用体罚。洛克认为教育上要完全拒绝体罚，并不是件轻而易举的事情。“打”是纠正孩童最恶劣的方式，因此也是最后的手段，是“最后一招”。夸美纽斯也提出不要轻易体罚，但不绝对反对体罚，他说：“教师虽然好比太阳，时时提供光及热，但有时也给予雨及风，偶尔也要闪电或打雷，次数虽少，却非完全没有益处。”[②]

注重启发诱导和因材施教。由苏格拉底创造并实践的“产婆术”成为西方近现代启发式教学思想的源泉。“产婆术”又称为苏格拉底法，其中心意思就是教师充当“精神助产士”，在教学过程中引导学生独立思考问题，从而自己得出问题的结论和

---

① 林玉体：《西方教育思想史》，九州出版社 2006 年版，第 254 页。

② 林玉体：《西方教育思想史》，九州出版社 2006 年版，第 256 页。

答案。西方诸多教育家都注意到了儿童个别差异的事实，因而主张因材施教。如昆体良认为应了解儿童的学习能力，不可用大人的标准去衡量学童学习的成效。威夫斯同样也认为教学要顾及个别差异，因材施教。而且他还认为品德教育同样也要因材施教，比如：有的人易于动怒，有的人则心如止水，有的人完全感情用事，有的人不承认事实与真相却为骄傲、自大及狂妄所扭曲，种种差异数说不尽，所以师长必须谨慎地注意儿童的个别状况，而后小心施教，不可“从篮子里取出一个蛋，就决定要煮还是要烤”。

知识教学重视直观。裴斯塔洛齐教学思想的核心就是“直观”，他从唯实论的感官教学主张出发，认为知识教学最为有效的方式就是让学童“直观”（直接观察，不劳他人）自然界，因此他经常拿植物的生长来比喻教学。

第三，仁慈的父爱形象。

西方教育家大多数主张教师对学生应该仁和、慈爱，像父亲对待自己的子女一样对待学生。昆体良最早论述教师应该用“父权”式的方式管教学生，他提出“采取父亲的态度对待他的学生，并作为付托管教的代表人”①。文艺复兴时期的教育家大多主张教师应该永远仁慈，伊拉斯谟说教师应“态度温柔”。威夫斯主张“教师对学生的爱应是一个做父亲的爱，他应真正从心底里爱学生，好像学生就是他自己的儿子”。这样，学生最终也会尊重教师，把他当作自己心目中的另一个父亲。终身践行教育爱的瑞士教育家裴斯塔洛齐则以自己的实际行动证实了教师的“父爱”对学生的巨大教育影响，他赢得了所有学生发自真心地对他的另一个称呼：“爸爸”。

（二） 中外教育家眼中的教师理想形象的比较及启示

从上面对中外教师理想形象概述中可以发现，中外教育家眼中的教师理想形象既有基本要求的共同之处，也存在具体内容上的分歧。

1. 中外教育家眼中的教师理想形象的共性及原因分析

从共同性上来讲，中外教育家眼中的教师理想形象都是德才兼备者。具体表现为：

首先，中外教育家都十分重视教师的道德品质，要求教师具有优良的品格和崇高的师德，能够为人师表。笔者认为，中外教育家之所以高度重视教师道德修养，这是由教育目的和教师劳动的特性决定的。

教育目的是对教育所要培养的人的总体规格的设定，它是教育活动的出发点和归宿。自古以来，教育的终极目的就是要培养完整的人，而道德性是一个完整人性

① 林玉体：《西方教育思想史》，九州出版社2006年版，第101页。

所不可或缺的组成部分，道德品质是人的重要品质。如我国古代教育家孔子认为，教育的目的是要培养“君子”。何谓“君子”？《论语》说君子有三方面的修养，即“仁者不忧，知者不惑，勇者不惧”①，还说“君子周而不比”②、“君子喻于义”③、“君子成人之美”④、“君子固穷”⑤ 等。《中庸》说“君子动而世为天下道，行而世为天下法，言而世为天下则”。可见，君子最重要的品质在道德方面。墨子主张培养“兼士”或“贤士”，其标准是“厚乎德行”、“辩乎言谈”、“博乎道术”，即道德要求、思维论辩的要求和知识技能要求，而三者之中道德要求最为重要，这样兼士就可以以兴天下之利、除天下之害为已任，不分彼此、亲疏、贵贱、贫富，都能做到“饥则食之，寒则衣之，疾病侍养之，死丧葬埋之”⑥。孟子主张教育的目的在于“明人伦”。所谓“人伦”就是“人道”，也就是“父子有亲，君臣有义，夫妇有别，长幼有序，朋友有信”⑦。所以，“明人伦”就是明社会的伦理道德，“明人伦”的教育实质就是伦理道德教育。自此以后，中国几千年封建社会教育即以此为教育的指导思想。西方教育家也非常重视教育对人的道德品质的培养。古希腊“三杰”把理性教育作为全部教育工作的核心⑧。因为他们认为人之所以为人，其本质在于人的理性，即人是理性的动物、能动的主体。教育就是要把人培养成为有理性的人，即知识广博、品德高尚的人，也就是富有“美德”的人。古罗马教育以培养演说家、雄辩家为目的，而雄辩家的最首要条件就是要具有崇高的品德，因为“一个没有良好德行的人就不可能是一个真正的雄辩家”⑨。夸美纽斯强调教育要培养在身体、智慧、德行和信仰几方面和谐发展的人。培养“绅士”是洛克的教育理想，所谓“绅士”就是具备“德行、智慧、礼仪和学问”四项品质的人。并且，洛克认为“在一个人或者一个绅士的各种品性之中，德行是第一位，是最不可缺少的”⑩。赫尔巴特认为教育目的是培养“真正善良”的人，这种人也就是具备或符合“五种道德观念”⑪ 的

① 《论语·宪问》。
② 《论语·为政》。
③ 《论语·里仁》。
④ 《论语·颜渊》。
⑤ 《论语·卫灵公》。
⑥ 《墨子·兼爱下》。
⑦ 《孟子·滕文公上》。
⑧ 张法琨选编：《古希腊教育论著选》，人民教育出版社 1994 年版，第 42 页。
⑨ 单中惠主编：《外国教育思想史》，高等教育出版社 2000 年版，第 21 页。
⑩ 王天一等编著：《外国教育史》（上），北京师范大学出版社 1993 年版，第 260～263 页。
⑪ 赫尔巴特的“五种道德观念”是指“自由”、“完善”、“仁慈”、“正义”和“公平”的观念（“美德”）。

人，这些受过正确教养的人能将世界导之于正轨。综上所述，中外教育家都把培养有道德的人作为教育目的的重要内容。

教师劳动的特殊性在于教育主体与教育手段的同一性，即教师既是教育主体又是教育手段，或称“教师劳动手段的本体性”[①]，也就是说教师本人的知识结构、世界观、思想、道德、感情、意志和个性心理品质等都具有巨大的教育作用，能够影响学生的身心发展。所以，第斯多惠说：“人可以自由行动来充当手段和工具，教师就是扮演这一角色，教师就是把自己的全部心血和力量作为教育学生的手段。”[②] 这也正是“师者，人之模范”的意义所在。而且思想道德教育尤其如此。所以，从实现教育目的出发，即从要培养有道德的人出发，教育者首先必须自身就是有道德的人。正如夸美纽斯所说：“除了道德的笃敬宗教者外，任何人都不能使别人成为有道德的和笃敬宗教的人。”[③] 第斯多惠也认为，教师只有先受教育，才能在一定程度上教育别人；一个人要是自己还没有发展、培养和教育好，他就不能发展、培养和教育别人。

所以，无论在中国还是在西方国家，教师的道德素质一直都是教师形象的重要内容之一。而且，由于教师劳动影响着人类社会的发展，也就是日本佐藤学教授所说的教师职业是一种“介入个人人生、为公共福利作出贡献的‘伦理性’（人道性）”[④] 的职业，历史上教师职业往往都被视为一种神圣职业，被赋予了崇高的使命和责任，从而社会对教师的道德要求也要高于一般从业人员，教师的道德水平甚至被视为是一个社会的道德水平的代表，“为人师表”不仅是对“作为教师的人”的要求，也成为对作为“人的教师”的要求。因而，“取法乎上”成为中外教育家对教师道德标准的一致要求，即教师理想的道德形象是：“教师应该是道德卓异的优秀人物。”（夸美纽斯语）

其次，中外教育家都认为理想的教师应具有高度的教育教学能力和技巧。

现代教育理论认为，教师是从事教育教学工作的专业人员，教师职业的专业性体现在教师的职业活动之中，即教师的教书育人过程中。对此，我国专门研究教师专业化问题的学者刘捷博士指出：“教师专业中的‘专业’不是把所教的‘学科专业’，而是把教师的‘教育行为与教育活动’视为其专业表现的领域”，“原因在于

---

① 孟育群等主编：《现代教师论》，黑龙江教育出版社 1991 年版，第 49 页。

② ［德］第斯多惠著，袁一安译：《德国教师培养指南》，人民教育出版社 2001 年版，第 98 页。

③ 檀传宝：《教师伦理学专题》，北京师范大学出版社 2000 年版，第 68 页。

④ ［日］佐藤学著，钟启泉译：《课程与教师》，教育科学出版社 2003 年版，第 210 页。

‘教育’所关切的是如何培养完整的人，而不是以传授某一学科领域的知识和技能为终极目的”[①]。因此，有效地进行教育教学工作不仅需要知道“教什么”的知识，还需要懂得“怎么教”的知识和能力。“教什么”的知识，即教师所任教学科的相关知识，也是通常所讲的“教育内容”或“学科专业素养”；“怎么教”的知识和能力，即教师所拥有的教育教学知识和能力，也就是“教育专业素养”。前者是教师专业素养的基础性构成，如果一个教师不具备自己所教学科的基本学识，那么他在现代学校教育中则很难成功地扮演一个好教师的角色；但是，即使一个人精通了某门学科的知识，也不必然意味着他就是一个好教师。换句话说，“教什么”的知识或者“学科专业素养”只是构成现代教师职业的必要条件，而不是构成教师职业的充要条件。而自有教师职业以来，“怎么教”的知识和能力一直都是一个好教师的充要条件，这在中小学教育中尤其如此。从此意义上讲，教师（主要指中小学教师）专业素质的体现正是教师所拥有的教育教学的知识和能力或说“教育专业素养”，而且这种知识和能力不仅是理论上也是实践上的。正因为如此，中外教育家虽然还没有教师专业的概念，但是他们在实践中都意识到教师职业不同于其他职业的特殊性在于教师的教育教学知识和能力，并将其作为理想教师的重要素质之一。西方近代教育家尤其如此，他们都极其重视教师的教育教学知识和能力，十分详尽地论述了好教师所应具备的教育教学能力和技巧，并从心理学等学科角度给予了较为科学的解释。

再次，中外教育家大多比较重视教师的学识，认为教师应“学问好”。

传授知识是教师的基本职责，因而，一般地讲，在不同时代教师都被要求是本时代中拥有知识较多的那部分人，或者说是有学问、学问好的人。我国古代教育家尤其重视教师的学识水平，并对教师所应具有的渊博学识作了比较细致的论述，而相对来讲，西方有些教育家对教师所任教学科知识的要求没有比较明确的要求，一般以“学问好”或“学问的爱好者”来概述。在这方面具有典型意义的是，被誉为大教育家的裴斯塔洛齐是一个学科知识“并不比小学生多”的教师，他甚至还会教一些错误的知识给学生，但这并没有影响到他在学生心目中好教师的形象，因为裴斯塔洛齐用爱的教育艺术实践弥补了一切。

2. 中外教育家眼中的教师理想形象的差异及原因分析

从关于中外教育家眼中的教师理想形象的简述中我们可以看到，尽管他们对理想教师的基本要求比较一致，但是在具体内容方面也存在一些差异。笔者认为，总起来看，中外教育家眼中的教师理想形象的不同点主要表现在以下几个方面：

---

① 刘捷：《专业化：挑战21世纪的教师》，教育科学出版社2002年版，第65、68页。

其一，中国古代教育家比较重视教师的社会责任感、使命感，而西方教育家重视教师对儿童理性的培养。笔者认为，这一差异主要是由于中西方文化传统的不同所造成的，也就是著名的美籍华裔学者余英时先生所谓中西方“哲学的突破”方式之差异所造成的。现代西方社会学家、哲学家和史学家认为，古代文明发展过程中出现了一种“突破”的现象。所谓“突破”就是指某一民族在文化发展到一定的阶段时，对自身在宇宙中的位置与历史上的处境发生了一种系统性、超越性和批评性的反省，通过反省，思想的形态确立了，旧传统也改变了，整个文化终于进入了一个崭新的、更高的境界[①]。这种突破有时也被称为“哲学的突破”(philosophic breakthrough) 或“超越的突破”(transcendent breakthrough)。世界上的几个文明古国如希腊、以色列、印度和中国都先后以不同方式经历了这种“突破”。余英时先生认为，“哲学的突破”与古代知识阶层的兴起有极密切的关系。“哲学的突破”方式对知识阶层的基本性格有重大影响。中国“道术将为天下裂”[②] 就是所谓的“哲学的突破”或“超越的突破”(transcendent breakthrough)，即中国“超越的突破”发生在春秋战国时代。中国“超越的突破”是“内向的超越”(inward transcendence)[③]，其最大特征就是世间与超世间是“不即不离”的关系，这种文化特征决定了中国知识人的基本性格便是以超世间的精神来过问世间的事，也就是孔子所说的“士志于道”[④]的精神。换句话说，中国古代知识人是要用“道”来“改变世界”。余英时先生认为，这种观念不仅适用于先秦时代的儒家知识人，而且适用于后世各派的知识人。“士志于道”在中国古代有两种方式：一是出仕，二是社会批评，即“处士横议”。教师不仅自身是知识人群体中的一分子，更是为人（当然也包括为知识人）师表者，所以更应践行知识人的本色——“志于道”的精神。因而，中国古代教育家历来要求教师要以积极入世的精神，参与社会变革，承担起崇高的社会历史使命。西方“哲学的突破”发生在古希腊，属于“外在的超越”(external transcendence)[⑤]，其最大特征是超世间而高于世间，但又外在于世间。因此古希腊哲学家的主要兴趣贯注在永恒不变的超越本体或真理世界，他们以思辨理性对超越世间进行静观冥想，而不大肯注意流变扰攘的世间生活。这种文化特征反映在教育问题上，就是古希腊哲学家关注教育促进人类幸福等一些有关终极价值的问题以及重视儿童个性发展等旨

---

① 余英时：《中国知识人之史的考察》，广西师范大学出版社 2004 年版，第 128 页。

② 《庄子·天下》。

③ 余英时：《中国知识人之史的考察》，广西师范大学出版社 2004 年版，第 10 页。

④ 《论语·里仁》。

⑤ 余英时：《中国知识人之史的考察》，广西师范大学出版社 2004 年版，第 10 页。

趣。这种特征更因为苏格拉底本人因卷入城邦的政治生活而被判处死刑的结果得到了进一步强化，自苏格拉底死后，古希腊的哲学家更不肯参加政治生活了。从此开始，哲学家们主要是过着“静观的人生”。古希腊的这种思想传统对18、19世纪以前的历代教育家产生了重大影响，所以尽管西方教育思想在不断发展、进步，但却很少有教育家像中国古代教育家那样认为教师应当承担起社会的责任和使命。

其二，西方教育家更强调教师要尊重热爱学生，提倡师生平等、互助、合作，且将教师的师德规范与具体的教育教学方法融为一体，而中国古代教育家强调“师道尊严”，对教师的道德规范大多与社会的伦理道德联系在一起；中国古代教育家更重视教师的威严形象，而西方教育家重视教师的“慈父”形象。笔者认为，这些差异主要源自中西方不同的文化传统和教育价值取向。中国古代社会是一种伦理道德社会，古代教育是一种以社会为本位的教育。中国古代教师的首要任务是“传道”。所谓“道”，一般而言，就是指古代社会的伦理道德，这是古代社会最基本的文化价值系统，也是统治者用来维护其统治秩序的最基本的规范，具有神圣不可侵犯性。教师作为“道”的代表者，与“天”、“地”、“君”、“亲”并列，成为古代社会伦理道德秩序的一部分。按照道统的标准，君臣、父子、夫妻是所有关系而不是平等关系。那么，师生之间是什么关系呢？根据“师”与“君亲”并列牌位和“师徒如父子”的现象看来，师生之间也应是所有关系而非平等关系。这种关系是“道”的一种象征，具有神圣性。所以，中国古代教育家为了突出“道”的神圣性特别强调教师应该保持一种威严形象。相比较而言，西方社会是个人本位的社会。自亚里士多德开始，西方众多教育家都主张教育要符合儿童的天性、满足儿童的需要，形成了以儿童为本位的教育价值取向。这种教育价值观对教师的要求是：教师是引路人、指导者和“唤醒者”，而不是权威者；教师要关心爱护儿童，尊重儿童天性的发展，注重儿童独立自主能力的发展；在师生关系上，强调互敬互爱、平等合作，教师对待学生应和蔼、亲善、友好，像“父亲”一样仁和、慈爱但又不缺乏管束。

其三，中国古代教育家比较重视教师要有渊博知识，而西方教育家对此要求并不明确。笔者认为，中外教育家眼中的教师知识形象的差异与其所面对的教育对象的特点不同有关。中国20世纪以前的教育属于古代教育，该时期有组织的教育活动大多属于成人教育，也即相当于近现代学制中的高等教育阶段，其教育对象是有一定见解和自主意识的成人；也就是说，中国古代教育家多数是从事“高等教育”的人，其研究和实践对象是不同于未成年儿童的成人教育，换句话可以说，他们对教师形象的理解主要是针对“大学”教师形象而言，而非对从事儿童教育的教师形象的设计。故而，他们对教师的知识要求普遍较高。西方教育家历来重视儿童教育，特别是近代教育家几乎都是研究或从事儿童教育的人，在他们对教师形象的阐述中主要是针对儿童教育而言，也可以说西方教育家眼中的教师理想形象主要是着眼于从事儿童教育的教师。因此，相对来讲，他们对教师的知识要求低一些。

3. 中外教育家眼中的教师理想形象观对我们的启示

从上述有关中西方教师理想形象的概述和比较中我们可以发现：中外教育家关于教师理想形象共同点的描述就是教师职业独特性所在，也是当代称为教师专业性的主要内容，这些内容是我们构建当代教师理想形象的基点。

首先，当代教师理想的道德形象应是教师专业德性伦理形象，而不是规范伦理形象。中外教育家把高尚的品德和师德作为教师的首要要求，并身体力行之。他们所着力构建的是一种德性伦理，强调把道德落实于人的内在品质、品德和行为动机中，其核心是“对生命和教育意义的领悟与践履，其形态是自由境界而不是服从规范，其动力是自我超越的意义感而不是对惩罚的恐惧感，其养成方式是反思、体验、领悟而不是约束、强制、命令”①。这种教师道德形象是把教师个体作为一个完整的主体，把教师的职业道德内化为教师个体的品质，实现教师的自我完善，体现教师职业的生命意义。而在现代社会教师专业化发展进程中，不少学者从实现教师专业化的角度提出，应转变传统的教师职业道德观念，构建教师专业道德或伦理以体现教师职业的专业性，认为“教师专业道德是教师专业最根本、最直接的体现”②，是教师专业特性的基础。然而，无论是传统的教师职业道德还是教师专业化过程中的教师专业道德（或伦理），它们都是一种规范伦理，强调的是外在对教师的规约和惩罚，以及道德原则、规范和实际的行为效果。并且正如有的学者所说，它们是一种“场合道德”，强调“职业活动过程中的教师必须恪守专业伦理规范，而职业生活之外，教师只是普通人，其伦理道德要求也应当与普通公民一致”③。这种道德形象实际上是人为地将完整的教师个体主体一分为二，区分为“作为教师的人”和“作为人的教师”两种角色来对待，其结果就是将个体道德品质进而将个体人格也一分为二，在这种道德观下形成的教师道德形象有如国外学者所说的是“伪善性”形象，实际上也可以说是一种虚假的道德形象。

当然，我们承认规范伦理对教师道德行为的形成有积极作用。规范伦理对行为具有普遍的指导意义，又为行为的评价提供了基本的准则，在道德实践中往往更接

① 朱新卓：《教师专业化的现代性困境》，《高等教育研究》，2005 年第 1 期。

② 刘捷：《专业化：挑战 21 世纪的教师》，教育科学出版社 2002 年版，第 69 页。

③ 徐廷福：《论我国教师专业伦理的建构》，《教育研究》，2006 年第 7 期。

近可操作的层面，因而有其不可忽视的意义。但是，规范伦理归根结底是一种“底线伦理”，无论从个体还是社会的角度看，停留于依循外在规范这样一个“底线”的层面显然是不够的，这不仅在于仅此难以达到完善的道德关系，而且当规范仅仅以外在的形式存在时，其现实的作用本身往往缺乏内在的担保。虽然行为的普遍指向与评价的普遍准则离不开一般的规范，但规范的现实有效性总是与德性联系在一起。所以，笔者认为，我们也需要高层次的德性伦理。教育是一项道德性实践，以培养“有德性的人”为己任的教师如果只是被动地遵守道德规范，而不是自觉自愿地去践行道德行为，教育的意义也就所存无几。从此意义上讲，当代教师的理想道德形象应重申德性伦理，构建以教育爱等为核心内容的德性伦理形象，而且它仍应是当代教育者形象的重要内容。

其次，具备高超的教育教学能力是当代教师理想的教育实践形象。中外教育家或从自身教育教学实践出发或从理性思考出发不约而同地对教师的教育教学能力进行了深入细致的论述，把拥有较高的教育教学能力作为一个好教师所必备的条件之一。只不过不同的是，中国古代教育家重视教学原则与方法，而外国教育家重视教学效率及教学方法和途径[①]。现代教育理论也把教师的教育教学能力视为教师专业性的体现。前面已经提到的刘捷博士明确指出，“教师专业中的‘专业’不是把所教的‘学科专业’，而是把教师的‘教育行为与教育活动’视为其专业表现的领域”；赵顺成也认为，“‘教师知识和教师技能是教师专业化的重要特征’，而‘教师技能的集中体现是教师的教育教学能力’”[②]；陈琴等人认为，教师自身专业素质的发展和提高是教师专业化标准的根本体现与核心，它主要包括以下几方面：(1) 受过较长时间的专门训练，具有较强的专业基础；(2) 具有专门的儿童发展与教育理论和实践知识，包括教育学、心理学等多个方面，树立起正确的教育观念；(3) 具备教育实践能力，包括教育活动组织能力，教育性反应意识，教育监控能力，对儿童的行为、学习、交往、情感的指导能力，创设有利于儿童发展的环境，特别是和谐的师生关系、支持性同伴关系和家园关系等；(4) 具有专业责任感和服务精神[③]。

再次，拥有渊博的知识是理想教师的知识形象。虽然中西方教育家对教师知识要求的标准不一样，但从现代社会发展的特点和要求来看，具备渊博的知识是现代教师必不可少的素质。教师拥有的知识范围包括本体性知识、条件性知识、实践知

---

① 姚利民：《中外教育家有效教学思想初探》，《湖南大学学报》(社会科学版)，2005 年第 3 期。

② 赵顺成：《教师专业化发展研究中存在的误区》，《教育与职业》，2007 年第 8 期。

③ 陈琴、庞丽娟、许晓晖：《论教师专业化》，《高等师范教育研究》，2002 年第 6 期。

识和文化知识等。

最后，从中外教育家对教师形象的阐述中，我们可以看出，教师的德性伦理形象和教育实践形象是对所有不同阶段和不同类型学校教师的共同要求，而教师知识形象则根据教育对象的差异略有不同。高等学校教师不仅要知识渊博，而且要知识高深，基础学校教师侧重知识渊博。在不同类型的知识中，高等学校教师的本体性知识要求高于其他类的知识，而基础学校教师对后三类知识的要求较高。总之，道德形象、教育实践形象以及知识形象是当代教师理想形象的主要表现，当然，在不同的文化背景下，教师形象的具体要求会有所不同，这也是我们在建构教师形象时应注意的方面。

三、我国当代大学教师的理想教育者形象

作为教育者，大学教师的理想形象与一般教师的理想形象在基本内容上应具有一致性，即大学教师的理想教育者形象也应包括大学教师的理想道德形象、理想知识形象和理想实践形象等基本方面。所谓大学教师的道德形象是大学教师作为教育者应当模范地具备的思想、道德和行为以及作为职业者从事教育教学活动过程中思想和行为规范的总体。大学教师的知识形象是大学教师掌握的科学文化知识的结构、水平以及知识教学的方式和发挥作用的总体。大学教师的实践形象是指大学教师的教育实践能力、水平和模式的总体。

由于大学组织的学术特性以及大学生独立成熟等特点，导致大学教师的理想教育者形象又表现出与普通中小学教师形象有较大的差异性。在中小学教师形象中，道德形象是教师专业的首要和核心内容，这是因为一方面教师专业道德是教师专业最根本、最直接的体现，另一方面教师专业道德是其他相关专业特性形成和发展的动力和统帅①；而大学教师的教育形象是以知识形象为核心。其次是教育实践形象，道德形象在大学教师形象整体中地位日渐下降。我国学者所做的关于“大学生对教师素质各项品质特征的态度评价”的调查研究结论证实了笔者的这一看法。该项调查以荷兹伯格的双因素理论为基础，荷兹伯格认为，人们对事物、人物、环境等的态度并不都是不满意——满意的二维取向，而常常是，对某些事物（比如工作上成就感的多少）的态度是没有满意——满意的向度，对另外某些事物（比如工资的多少）的态度则是不满意——没有不满意的向度；假设学生对教师不同品质特征的肯

① 刘捷：《专业化：挑战 21 世纪的教师》，教育科学出版社 2002 年版，第 69～70 页。

定性表现与否定性表现的态度评价也会符合这个原理。根据这一原理，把大学生对教师素质各项品质特征的态度评价分为四大类：喜爱因素、厌恶因素、喜爱—厌恶因素、无关因素。所谓“喜爱因素”是指教师具备了肯定性方面就能赢得学生喜爱，而相反的情况下学生也并不很厌恶。“厌恶因素”是指教师具备了否定性方面就招致学生的厌恶，而相反的情况下学生也并不很喜爱。“喜爱—厌恶因素”是指教师具备了肯定性方面就能赢得学生喜爱，而相反的情况下则招致学生厌恶。“无关因素”是指教师无论是表现为肯定性方面抑或是否定性方面，学生都不会太在意。通过对四类因素特性的分析可以看出，影响大学教师形象建构最为关键的因素就是喜爱—厌恶因素，而调查者的调查结论显示，属于该类因素的大学教师品质特征依次为：教学技能（高—低）、学识（渊博—贫乏）、坦诚谦逊——虚伪自夸；民主平等——专制独断[①]。这表明，在大学教师形象中，教学、学术的因素比教师德性因素更为重要，但师德也不可或缺。特别是教师作为“人”的个性品质——真诚——在大学教师形象建构上成为关键因素，这主要是因为大学生主体性增强，个性成熟，有强烈的“成人”意识，自觉地将师生关系看作平等人—人关系，即人际关系，而不是强调师生之间的角色关系。另一学者刘福满在关于“课堂教学受学生欢迎的高校教师素质结构”的调查分析中得出如下结论：在课堂教学方面，大学生最关注的是教师的知识，其次是能力和师德[②]。综上所述，笔者认为大学教师理想教育者形象的特点是：知识形象是核心，教育实践形象非常重要，道德形象不可或缺。

（一） 大学教师的理想知识形象

从整体上看，大学教师的知识形象是其理想教育者形象的核心。但是，由于大学教学的特殊性和大学生独立自主学习的特点，大学教师的知识形象也与普通中小学教师不同。

1. 知识型与教师的知识形象

根据不同时代知识型的差异，教师的知识形象随之也有很大不同。石中英教授在其《知识转型与教育改革》一书中，把对与知识概念相关的四组问题[③]具有逻辑一致性的回答所构成和产生的、具有结构性特征的知识形态称作“知识型”。自人类有

---

① 赵永革、祝耸立：《大学教师素质结构新析——大学生对教师素质各项品质特征的态度评价的调查研究》，《山东省青年管理干部学院学报》，2001年9月。

② 刘福满：《课堂教学受学生欢迎的高校教师素质结构分析》，辽宁师范大学2004年硕士论文，第23页。

③ 这四组问题是知识与认识者的关系、知识与认识对象的关系、知识作为一种陈述本身的逻辑问题以及知识与社会的关系问题。

认识活动以来，知识型的发展经历了以下几个发展阶段：原始知识型、古代知识型、现代知识型和后现代知识型。不同时代背景下知识型不同，教师掌握的知识以及在知识传递过程中的作用也不同，也就是说教师的知识形象不同，教师的知识形象随着知识型的转变而相应地发生改变。

阮成武在《主体性教师学》一书中分析了中小学教师形象随着知识型的转变而变化的情况，笔者认为它对我们塑造大学教师的理想知识形象也有一定的借鉴和比较意义。因此，笔者在这里对此先作一简述。

教师职业出现在第一次知识转型过程中，即原始知识型向古代知识型的转变过程中，古代社会人类第一次出现了文字，由此形成了以概念、范畴和语言知识构成的抽象的和逻辑的知识，于是出现了传递和保存这些知识的教师。古代社会教师知识形象的最佳概括就是韩愈所言之“传道、授业、解惑”。这是因为，古代知识具有“绝对性”、“终极性”、“神圣性”，是超越了社会生活和生产经验的哲学和人文知识，被奉为绝对的真理和权威。而且，由于对这种绝对的神圣的权威知识的崇拜，导致古代人对知识往往缺乏批判和反思，进而导致古代知识成为一种经典。古代教师所掌握的传授的知识都是一些圣贤之言、“经典课程”，是至高无上的权威，教师的教学方法主要是传授和逻辑思辨，引经据典，学生的学习则是死记硬背、皓首穷经，师生关系是师道尊严。而且，由于古代知识还没有实现知识的分化，因而教师往往是学术大师、思想大家。一言以蔽之，古代教师的知识形象总体上是博学的、崇高的和权威的。

现代社会里，科学知识成为主导的知识型，进而对现代社会产生了巨大的现实力量。科学知识以其特有的科学性、世俗性和普及型对现代教育产生了深刻影响。科学知识型也改变了教师的古代知识形象，现代教师所传授的知识都被认为是科学的“规律”、“本质”、“定理”、“真理”。科学知识型的确立还导致教师职能和地位的变化：教师与科学家分化，科学知识型凸显了科学家在现代社会的至高地位，而教师成为专门传授知识的人，教师的知识形象下降，退化为一种教书匠角色；教师群体内部也出现分化，不同教育阶段教师掌握科学知识的程度和水平不同，随着教育阶段的升高，教师掌握科学知识的程度和水平也越高。总之，现代教师的知识形象是以所传授的学科知识为本位，重视学科专业知识水平的提高，教师是一种知识传递者、解释者和评价者的形象。教师的教育知识在科学知识主导型环境下也只是次要的和弱势的。

20 世纪 60 年代以来，知识出现了第三次转型，科学知识的权威和绝对正确性被解构，后现代的文化知识型正在形成，教师的知识形象也逐渐发生转变。首先，教师掌握的知识不仅是科学知识，还应有人文和社会科学方面的知识。其次，教师的教学不再是以知识为中心，而是以人为中心，因而教师的教育专业知识受到重视。再次，教师不仅应重视系统的理论性知识，教师个体的“实践性知识”在教师的工作中也发挥着不可替代的作用。最后，教师传授的知识不再是绝对的真理，教师也不再是绝对的权威，教学过程成为一种师生共同研究、探寻、对话和合作的过程。在后现代知识型中，教师是学科知识与教育知识、显性知识与缄默知识、人文知识与科学知识综合建构的知识专家。

阮成武关于知识型的转变对教师知识形象的影响的分析给了笔者如下启示：(1) 教师的知识形象是随着时代，主要是不同时代知识观的变化而变化的，没有一成不变的教师知识形象。(2) 现代社会以来教师的知识形象不是一个笼统的概念，而是随着知识的分化和现代教育制度的确立，在教师群体内部，不同亚类型教师群体中教师的知识形象也是有差异的。目前关于教师知识形象的研究主要侧重于中小学教师的知识形象，这对于我们研究大学教师的知识形象有借鉴意义，但是不能等同于大学教师的知识形象。(3) 随着时代的发展和知识的丰富，现代教师的知识形象也越来越丰富。

现代教师应具有哪些知识呢？国内外学者对教师知识的研究为我们构建具体的教师知识形象提供了概念基础和分析框架。所谓教师知识是指教师在特定的教育教学情境中解决问题时所具备的科学文化知识及其掌握程度，它是教师从事教育、教学工作的前提条件。但对于教师知识的具体内容，不同学者由于研究视角和研究方式不同，因而也就有不同的理解。在国外，以美国教育专家舒尔曼教授所建构的教师知识的分析框架较有代表性，他把教师知识分为七大类[①]：(1) 学科知识，是指教师上课的学科课程的知识，包括具体的概念、规则和原理及其相互之间联系的知识。(2) 一般教育学知识，是指各科都用得上的课堂教学管理与组织的一般原则与策略。(3) 课程知识，是指对课程、教材概念的演变、发展及应用的通盘了解。(4) 学科教育学知识，是指理解各学科所需要的专门教学方法与教学策略。(5) 学生及其学习特点的知识。(6) 教育情景的知识，是指学生的家庭、学校以及社会等环境对教学影响的知识。(7) 教育目的与教育价值的知识。在国内，心理学家林崇德、申继亮教授等所提出的教师知识的体系比较有代表性，他们将教师知识分为四个方面[②]：

---

① Shulman, L.S. (1987): Knowledge and Teaching: Foundation of the New Reform. Harward Educational Review, 57, pp. 1-22. British Journal of Educational Studies. Vol. 47. No. 3. September 1999. p. 253.

② 申继亮、辛涛：《教师素质论纲》，华艺出版社 2001 年版，第 124～131 页。

(1) 本体性知识，是指教师所具有的特定的学科知识，这是教师教学活动的实体部分。(2) 条件性知识，是指教师所具有的教育与心理学知识，是对本体性知识的传授起理论性支撑作用的知识；它又可具体化为学生身心发展的知识、教与学的知识和学生成绩评价等三方面的知识。(3) 实践性知识，是指教师在教学中所具有的课堂情境知识以及与之相关的知识，或者说是教师教学经验的积累；它对本体性知识的传接起到一种实践性指导作用。(4) 文化知识，是指除了上述三种知识以外的广博的科学文化知识。另外，叶澜教授也提出了多层复合结构的教师知识体系。笔者认为，在这众多教师知识的分析框架中，林崇德、申继亮教授等的分析模式对构建教师的知识形象最有利，他们所提出的教师知识的四个方面既包含了教师知识的所有方面，又不显得过于具体、琐细，因为如果教师知识的内容结构过于宽泛，既不能突出教师职业特性，也无法对教师应该掌握那些知识起到指导作用，而教师知识的内容结构过细，则反而束缚了教师构建自我知识形象的自主性。

2. 大学教师以本体性知识为主导的知识形象

现代学者关于中小学教师专业化的研究表明，中小学教师作为专业人员的主要表现领域在于教师的"教育"中，相应地，教师知识中的条件性知识和实践性知识对于中小学教师来讲具有非常重要的意义。现代研究也表明，在教育教学活动中，教师的本体性知识在达到一定水准以后，其水平与教学效果之间就不再呈现线性关系，相反，教师的条件性知识等却成为制约教师成功的主要因素。这也就是说，在一定意义上，中小学教师的条件性知识、实践性知识等比本体性知识对其教学效果的影响更为重要。笔者认为，对于大学教师而言，情况刚好相反，教师的本体性知识对其教学效果的影响往往要大于其他因素，从历史和经验来看，一般情况下，大学教师的本体性知识水平与其教学效果是成正比例的，学科知识水平越高，其教学效果也就越好，反之亦如此。

上述结论可以从我国一些学者关于大学教学研究的结论得到间接证明。有学者通过调查研究发现，影响大学有效教学的主要因素是教师的学术水平、教学过程中教学与学生实际结合的程度、对学生思维能力的培养以及学习方法和方法论的传授，尤其是教师的学术水平和对学生独立学习能力的培养对大学教师有效教学影响较大①。而影响中小学教学有效性的关键因素是主体变量，从教的方面讲，包括教师的亲和力，表达清晰流畅，思维具有逻辑性、条理性，善于组织协调，以及教师的教

① 王淑芳等：《大学有效教学研究》，《高等工程教育研究》，2006 年第 4 期。

学行为如清晰授课、多样化教学、任务导向、引导学生投入学习过程、确保学生成功率等①。姚利民博士关于中小学教师不同教学行为对中小学有效教学的影响研究表明，教授清晰明了性、讲授组织条理性、创设教与学环境、运用非言语手段、管理课堂作业和家庭作业、讲授科学性、为理解而讲授和管理教学时间、创设适宜课堂、组织课堂讨论、管理课堂、激发动机、适应性教学、提问和制定与执行课堂规则等因素影响教师的有效教学，而且其影响作用的大小依次降低②。由此可见，在影响中小学教师有效教学的因素中，教师的本体性知识作用比较小，相反，诸如教授清晰明了性、讲授组织条理性等与教师的条件性知识等有高相关的因素对中小学教师有效教学具有重大影响。美国学者肯·贝恩在对不同大学和各个学科领域的最优秀大学教师进行长期观察的基础上也发现，卓越教师首先就是精通本学科知识的人，他说："毫无例外地，杰出的教师都非常了解他们所教的科目。他们都是活跃的成就卓著的学者、艺术家或者科学家。"③

大学教师的知识形象与中小学教师的知识形象之所以会发生这样的变化，其主要原因在于大学教学的独特性。从造成大学教师与中小学教师知识形象的差异来看，这种独特性主要体现在两个方面：

第一，大学教师教学对象的特殊性。

大学教师的教学对象是已受过普通教育的基本训练、有了一定的社会经验、其身心发展处于较高水平的大学生。大学生的身心日臻成熟，学生的自我意识和反省水平不断提高。从生理发展来看，大学生正处在生理机能和神经系统发育的最佳期，体魄健壮，精力旺盛，具有从事独立学习，承担学习任务的身体素质。从心理发展来看，各种个性心理品质逐渐趋向成熟。大学生的抽象逻辑思维得到发展，辩证逻辑思维趋向成熟，使大学生思维的独立性、全面性、深刻性与批判性都有较大的发展。这些心理发展特点，导致大学生在学习过程中，既不盲从又能独立自主，表现出较强的独立自主性。大学生对大学教师所教授的内容进行分析、批判、选择成分增加，而盲目依从的成分日渐减少。由于学习兴趣等日渐成熟，学习责任感增加，学习能力等增强，大学生对课堂教学的内容要求日渐高于对课堂教学形式的要求。也就是教学中的矛盾关系发生了变化，矛盾的主要方由中小学的"教"的方面转向

① 关文信：《影响有效教学的主要变量及其特征》，《现代中小学教育》，2005 年第 7 期。

② 姚利民：《有效教学研究》，华东师范大学 2004 年博士论文，第 65 页。

③ ［美］肯·贝恩著，明廷雄等译：《如何成为卓越的大学教师》，北京大学出版社 2007 年版，第 16 页。

了现在的“学”的方面。教学中“教”与“学”的矛盾是指“教的活动”与“学的活动”之间的矛盾关系而非“教师”与“学生”之间的矛盾。中小学“教”与“学”的矛盾的主要方面在于“教”的一方，即“教的活动”是中小学教学基本矛盾的主要方面，更进一步说也就是教师“如何教”是主要方面；相反，大学教学中“学”是矛盾的主要方面，也就是“如何学”变成了主要矛盾。教学中矛盾关系的这种变化导致对大学教师的知识要求也发生了改变，当“教的活动”退居次要地位以后，相应地，教师的条件性知识、实践性知识等与“如何教”直接相关的知识也就不再是教师知识的主要标准。

第二，大学教学内容的特殊性。

“高深专门知识的教与学”是理解一切大学教育现象的逻辑起点。大学教学过程就是“高深专门知识的教与学”的过程。这里表明了大学教师所传授的知识的两大基本特点——高深、专门性[①]。所谓高深是就知识程度而言，一方面表明相对于初等、中等教育尤其是中等教育而言，它是高层次的知识领域，表现出大学教学内容的深奥性；另一方面表明在高层次的知识领域中许多知识处于相应的学科前沿，属于已知领域与未知领域交界的边缘领域，并且随着科学技术的发展，不断向未知领域扩大、深化，这种边缘会不断扩展变更。高深知识的这一特性要求大学教学内容要具有相对前沿性，同时由于科学文化知识总是不断向前发展，知识的前沿领域在不断变化，导致大学教学内容具有一定的不确定性。教学内容的前沿性、不确定性要求大学的教学不仅要向学生传授已经有定论的科学知识和专业知识，而且要向学生介绍最新的科学成就、各种学术流派和学术观点以及各学科需要进一步研究和探讨的问题。所以，教学与科研紧密结合成为高深专门知识的教与学的必然要求。大学教师只有经常对教学内容进行整理、思考和钻研，使教学内容处于知识发展的前沿，才会有好的教学，否则就是不可能的。所以，大学教师既是教育者，又是研究者或学者。科学研究是根据已有的知识基础，探求未知的事物，从而获得新的知识和理论的过程。大学教师的科学研究与中小学教师的研究最大的区别是，大学教师不仅研究关于“教与学”的理论，更要开拓科学新领域，增加人类科学知识，发展学科，推动科学文化与科学技术的发展，也就是要对“高深专门知识”本身进行研究，在一定意义上讲，大学教师的科研主要是指后者；而中小学教师的研究主要是针对“教与学”的问题，即解决“怎么教”的问题。正是从这个角度出发，有学者

---

① 薛天祥主编：《高等教育学》，广西师范大学出版社 2001 年版，第 27 页。

指出，大学教学过程与中小学教学过程最主要的区别是教学过程的探索性[①]。而大学学习不再只是以接受已成定论的知识为主，还要学习和了解各种尚未形成定论的知识，所以，大学学习方式亦不只是接受，还要学会自主学习包括独立探索，“说到底，大学看重学习，但更看重元学习，更关注学生能否乐于学习，善于学习，长于学习”[②]。所谓专门性是就知识领域组合上的特点而言，大学里高深知识并不是杂乱无章随便拼凑起来的，而是围绕着一定目标的有机结合，是以学科为依据，与职业相适应的高深知识的专门化领域。这种以学科专业为单位组织起来的教学内容是为培养从事特定职业的专业人才服务的。总之，大学教师所传授知识的高深和专门性的特点内在地要求大学教师必须是一个有较高学术水平的人，而且随着学术水平的不断提高他所能提供给学生的学习和研究视野也越广阔，学生也就越能学会学习和研究。换言之，大学教师的学术水平对大学教学效果有十分重要的影响。同时大学教师是以学科专业为基本单位来进行教学，所以，大学教师的学术水平主要是通过本学科专业的知识水平来体现。

综上所述，现代大学教师知识结构是以高水平的本体性知识为主体部分，同时以条件性知识、实践性知识和文化知识为辅助的多种知识的复合结构，大学生以自主学习为主，大学教师以教学与研究相结合的方式从事教学，不仅是知识的传授者，也是学习和研究的引导者，知识的发现者、组织者。

（二） 大学教师的理想实践形象

如果说道德形象、人格形象和知识形象反映了理想教师形象中“师”的一面，那么实践形象反映教师“教”的一面。教师的实践形象与教师的教育教学能力有关，中外教育家历来把高超的教育教学能力和技巧作为理想教师的必备素质；现代教师专业化理论则把教育教学能力作为中小学教师职业专业性的集中体现。所以，从教师专业化角度来看，大学教师职业具有双专业性，即大学教师不仅本体性知识（即学科知识）具有专业性，而且教学也应具有专业性。实践表明，大学教师的教育教

---

① 陈梦稀：《浅论高等学校教学过程的探索性》，《中国高教研究》，2004 年第 3 期。我国高等教育学专家潘懋元主编《高等学校教学原理与方法》中也指出：“尽管对于不同类型和水平的高等学校来说，科学研究作为一项职能，未必能与教学职能等量齐观，然而在高等学府的讲坛上，如果没有将探索未知的科研精神与认识已知的教学活动结为一体，那么就不能称其为高等教育了。这种只有认识已知而无探索未知的教学，充其量不过是普通中小学或职业技术中学的教育在量上的延伸和扩展而已。”由此可见，教学过程有无探索性在这里成了大学教学与中小学教学性质差异的标志，换句话说，即：教学过程的探索性是大学教学与中小学教学的最主要区别。

② 张楚廷：《大学里，什么是一堂好课》，《高等教育研究》，2007 年第 3 期。

学能力对其理想形象的塑造具有非常重要的作用。

1. 教师教育教学能力的构成

无论在古代社会还是在现代社会，关于教师教育教学能力的具体构成内容还没有一个统一的结论，但主要思想差异不大。如我国学者申继亮等在《教师素质论纲》中把教师的职业能力区分为教学能力和教育能力两类。教学能力又包括教学监控能力、教学认知能力和教学操作能力三种。教学监控能力是指教师为了保证教学的成功，达到预期的教学目标，将教学活动本身作为意识的对象，对其进行计划、检查、评价、反馈、控制和调节的能力，这种能力是教学能力中最高级的成分，它不仅是教学活动的控制执行成分，而且是教学能力发展的内在机制。教学认知能力主要是指教师对教学目标、教学任务、学习者特点、某章教学方法与策略以及教学情境的分析判断能力，主要表现为：分析掌握教学大纲的能力；分析处理教材的能力；教学设计能力；对学生学习准备性与个性特点的了解、判断能力等。它是教学能力结构的基础，直接影响到教师教学准备的水平，影响到教学方案设计的质量。教学操作能力，主要是指教师在实现教学目标过程中解决教学问题的能力。从操作手段（或方式）来看，这种能力又主要表现为：教师的言语表达能力，如语言表达的准备性、条理性、连贯性等；非言语表达能力，如言语的感染力、表情、手势等；选择和运用教学媒体的能力，如运用教具的恰当性。从教学操作活动的内容来看，这种能力又包括：呈现教材的能力，如恰当地编排呈现内容、次序，选择适宜的呈现方式等；课堂组织管理能力，如学生学习动机的激发，教学活动形式的组织等；教学评价能力，如及时获取反馈信息的能力，编制评价工具的能力等。三种教学能力相互联系、相互影响。教育能力是教师将学生培养成为各方面全面发展的人才的一种基本能力，主要包括：教师的教育组织与管理能力、因材施教能力、德育能力、心理健康教育能力。叶澜教授认为，未来教师的专业素养尤其应强调理解他人和与他人交往的能力、管理能力和教育研究的能力[①]。

笔者认为，上述这些教育教学能力大致上囊括了一个中小学教师所应具备的能力。但是，它们是以已知知识的授受活动为主的教学有效开展所必要的条件。这些能力一定程度上也适用于大学教师，比如一个教学成功的大学教师同样要求具有教学监控能力，这是不断提高自身教学质量所必备的能力，然而这些能力因素对中小学教师教学效果的影响力与对大学教师教学效果的影响力存在明显区别。这些因素直接影响中小学教师教育教学质量的优劣，而对大学教师的教育教学影响却远不如

① 叶澜等：《教师角色与教师发展新探》，教育科学出版社 2001 年版，第 25～26 页。

对中小学教师明显。

2. 大学教师的理想教育实践形象——大学生自主学习和批判性思维的引导者

大学教师也应具有与一般教师相同的教育教学能力，如教学监控能力、教学认知能力、教学操作能力以及组织和管理能力等，但是由于大学教学过程的特殊性和大学生的独立自主性等特点，大学教师的教育教学能力表现出与中小学教师教育教学能力的显著区别，即大学教师教育教学能力中最重要的因素是培养大学生独立学习、批判性思维和探究的能力。成为大学生自主学习和批判性思维的引导者应是大学教师的理想教育实践形象。

大学生应该学习的是思考的活动，而不是思考的结果。对此，张楚廷教授认为，“大学看重学习，但更看重元学习，更关注学生能否乐于学习，善于学习，长于学习。惟有如此，大学才无愧于大学，教授才无愧于教授”。因此，“教授们最优先的是把自己的思维过程、探索历程亮在学生面前，这应当是活灵活现的，自然流淌的，学生们所最需要看到的并不是书本上已有的结论，而是教授们带有原汁原味的思想及其过程”①。雅斯贝尔斯也指出，大学专业教育并非教授一套固定的知识框架就够了，而是要训练发展一套科学思想的构架，也就是要教授学生研究的态度和做学问的方法。美国学者斯蒂芬·D·布鲁克菲尔德直接提出把“培养批判性思维”作为高校教学的基本理论原则的主张②。他认为，批评性思维是成人生活中最为典型的知性功能之一，而大学生正处于成人期的边缘，有些甚至已经完全进入了成人期，所以把批判性思维当做大学教育的主旨是适宜的。其次，批判性思维对个人的生存必不可少，我们生活在一个由个人、职业和社会变动所带来的不断变化的复杂环境中，所以批判地理解自己所处的这些环境对于生存而言是至关重要的。最后，批判性思维有助于培育和维护民主精神，因而在民主社会里是一项政治必需品。因此，“培养批判性思维的过程是所有教学活动的基础。帮助学习者铸造一个保持着敏锐的批判性的思想模式——怀疑自命的终极真理和问题的最终解决方案，乐于接受不同的选择，承认知识受到环境的约束——是教育过程中的精粹部分”③。美国学者朱克曼(Harriet Zuckerman)通过对90多位诺贝尔奖得主的个案研究发现，他们在大学学习中所获得的最主要好处是“包括工作的标准和思想的方式在内的一种比较广阔的

---

① 张楚廷：《大学里，什么是一堂好课》，《高等教育研究》，2007年第3期。

② [美]斯蒂芬·D·布鲁克菲尔德著，周心红等译：《大学教师的技巧——论课堂教学中的方法、信任和回应》，浙江大学出版社2005年版，第13页。

③ [美]斯蒂芬·D·布鲁克菲尔德著，周心红等译：《大学教师的技巧——论课堂教学中的方法、信任和回应》，浙江大学出版社2005年版，第14页。

方向"[①]，也就是学习思想风格。简言之，大学教学的重要任务是发展大学生的批判性思维能力，大学生在大学里不仅要学习已知知识，更重要的是要学会学习、学会思维。为此，大学教师教育教学能力的集中表现就是引导学生发展思维的能力。大学教师的实践形象应由传道、授业、解惑者转向学生自主学习、独立思维的引导者、帮助者。前面我们已经提到大学生对大学教师素质各项品质特征的态度评价研究结论也表明，大学教师的授课技能是塑造大学教师形象的关键性因素；而另一项关于大学有效教学的调查结论显示，大学教师对学生思维能力的培养以及学习方法和方法论的传授对大学教学有很大影响；姚利民等人关于大学教师教学现状调查分析的结论也表明，绝大多数大学生期望大学教师的教学的目的应是"培养学生的能力和学习方法"[②]；肯·贝恩对优秀大学教师的观察结果与我国学者的调查结论相似，他发现卓越教师都把"创造一个自然的批判性学习环境"作为教学的普遍原则[③]。这些实证和观察研究进一步证实了大学教师的教育实践形象不同于中小学教师，大学教师应以引导发展大学生的自主学习和批判性思维能力为主。笔者在课堂教学中的随机调查也反映了这一现象，据学生反映，部分专业课教师特别是新教师在上课过程中照本宣科，这让学生感觉上课等于没有上，所以非常不满。

为此，笔者认为，优秀大学教师除了应具有一般教育教学能力以外，还应具有如下一些重要的教育教学能力：(1) 自我反思能力。优秀的教师除了在本学科领域有较高的造诣外，他们还对学科与学科之间的联系有较深的理解，这种认识有助于他们深刻思考各自领域的思想本质。然后借助这一种对本质的理解力来思考他们自己的思想以及思考他们对学科本身的理解，从而形成有利于学生领会的学习方式。(2) 创设"自然的批判性的学习环境"的能力。所谓"自然"是因为学生"无意中"遇到某些问题和任务，其中包含了他们正在努力学习的技巧、习惯、态度、信息，这些内容对学生具有吸引力，这些真实的任务能激发好奇心，成为内在的兴趣。所谓"批判"是因为学生学会以批判的态度来思考，以证据来推理，运用各种各样的理智的标准来检验他们推理的质量，在思考的同时作出改进，对别人的思想提出具有探索性和深刻见解的质疑。这种环境有利于学生思维模式的改善。优秀大学教师将他们自己希望教授给学生的技能和信息以学生感兴趣的真实的问题或任务为载体

---

① [美] 伯顿·克拉克著，王承绪译：《探究的场所——现代大学的科研和研究生教育》，浙江教育出版社 2001 年版，第 269 页。

② 姚利民、成黎明：《期望与现实——大学教师教学现状调查分析》，《中国大学教学》，2007 年第 3 期。

③ [美] 肯·贝恩著，明廷雄等译：《如何成为卓越的大学教师》，北京大学出版社 2007 年版，第 18 页。

带入到这种环境中，以唤起学生的求知欲，挑战学生重新思考自己的假设，使他们审视自己对现实的思维模式。“自然的批判的学习环境”的基本要素包括：一是一个令人感兴趣的问题或难题；二是教师在帮助学生理解问题意义时要悉心指导；三是使学生参与某些高层次智力活动：鼓励他们进行比较、应用、评估、分析、综合，而决不是仅局限于听课和记忆；四是有助于学生回到问题；五是给学生留下一个悬念①。(3) 指导大学生独立学习和研究的能力。相对独立性是大学生学习的显著特征，这是由中小学以教师指导为主的学习方式向成人期的完全独立自主学习转变的一个转折阶段，这一阶段大学生能否发展出一定的独立学习能力直接关系着个体成年以后的学习能力，故而，大学教学的重要目标之一就是培养大学生自主学习能力。大学教师不同于一般教师能力素质的重要方面之一也就是指导大学生进行自主学习的能力。大学生是未来的学者，因此，培养大学生的自主研究能力也是大学教学的重要目标之一。大学教师应以自己在研究实践中的所得所感来指导大学生进行研究，以培养大学生的独立研究能力。(4) 批判性反应能力。大学教师是学生批判性思维的引导者，其首要条件是其自身就是批判性思维者。大学教师批判性思维能力在教育教学上的具体表现就是对教育教学活动的批判性反应能力。优秀的大学教师对自身教育教学活动有一种明确、清晰而又坚定的理解和信念，这种理解和信念能够确保其在任何情境下都保持一种稳定感和方向感，从而坚持自己的教育教学实践活动。

大学教师的教育实践形象既要通过教育教学实践逐步形成，也要通过教育教学实践活动而展现。故而，投身教育教学实践是塑造大学教师理想实践形象的最有效的途径。优秀的大学教师应在教育教学活动中成为大学生独立学习和批判性思维的引导者、帮助者，而不只是知识的传授者。

（三） 大学教师的理想道德形象

教师职业是一种富有“创造性”、“伦理性”的职业。中外教育史的经验和现代教师专业化理论与实践都表明，道德形象是教师的重要特征。虽然由于大学生思维的相对独立性和心理发展的逐步成熟，作为教育者的大学教师在道德上对大学生的影响远不如中小学阶段教师对学生的影响那样明显，但是，道德形象也仍然是影响大学教师在大学生心目中理想形象的重要因素。

自教师专业化思想形成以来，就有学者提出，从教师专业生活质量提高和专业发展角度出发，传统的教师“职业道德”应向“专业道德”的观念转移②。而且，越

---

① [美] 肯·贝恩著，明廷雄等译：《如何成为卓越的大学教师》，北京大学出版社 2007 年版，第 97～100 页。

② 檀传宝：《论“教师职业道德”向“专业道德”的观念转移》，《教育研究》，2005 年第 1 期。

来越多的学者赞成教师专业化，并认为传统的教师职业道德应向具有教师专业特性的现代道德转变[①]。我们认为，提倡教师专业道德观念对教师专业化有积极意义，但是，对于理想的教师道德形象而言，不能仅止于遵守专业道德规范，而且还要养成教师德性，形成以教师德性为内核的专业道德人格。

1. 大学教师养成教师德性之必要

道德在我国古代最早是两个概念，即“道”和“德”。“道”，原指道路，后引申为原则、规律、道理或学说的意思。“德”最早出现于《周书》，指内心的情感或信念；“德”与“得”相通，“德者得也”。“道德”作为一个概念始于荀子，他在《劝学篇》中说：“礼者，法之大分，类之纲纪也，故学至乎礼而止矣。夫是之谓道德之极。”这里，“道”是行为的原则，“德”是行为的效果，使人有所得。“道德”合在一起，成为一个概念，即指人类的行为合于理，利于人。在西方文化中，道德一词表述为 morality，指（standards，principles) of good behavior，即美德或美好行为的标准、准则；其形容词为 moral，指：（1） concerning principles of right and wrong，(2) good and virtuous，即有关是非之原则的或品行端正的意思[②]。该词源于拉丁语的 mores，指习俗、个性的意思，也引申为规则、规范、行为品质和善恶评价等含义。从上述中外古代文化关于“道德”一词的解释来看，道德主要是用来调节处理人们之间关系的行为准则或规范，是人类社会的特有现象。但是，自人类产生了社会分工以后，人们的基本生存方式总是与特定的职业联系在一起。在长期从事某种特定职业的人群中，人们采用共同的劳动方式，经受了共同的职业训练，因而产生了共同的职业兴趣、爱好、习惯和心理传统，结成某些特殊关系，形成特殊的职业责任和职业纪律，从而产生特殊的行为规范和道德要求，最终构成了该职业的职业道德。教师职业也不例外。

教师职业道德是教师在职业活动范围内调整与学生、学校、他人相互关系的行为准则。20 世纪 60 年代中期开始，为了回应时代要求提升教师质量的运动和突出教师道德的专业性特点，教师“专业道德”观念日渐取代了教师职业道德观。教师专

---

① 如上文提到的檀传宝教授的《论教师“职业道德”向“专业道德”的观念转移》，《教育研究》，2005 年第 1 期；徐廷福：《论我国教师专业伦理的建构》，《教育研究》，2006 年第 7 期；陈向阳：《论教师道德的专业特性》，《学术论坛》，2006 年第 12 期；周丹：《专业化：传统师德向现代师德的转型》，《教育探索》，2006 年第 1 期；黄路阳：《中国大陆、香港、美国教师专业伦理比较》，《安康学院学报》，2007 年第 2 期；黎琼锋：《从规约到自律：教师专业道德的建构》，《教育发展研究》，2007 年第 1 期；等等。从这些论文可以看出，教师专业道德日益成为教师道德建设的核心概念。

② 《牛津现代高级英汉双解辞典》（第三版），牛津大学出版社 1984 年版，第 744 页。

业道德就是教师在从事教育教学专业工作时所应遵循的基本专业道德规范和行为准则。我国学者檀传宝教授认为，从提高教师专业生活质量角度理解教师职业道德建设是把教师职业道德作为专业生活的必需，其表现为：一是底线或基本需求。一方面教师的专业生活需要有专业道德上的基本要求予以保证，以确保教师能够在伦理上达到起码的标准；另一方面教师的专业生活也需要有专业道德规范予以保障，以确保教师在行使专业权利时免受非专业人士的非理性指责与侵犯。二是高层次需要。教育是一种文化或者精神的事业，教育工作者承担了维护最高伦理标准的责任。教师没有与此性质相匹配的追求、气质与修养就不合乎专业的需要，也无法获得职业生活的意义。从突出专业特性来看，教师专业道德不同于一般性师德要求，不是一般道德在教育行业里的简单演绎与应用。它所建立的伦理标准都有较为充足的专业和理论的依据，充分考虑了教师专业工作和专业发展的特点与实际，全面、具体、规范，要求适中。

在中国古代文化中，“德”即“外得于人，内得于己”。《说文解字注》曰：“内得于己，谓身心所自得也；外得于人，谓惠泽使人得之也。”“外得于人”强调的是处理自己与他人的关系；“内得于己”强调的是搞好个人的内心修养，遵守做人的规范。“性”在中国古汉语中出现较早，是万事万物的品质和特点的通称①。但从春秋时期起，由于古人开始将目光由天命转向人事，“性”逐渐与人心密切联系起来。《中庸》说：“天命之谓性，率性之谓道。”“天命”即天理，在儒家眼中，天理就是阴阳五行，所谓“天命之谓性”即上天把天理赋予人，形成人的仁、义、礼、智、信等品德，这就是人的性。所以“性”，在中国古代通常指人性、人心。《中庸》首次将“德”与“性”联系起来，提出君子要“尊德性”，就是指君子要尊奉先天的善性、道德之性。可见，在中国传统文化中，德性是一种善良的道德品质和行为模式②。在古希腊，德性一直被视为道德的核心。亚里士多德的伦理学被认为是德性伦理学。他认为使事物完美的特性或规定，亦即物的卓越品质，都可成为德性。对于人而言，“德性就是既使得一个人好又使得他出色地完成他的活动的品质”③。当代美国著名伦理学家麦金太尔努力接续古希腊的德性伦理思想，他将实践给人带来的利益分为两种，即外在利益和内在利益。外在利益就是通过实践所获得的权利、地位和金钱等，是对外物的占有；内在利益是某种实践活动所独具的“好”，具体表现为

① 王国银：《德性伦理研究》，吉林人民出版社 2006 年版，第 3 页。

② 倪勇：《德性的失落与重构》，《东岳论丛》，2006 年第 6 期。

③ ［古希腊］亚里士多德著，廖申白译注：《尼各马可伦理学》，商务印书馆 2003 年版，第 45 页。

实践成果的卓越以及在实践过程中人生意义和价值的提升。“德性是一种获得性人类品质，这种德性的拥有和践行，使我们能够获得实践的内在利益，缺乏这种德性，就无从获得这些利益。”[①] 即德性作为一种精神性的内在品质，它与实践的内在利益密切相关。简言之，在中外文化中，德性与品质有关，而且是与好的或善良的品质有关；同时这种品质并非是天生就具有的，而是通过后天努力形成的。因此，所谓德性就是指一种后天获得的优良的内在品质。

德性与道德规范之间既有区别又存在内在的统一性，呈现一种非常复杂的关系。从静态的角度来看，德性与道德规范存在多方面的不同：首先，德性以主体为承担者，并相应地首先涉及人的存在；而规范并非定格于主体，作为普遍的行为准则，它更多地具有外在并超越主体的特点，或者也可以说具有无人格的特点。其次，就行为的道德性程度而言，出乎德性的道德性行为的境界较高；而遵循规范的道德行为只是一种最低限度的正当性，是基本的、初始的“底线”行为。再次，从与行为者的关系来看，德性与行为者表现为以“我应当”为命令形式，而规范在形式上表现为“你应当”之类的要求或命令。对行为者来说，“你应当”是一种外在的命令，“我应当”则是行为者的自我要求，是基于向善的意愿、善恶的辨析与认定、好善恶恶的情感认同等精神定势，它可以看做是内在德性结构综合作用的结果。所以唯有化“你应当”为“我应当”，才能扬弃行为的他律性，并进而走向自律的道德。最后，德性是个体的一种存在方式，它关注的是个人的自我完善；而道德规范只是对个体行为的外在约束和限制。

在历史实践过程中，德性与道德之间也存在着十分复杂的关系，二者是相统一的。一方面，德性通过凝化为人格而构成了规范的现实根据之一，规范则从社会价值取向等方面制约着理想人格的形成与塑造，二者呈现为某种互为前提的关系[②]。德性作为人的内在的善的品质，往往以人格为其整体的存在形态。不同文化传统中都存在相应的理想人格，它们在一定意义上可以说是德性的化身，而这些理想人格并非凭空产生，它反映或折射了一定时期的历史需要。理想人格作为现实中的具体存在往往优先于作为观念系统的道德规范，不仅如此，理想人格往往还是规范的本源之一。不过，一旦规范产生以后，反过来它又会对理想人格的形成起着塑造和创造作用。总之，德性在理想人格中的具体化，从一个方面为规范的形成提供了前提。规范既反映了一定历史时期的社会需要，又体现了普遍的道德理想；这种理想以现

---

① ［美］麦金太尔著，龚群译：《德性之后》，中国社会科学出版社 1995 年版，第 241 页。

② 杨国荣：《道德系统中的德性》，《中国社会科学》，2000 年第 3 期。

实的社会存在为根据，同时又在圣人、英雄等理想人格中取得了具体的形态。另一方面，德性作为内在的道德品格，在某种意义上可以说是道德规范的内化。一般而言，道德实践首先以把握道德规范为前提。作为一定时期道德理想与道德关系的反映，规范为行为的选择和评价提供了普遍的准则。但规范作为普遍律令具有外在于人的特点，也就是超越于具体的个体，而道德行为则以个体为承担者。所以，虽然规范内含着应当，以善的认定为根据，规范无疑涉及善恶的分辨：在肯定何者当为、何者不当为的同时，它也确认了何者为善、何者为恶，但作为外在于个体的普遍规则形态，却未必能为个体所自觉接受，并化为个体的具体行为。也即是说，个体“知善”却未必一定“行善”。这意味着必须将道德规范内化，让道德规范内含的应当变成个体的内在需要。通过理性的体认、情感的认同以及自愿的接受，外在的规范逐渐融合于自我的内在道德意识，后者又在道德实践中凝而为稳定的德性。德性内含的向善的精神定势超越了道德行为的他律性，并使个体在任何情境下都能作出符合道德要求的行为，达到知其善与行其善的完全的内在统一。所以，有学者认为德性为规范的现实有效性提供了内在的担保。与此同时，规范也影响着德性的形成。规范对个体行为具有一般的制约作用，个体往往是在遵循规范的同时形成对规范的自觉认同，并进而内化为德性。换句话说，德性的形成过程也可以说是按照规范塑造自我的过程。一定时期占主导地位的规范体系，它既制约着人们的行为，也影响着人格的取向。

教师德性就是指教师在教育教学过程中逐渐修养而成的一种优良的内在精神品质。教师德性具体表现为三个方面[①]：第一，教师德性是一种能使教师个人担负起其教师角色的品质，即实现教师之特殊性目的的品质，是教师能充分实现其教育潜能的品质。第二，教师德性是一种道德意志力量。道德规范虽然对行为的选择和评价提供普遍的准则，或者说起约束或限制作用，但行为总是发生在具体的情境中，而一般规范往往无法穷尽一切具体的情境，而离开了对具体情境的分析，规范对行为的作用往往很难发挥。与规范不同的是，教师德性一旦形成，就是教师个体的一种内在品性，如同其第二天性，具有相对的稳定性。它能保证教师在任何情境下都遵循德性行事，作出道德的选择，表现出一种道德意志力。第三，它是教师在对为师之道体验的基础上所形成的内在的、运用自如的教育行为准则。

教师专业德性与教师专业道德的关系既服从上述德性与道德关系的一般原理，也有自身特点。首先，从德性的人格化特点和道德的无人格特点上看，我们可以在

① 叶澜等：《教师角色与教师发展新探》，教育科学出版社 2001 年版，第 44～46 页。

某种程度上认为，教师德性是一种个人或私人道德，但这并不是一种纯粹的一般私人道德，而是一种在职业实践中养成的职业品性，它对学生道德成长也有直接影响，比如教师公正直接影响到学生公正品性的培养。其次，教师德性是高标准道德，是教师自觉追求自我完善的表现。作为自我完善的终极目标是没有止境的，从这个意义上讲，教师德性是理想的乌托邦。但教师德性又是逐渐养成的，它是一个由相信、践行、理解到再践行、再理解的反复过程，在不断反复之中，教师德性的境界随之也不断提高。对于任何一个教师来讲都有养成教师德性的可能。所以，从教师发展的角度和从教师获得职业生命意义的角度上讲，每一个教师都应养成教师德性，并不断提高其境界。最后，教师德性与教师道德规范在师德建设过程中都不可或缺。教师德性是教师个体自我完善的需要。教师职业不仅要求“育人”，而且要求“育己”，“没有教师的生命质量的提升，就很难有高的教育质量；没有教师精神的解放，就很难有学生精神的解放；没有教师的主动发展，就很难有学生的创造精神”[①]。而且教师德性还能保证专业道德发挥真正“道德”的作用。教师专业道德对教师个体行为的规范、约束作用的真正实现有赖于教师的自主自觉行动，只有当教师个体自觉将专业道德内化为自身人格之一部分，并在专业活动中自然表现出来时，道德规范对教师行为所发挥的作用才是非强制性的，这时专业道德也才起到真正“道德”的作用。否则，教师专业道德就只是外在于教师个体的客观规范，教师遵守道德规范如同遵守法律规范一样，教师专业道德的真正意义并不能得到很好的体现。教师专业道德作为基本要求，作为一种“底线道德”，通过约束和规范教师个体行为确保了最低限度的道德标准，同时，它也是教师德性养成的现实依据之一，离开了一定的道德规范的作用，教师德性的养成就失去了相应的现实基础。所以，教师专业道德必不可少。

在传统师德建设中，师德规范就只是被当做约束教师行为，督促教师自觉为国家、社会、学生的利益而尽职尽责的外在手段，而忽略其对教师自我的完善作用，忽视对教师保持内心世界平衡、安宁、和谐、幸福的影响和调控作用。所以，在现代师德建设过程中，必须将师德规范内化为教师个人的思维、情感、意志，形成内部调控的自律机制，引导教师用理性的清晰状态的专业道德意识来指导自己的教育实践，调节师德实践中的诸种关系，将自身的师德成长与专业成长相统一，享受教书育人的乐趣，体验专业的尊严，获得生命的价值。也就是说，教师不仅要遵循专业道德规范，而且要进一步将其内化为自身的内在需要成为教师德性，形成以教师

① 叶澜等：《教师角色与教师发展新探》，教育科学出版社 2001 年版，第 3 页。

德性为核心的专业道德形象，成为一个具有“教师德性”的人。

2. 大学教师应养成以教师德性为内核的专业道德形象

目前学者们关于教师德性的具体构成内容还存在不同看法：有人认为，教师德性包括教师善、教师公正和教师责任感①；有人认为，教师德性的核心内容应是教师关怀、教师宽容和教师良心②；也有人认为，教育德性之纲包括教育爱、教育公正以及教育良心等③；还有人认为，师生交往中教师应遵守的基本职业道德包括：教师之爱、教师公正和教师促进④；等等。笔者认为，教师德性不同于一般性质的个人德性，它是教师在教育教学实践中形成的内在精神特质。所以，从教师职业特殊性出发，我们认为最能体现教师角色特性的德性内容包括：教师之爱、教师公正与教师良心等。

第一，教师之爱。爱是人类的天性。古今中外教育家的经验和经历表明，爱也是一个教师取得成功的必不可少的条件。雅斯贝尔斯说：“爱是教育的原动力。”教育活动中爱的内容十分丰富。樊浩教授等人将教育爱的具体内容概括为五大方面：(1) 教育活动中的全体从业者（包括教育管理者和教师）对教育事业的忠诚和热爱；(2) 教育管理者和普通教师之间互相尊重、信任、关心和体谅；(3) 教师与教师之间也要互相尊重，团结互助；(4) 教师对学生的爱，这是决定教师是否成功的基础，也是教育爱的核心内容；(5) 是学生对教师的爱戴，主要表现为对教师的信任和关心，以及对教师劳动的尊重和支持⑤。笔者认为，从教师之爱的角度来看，大学教师的爱主要表现在两个方面：一方面是热爱教学，另一方面是热爱学生。

热爱教学是大学教师热爱和忠诚于教育事业的具体体现，也是大学教师献身于教学工作的内在动力，只有发自内心地对教学工作的真诚热爱之情，才能促使大学教师长久而又积极地投身教学，而大学教师投身教学是大学提高教学质量的关键。教学尤其是课堂教学是教育活动的基本组织形式。叶澜教授指出，“对于教师而言，课堂教学是其职业生活的最基本的构成部分，它的质量，直接影响教师对职业的感受、态度和专业水平的发展、生命价值的体现”⑥。意思是说，课堂教学质量不仅直接关系到大学所培养的人才的质量，而且关系到大学教师个体专业成长和生命质量。

---

① 叶澜等：《教师角色与教师发展新探》，教育科学出版社 2001 年版，第 47～58 页。

② 宋晔：《教师德性的理性思考》，《教育研究》，2005 年第 8 期。

③ 樊浩、田海平等：《教育伦理》，南京大学出版社 2000 年版，第 135 页。

④ 朱小蔓等：《教育职场：教师的道德成长》，教育科学出版社 2004 年版，第 46 页。

⑤ 樊浩、田海平等：《教育伦理》，南京大学出版社 2000 年版，第 136 页。

⑥ 叶澜：《让课堂焕发出生命活力》，《教育研究》，1997 年第 9 期。

由是观之，热爱教学不仅是一种有利于大学教师“育人”的德性，也是一种有利于其“育己”的德性。

热爱学生是大学教师师德的核心。大学教师对学生的爱在教育活动中有重要作用。首先，教师之爱是教育的原动力。教育事业是导人向善的事业。教师作为这一神圣使命的主要承担者，必须有爱。如果没有了爱，也就没有了教育。其次，教师之爱是学生个体生命健康成长的“太阳”。儿童摹仿成人的心理特点以及学生天然的“向师性”，使学生十分关注教师是如何看待他们的。教师怎样看待学生会直接或间接地影响学生的情绪、情感和行动。教师的爱会成为学生生命成长最好的阳光雨露，是他健康成长的“太阳”。同时，教师之爱还有助于培育学生爱的能力，是培养学生关心他人的一种重要的教育方式。最后，教师之爱也是教师生命健康发展的重要因素。教师之爱作为教师的一种德性，不仅能够“育人”，而且能够“育己”，能够使教师自己获得生命质量的提升，获得幸福感。因为爱不是“单向性”的，而是相互的，学生会在教师爱的关怀中产生对教师的爱。教师在这种爱的回报中很容易获得幸福感，从而对健康发展产生积极作用。大学教师对大学生的爱具体表现在对大学生的尊重、理解和严格要求三方面。首先，尊重是大学教师爱生的基本要求。大学生是身心两方面都相对成熟的准成年人，有相当程度的判断和自主选择能力，因此，大学教师应尊重大学生个体的自主选择、兴趣爱好、情感愿望、行为方式、生活方式等，并维护大学生的自尊心、自信心、上进心以及平等人格等。其次，理解学生是爱生的基础。“知之深，爱之切”这句俗话充分说明了理解与爱之间的密切关系，只有深入理解学生，才能爱得得当、有效。当代社会瞬息万变，大学教师与大学生之间的“代沟”明显，大学生尤其需要得到大学教师的理解。最后，严格要求学生也是大学教师爱生的重要表现。严格要求是大学教师爱生的升华，只有在爱的基础上对学生尽可能多的“严”，才能使严格要求落到实处。大学教师对大学生的严格要求应是严而有度、严而有情、严而有理、严而有行。

总之，爱是教育的灵魂和本质。大学教师之爱不仅仅是一种情感，更是一种能力、一种态度和品格。大学教师之爱既是教育的原动力，是学生成长的阳光雨露，也是教师获得自身职业生命价值和个人幸福、健康的重要因素。从事大学教师职业的人需要有爱以及爱的能力，这是教师德性的重要内容之一。

第二，教师公正。公正在伦理学中被认为是一个人、一个社会最基本、最低限度的道德，也是最重要的道德。公正有两种基本的存在形式①：一是德性的公正，二

---

① 高恒天：《德性的公正与规范的公正及其关系》，《湖南师范大学社会科学学报》，2005 年第 5 期。

是规范的公正。所谓德性的公正，实际上是公正占有了人的人格，具体地说，就是人们在意志、认知、情感等方面展现为以公正为指南的定势：即从意志方面看具有公正的意向性；从认知方面来看，具有关于公正与非公正的理性辨析能力；从情感方面来看，具有对公正的情感认同。正是这三个方面构成了一个人的精神结构整体。公正德性不同于其他德性，它是一种关系德性，是唯一一种关涉他人的德性。“公正是唯一关心他人的善的德性，是完全的德性。”① 具有公正德性之人，不仅以德性对待自己，而且能以德性对待他人。所以，公正德性又被称为是“非个体的个体德性”②。也就是说，公正既是个体德性，又是社会德性。所谓规范的公正或公正的规范指的是表达公正的价值观念、公正的理想、公正的准则或原则或规范，它们解决的是人们的权利与义务应当如何分配的问题，用亚里士多德的话说就是标明“所谓‘相等’和‘不相等’，它们所等和所不等者究竟为何物”的问题。这两种形式的公正或正义是辩证统一的关系，它们统一于人们对正义的认识和追求的过程中，统一于人们的正义行为中。无论公正的存在形式如何，公正都是处理人与人的关系的基本原理。说到底，公正原则也就是处理利益关系的原则。

作为教师个人的德性，教师公正是教师个人的一种内在品质。它是指教师在从教生涯中表现出来的公平、公道和正义的品质。教师公正德性是教师最重要的德性，也是最基本的德性。教师公正德性通过教师公正行为而形于外。它与教师遵从公正规范、准则和规则有密切的关系。檀传宝教授根据教师在职业生涯中处理的利益关系的不同，将教师公正分为：教师的返身性公正、同侪性公正、对象性公正。返身性公正涉及教师对自己的公正；同侪性公正是教师处理与同侪利益关系时的公正；对象性公正是教师在处理与学生的关系时所表现出来的公正。在这几种教师公正中，教师对学生的公正是教师公正的核心，故而，教师公正又常常被界定为：“是指教师在教育学生的态度和行为上，公正平等，正直无私，不偏袒，不偏心，对待不同相貌、不同性别、不同智力、不同个性、不同出身、不同籍贯、不同亲疏关系的学生，一视同仁，按照党的教育方针，满腔热忱地关心每个学生，热爱每个学生，从每个学生的不同特点出发，全心全意教育好学生。”③ 从目前教师伦理学的研究来看，教师公正主要侧重在规范的公正角度，也就是说教师公正主要是指教师应遵循的教师

---

① ［古希腊］亚里士多德著，苗力田主编：《亚里士多德全集》第 8 卷，中国人民大学出版社 1994 年版，第 96 页。

② 黄显中：《公正作为德性——亚里士多德公正德性探析》，《中国人民大学学报》，2006 年第 2 期。

③ 王正平：《人民教师的道德修养》，人民教育出版社 1993 年版，第 228～229 页。

公正规范、原则、规则等。

教师公正的首要意义在于：它是教师追求幸福生活的保证。赵汀阳认为，公正的必要性只能根据目的论来证明。他说："每个人都需要幸福，而每个人的幸福都需要他人的存在。……更彻底地说，我必须希望他人是幸福的人，因为不幸的人是不值得给予爱或者为之进行创造的。换句话说，就是一个人的幸福与周围人的幸福是密切相关的。所以，一个人即使只想着为了自己的幸福，他必须希望他人幸福，也就必须允许他人有条件去创造幸福。公正就是保证每个人获得创造幸福生活所需的物质条件和社会条件的普遍必要的生活制度。"① 这表明，公正是创造幸福生活之必要。大学教师公正之必要，首先在于大学教师对幸福生活的追求。因为大学教师的幸福与他人（包括同侪、学生等）的存在有关，而且是与他人的幸福有关，而大学教师公正正是保证教师与他人的这种良好关系的最重要的要求。其次，从教师公正的具体作用来看，大学教师公正的意义还在于：大学教师公正有利于良好教育环境的形成——大学教师通过公正地处理与学生家长、社会有关方面的关系形成学校教育的良好外部环境；通过公正地对待同事、领导形成良好的校园文化、心理氛围；通过公正地对待学生形成良好的教育、教学环境。大学教师公正有利于提高教师威信，一个不公正的教师在学生眼中是一个没有威信的教师。大学教师公正还有利于学生接受教育和健康成长，学生的"向师性"等特点注定了学生对教师公正的要求更高，导致他们乐意接受公正教师的教育而抵制不公正教师的教育。大学教师公正从长远来看还关系着社会公正，因为只有教师是公正的践行者，才能培养出公正的学生，大学教师是否公正影响到学生能否正确认识公正、能否形成公正品质以及是否有追求公正的意愿等，而这些因素随着学生走进社会后又直接关系到社会公正的形成。

教师公正的标准是什么？孙彩平博士在考察了教育中的公正问题后指出，在教育制度等宏观领域中的教育公正标准是随着社会的变化而变化，但在微观领域中教师公正的内涵自古以来并没有多大变化。教师公正包含两个方面的含义：一是起点的公正，即用同样性作保证的起点平等和公正；二是结果的公正，即用布鲁纳的 honest way 对待每一个学生，使学生达到自己的最佳发展水平。二者互为条件和保障：没有起点的公正，没有同样的关心和责任，结果的公正就无从谈起；而如果不

① 赵汀阳：《论可能生活》，中国人民大学出版社 2004 年版，第 168 页。

是为了每个学生都得到最好的发展，起点的公正也就失去了最终的目标[①]。笔者同意孙彩平博士的这一观点，即大学教师公正也应包含两个方面：起点的公正和结果的公正。具体来说，教师公正应体现为如下几个方面[②]：一是一视同仁。所谓一视同仁就是教师不以自己的私利和好恶为标准来对待学生，一碗水端平，给所有学生以平等的学习和发展机会。但一视同仁不应是机械刻板的、教条主义的公正，一视同仁还应与因材施教结合起来，让平等的平等地对待，不平等的不平等地对待。既要平等地对待所有的学生，也要关注每一个学生的个体差异。二是体谅和宽容。亚里士多德指出："在有些情况下，公平对待也就是体谅和宽容。宽容就是体谅，是对公平事物作出正确判定，正确判定就是真情的判定。""一个对明智对象作评判的人，也就是能理解的人，善体谅和具宽容精神的人。因为公平是一切善良的人在与他人的关系中所共有的。"[③] 犯错误可以说是学生的天性，这是学生成长的一个方面，如果教师能够容忍学生的错误，并引导学生改正错误向善的方向发展，而不是"毫不留情"地给予批判或惩罚，这也就是体现了教师公正。三是提供学生多样的发展机会。学生的发展是教育的终极目的。但每个学生都是独特的个体，都有不同于他人的特性。教师要尽可能地提供给每个学生的发展机会，同时在给一部分学生提供发展机会时，不能限制另一部分学生的发展机会，这是教师公正的一个重要体现。

第三，教师良心。良心是伦理学中的一个重要概念，特别是在中国心性儒学中良心还具有本体意义，它具有成就圣贤人格的作用，是人安身立命的终极关切之地。西方的良心概念虽然没有中国良心概念的本体意义，但也承认良心对成就一个有道德的人的重要作用。良心的重要作用虽然得到了公认，但良心究竟是什么，还是一个争议较大的问题。何怀宏教授认为，"良心是人们一种内在的有关正邪、善恶的理性判断和评价能力，是正当与善的知觉，义务与好恶的情感，控制与抉择的意志，持久的习惯和信念在个人意识中的综合统一"[④]。王海明认为，"良心是每个人自身内部的道德评价，是自我道德评价，是自己对自己的行为的道德评价，是自己对自己行为的道德价值的意识，是自己对自己行为的道德价值的认识、认知、判断、态度、感情、体验、意向、意志、动机等一切心理反应活动：这种心理活动如果是对自己行为所具有的正道德价值的肯定性评价，便是叫做良心满足；如果是对自己行为所

---

① 孙彩平：《教育的伦理精神》，山西教育出版社 2004 年版，第 185 页。

② 朱小蔓等：《教育职场：教师的道德成长》，教育科学出版社 2004 年版，第 79～83 页。

③ ［古希腊］亚里士多德著，苗力田译：《尼各马科伦理学》，中国社会科学出版社 1999 年版，第 135 页。

④ 何怀宏：《良心与正义的探寻》，黑龙江人民出版社 2004 年版，第 40 页。

具有的负道德价值的否定性评价，便叫做良心谴责”[①]。还有学者认为，良心是人们在履行对他人和社会的义务过程中，形成的一种强烈的道德责任感和自我评价能力。它是各种道德情感、情绪在意识中的内在统一，是各种道德原则和道德规范体现为内心的动机、信念和情感的统一。瑞士现象学哲学家耿宁（Iso Kern）认为，“良心”一词在欧洲语言中有如下特点：其一表示“良心”的欧洲词语的原始意义都是“知”；其二从字面含义讲都意味着一种“与知”，都意指一种“自知”或“关于自己的知”，而不是一种关于“物”或者关于“他人”的知；其三表示“良心”的词语都与“意识”有密切关系，这些词或者可以译为“意识”或者与“意识”有关[②]。概言之，良心就是人们的自我道德评价，是人们对自身道德义务和道德责任的一种自觉意识和体验，以及以此为基础而形成的对于道德自我、自身行为的评价与调控的心理活动。

所谓大学教师良心就是指在教育实践中，大学教师对自身道德义务和道德责任的高度自觉意识和体验，以及对自身教育行为的道德自我评价。大学教师良心是一种职业良心，但作为大学教师个体来讲，这种职业良心往往也具有教师个体的个性特色，所以，大学教师个体职业良心是职业良心与个人良心的有机统一。大学教师良心一旦形成以后，它就会以直觉或者理智的方式对大学教师的行为起着主导作用，调控着大学教师的全部教育行为和教育实践的全部环节，它在大学教师教育行为开始之前行使“预审权”、在行为过程之中行使“监察权”以及在行为结束时行使“鉴定权”。如此，教师良心也被称为“隐蔽的调节器”。通过教育良心的内在作用，大学教师行为始终处于一种高度自觉水平，教育质量得以提高。然而，大学教师良心虽然是一种职业良心，主要是针对大学教师职业活动而言，但从良心的起源来看，教师良心对于大学教师个人生命意义与价值的提升也有重要作用。“良心源于希望自己做一个好人的道德需要，目的在于满足自己做一个好人的道德需要。”[③] 教师良心就是源于大学教师希望自己能够成为一个好大学教师的道德需要。正如英国学者塞缪尔·斯迈尔斯所言：“良心是心灵圣殿中的的道德统治者——它使人们的行为端正、思想高尚、信仰正确、生活美好——只有在良心的强烈影响下，一个人崇高而正直的品德才能发扬光大。”[④] “做一个好大学教师”中的一个“好”字表明了这是大

---

① 王海明：《伦理学原理》，北京大学出版社 2001 年版，第 264 页。

② 耿宁：《欧洲哲学中的良心观念》，《浙江大学学报》，1997 年第 4 期。

③ 王海明：《伦理学原理》，北京大学出版社 2001 年版，第 267 页。

④ ［英］塞缪尔·斯迈尔斯著，宋景堂等译：《品格的力量》，北京图书馆出版社 2001 年版，第 187 页。

学教师的自我完善需要的表现。大学教师有职业良心并使良心主导其行为，这是大学教师追求自我完善，也是他追求生命价值和意义的体现。

大学教师良心具有良心的一般特性和教师职业的独特性。大学教师良心的一般特征表现在如下几个方面：一是内隐性。所谓大学教师良心的内隐性就是教师良心深藏于大学教师内心之中，一般情况下并不外显，但在道德冲突行为中，良心就会内在的发生作用。二是综合性。大学教师良心是大学教师理性、大学教师意志以及大学教师信念等各种心理因素综合作用的统一。三是稳定性。大学教师良心一旦形成以后，它就会以稳定的信念和意志等方式内在于大学教师内心之中，持久地对其教育行为发生作用。四是广泛性。良心调控着大学教师的所有教育行为，渗透到教育活动的一切领域之中，左右着大学教师行为的方方面面。大学教师良心的独特性表现在两个方面：一是大学教师良心层次高。所谓大学教师良心的层次高，是由于社会对于教师道德的“取法乎上”的要求以及教师自身对这种道德要求的高度自觉，造成大学教师良心的境界要高于一般职业良心。比如大学教师的言谈举止，必须力求反映较高的文化和道德修养；大学教师的着装，必须端庄、大方，而不能像一般人那样着时装，否则就会影响学生或分散学生的注意力。大学教师自身也时时以这些高标准来约束和要求自己，否则就会感到良心不安。二是大学教师良心具有较强的教育性。良心是人格的保护神，而教师人格的特殊性就在于它是一种示范性人格，学生是以教师人格为榜样来塑造自己的人格的。从这个角度来讲，大学教师良心直接关系着学生人格的培养。

总之，理想大学教师不仅是模范遵守师德规范的人，也是自觉践行师德规范的人，是具有美好教师德性的人。

第三章　学者角色的大学教师理想形象

大学的学术本性决定了大学教师职业的学术性，大学是学者的社团。无论是古代“高等教育”机构中的教师还是近代大学教师，他们一直都担负着新知识的探索和发现的任务以及知识系统化等工作。这是大学教师之为“大”的主要内涵。优秀的大学教师不仅是高深学问的传授者，还是高深学问的探索发现者或研究者。也就是理想的大学教师不仅是技能高超的教育者，也是优秀的学者。作为学者，大学教师应是献身于真理的人。

一、学者的含义

学者在古今中外都是一个使用频率相当高的词汇，但不同情况下它所指称的具体含义不同，比如“古之学者必有师”与“陈寅恪是一个学者”这两句话中的“学者”的含义就明显有差异，前者是指“学习者”，而后者的含义显然完全不同。本书中的学者侧重指后面一层意义。

（一） 学者的本质

学者传统自古以来就表现出文化上的差异，正如一些深谙中外学者文化差异的人所说：“在美国，即使你知道一件事情的60%，你也可以说知道100%，但在中国，即使我们知道100%，也只能说知道60%。”[①] 对于学者本质问题的认识也不例外，也存在文化上的差异和区别。

1. 我国的学者观

从语义学角度来看，我国辞（词）书关于“学者”的解释大致有三种含义：一

---

① ［美］菲利普·G·阿特巴赫主编，施晓光主译：《失落的精神家园——发展中与中等收入国家大学教授职业透视》，中国海洋大学出版社2006年版，第108页。

是指“求学的人”；二是指“做学问的人”；三是指“有学问”或“学术上有一定成就（造诣）的人”①。这可以说是“学者”一词自古以来的基本语义，也构成了理解学者的基础。

我国较早论述学者问题的是孔子。孔子在《论语·宪问》中说：“古之学者为己，今之学者为人。”当代学者肖群忠教授对此解释为：“古”象征着孔子心目中的理想社会，“今”代表着当时的社会现实。孔子所谓“为己”即自我完善或自我实现，“为人”则是迎合他人以获得外在的赞赏。以“为己”否定“为人”，意味着儒家将为学的重点指向自我。具体地说，“为己”之学的含义是指为学性质上的学做人与为学内容的道德性；为学动机的为己性与为学目的的成己性；为学过程的涉己性与为学效果的己为性。这种“为己”之学的儒家学术传统就是以“完善自我，成就理想人格，达到理想的人生境界”为价值取向，其精神实质：一是成人成圣的心性之学，而非功名利禄的事功之学，旨在强调一种道德价值而非功利价值；二是对人的自我完善、安身立命的内在价值的弘扬，是对人不受外在的功名利禄所役的独立精神和人的主体性的肯定；三是对为学的正确学风的倡导，对功利的、虚浮的不良学风的贬抑②。按照西方伦理学家麦今太尔的说法就是“为己”之学主要强调学术活动的内在利益而非外在利益。当然，孔子所提倡的“为己之学”的具体内容不是我们现代意义上的学术观，一定意义上讲，也不利于现代学术发展，但其精神实质对现代社会的学术和学者观却有积极意义。这种积极意义体现为：首先，“为己”之学的精神有利于我们提升当代社会生活的价值理性、弘扬人文精神，克服工具理性与功利主义思潮过于膨胀的偏颇。其次，有利于引导民众注重修德成善、安身立命的内在价值，提高国民道德素质，提升民族精神气质。再次，有利于端正学风教风，克服学术与教育中过于功利化、工具化的偏颇和不良社会风气。从学者观角度来看，“为己之学”的最主要意义在于学者的学术动机的非功利性，在于它对学者不受外在的功名利禄所役的独立精神和人的主体性的肯定，也就是强调学者为学的内在利益。

但是，正如孔子所说“今之学者为人”，也就是说中国古代社会实际的学术传统是“为人之学”，是“内圣外王”以及“穷则独善其身，达则兼济天下”的思想，这也就是余英时先生在《中国知识人之史的考察》中所说的中国知识人的特征是“用‘道’来‘改变世界’”，即“明道救世”或“明道经世”。我们认为，“为己之学”不

---

① 商务印书馆等编《辞源》（1988 年版）第 431 页，上海辞书出版社编辑《辞海》（1980 年缩印本）第 1126 页，中国社会科学院语言研究所词典编辑室编辑《现代汉语词典》（修订本）第 1430 页。

② 肖群忠：《儒家为己之学传统的现代意义》，《齐鲁学刊》，2002 年第 5 期。

应否认“为人之学”，但是，应强调“为人之学”应立足于“为己之学”，是“为己之学”的必然延伸，这样才能建立起良好的学者传统。近代一些学者继承了我国古代知识人的“为人之学”传统。邓实在《国学讲习记》中说：“学也者，学其一国之学以为国用，而自治其一国者也。”[①] 曹聚仁先生从学者职责角度认为：“学者是青年们的慈母，慈母是兼有饲育和扶持两种责任的。第一，他运用精利的工具，辟出新境域给人们享受；第二，他站在前面，指引途径，使人们随着在轨道上走。”[②] 而当代学者陈向明教授则明确指出，传统上中国学者的学术成就就是与民族、民众（字面解释为“国家”和“大家”）的命运息息相关的；所以，本质上，中国学者是在为超越自我和家庭之外的美好的社会和世界而努力工作。

我国近代也有一些学者在借鉴西方学者观的基础之上提出了近代学者观。如郑晓沧在《大学教育的两种理想》中从古今中外比较的角度对学者的特点作出了较为细致的研究。他认为，德国大学教育之目的，则在养成“Scholar”，特别是 Research Scholar。“Scholar”在我国通译为“学者”，相当于我国古代的“士”，这里的“士”从其本义[③]，是指能“推十合一”者。他说：“今吾人姑暂置伦理的意义而不论，则‘士’之解释，为‘推十合一’，即能以演绎与归纳整理思想。”[④] 以“论究学术，阐求真理，昌明国故，融化新知”为宗旨的《学衡》杂志，非常注重学术精神，其支持者们对什么是“真正学者”也多有论述。如梅光迪认为：“真正学者，为一国学术思想之领袖，文化之前驱，少数优异分子，非多数凡民所能为也。”[⑤] 刘伯明认为：“学者为百世之师，其思想感情超然于一时之好尚，故能亟深研几，毅然自持，而不求同乎流俗。”[⑥] 由此可见，他们认为真正学者应是这样的人：一是社会精英，极少数的优秀分子，不是普及型人才。二是其思想具有超越性，不流于俗，具有批判性。三是是文化创造的先驱，使文化的发展具有自觉意识。四是学术界的领袖。显然，我国近代学者观与西方学者观已经具有高度近似性。

当代学者观已经几乎等同于西方的学者观。当代有人指出要判断一个人是不是真学者，要看他是否具有四个必备条件和一个超越性条件。这四个必备条件是：第

---

① 章太炎：《国学概论》，上海古籍出版社 1997 年版，第 7 页。

② 章太炎：《国学概论》，上海古籍出版社 1997 年版，第 1 页。

③ 余英时先生在《中国知识人之史的考察》中指出，“士”在商、周时期主要是指“知书识礼”的贵族，是在政府中担任各种“职事”的人，春秋战国以后，“士”的概念才发生变化，与“道”联系起来。

④ 杨东平主编：《大学精神》，文汇出版社 2003 年版，第 38 页。

⑤ 梅光迪：《论今日吾国学术界之需要》，《学衡》，第 4 期。

⑥ 刘伯明：《学者之精神》，《学衡》，第 1 期。

一，由于学科与专业的缘由，在气质与心理上，与其他学科和专业的学者有别，也不同于其他高级知识分子；第二，有自己特别熟悉的知识领域，不但学有专攻，而且有实际的成就；第三，学者在学术思想、思维方式和方法规范等方面有自己的习惯和一套理想的法则；第四，学者不但在相应的学术传统中占有一定位置，他的创造性成果改变着学科和专业的历史，甚至影响着全民族、全人类精神与生存方式。一个超越性条件是：学者有服从真理和维护真理甚至不惜牺牲自我的殉道精神[①]。与此类似的是，有人将“是否以追索真理和发展学问来‘为己’、‘惬心’”作为“区分真、假学者的试金石”[②]，并引孔子的“古之学者为己，今之学者为人”以为证明。对于一个真正的学者来说，学术目的应与终身追求真理的人生终极目标相联系，虽然它不可能完全超越功利，但它一定不屑于世俗的追名逐利。也就是真正的学者应以追索真理和发展学问为终极目的。

然而，也有人认为，理想的或者说真正的学者是知识分子的中坚，是从事知识与思想的创造性探索而不是简单传播与应用的人，他们主要不是实践活动中的操作性人员，而是活动于思想观念领域的探索者与创造者，他们不仅关心学术前沿、思想前沿，亦关心国事民瘼、富有人间情怀。它包含两层含义：首先，不从事创造性学术工作的人不是学者；其次，那些完全抽离的、超乎世俗的、象牙塔里的思想家以及那些极为孤立的并献身于深奥的、甚至可能是玄奥的题材的人也不是真正意义上的学者，真正的学者应当是走出象牙塔、关怀国事民瘼、富有人间情怀的人[③]。本书并不指向这种意义上的人，按照本书的理解，这种人应是“知识分子”。

2. 西方的学者观

“学者”在英语中一般指“scholar”。据《韦氏三版新国际英语词典》，学者是这样的人，即经过了长期系统（如在大学）的学习，精通一门或数门学科体系；特别在某专业不仅一直进行尖端研究，还获得了精微深奥的专业知识，同时还深知专业研究方法和正确性，并对专业知识的阐释能做出鉴定分析。学者，即有学问或博学的人；特别是指那种具有学术所必需的素质和品格的人，即求知好奇、坚持不懈、主动进取、独立创新和正直高尚的精神[④]。

美国学者爱默生认为，在现代社会分工的情况下，学者代表知识，是“思想着的人”。他说，“所谓‘人’只是部分地存在于所有的个人之中，或是通过其中的一

---

① 喻大祥：《知识分子·学者·学者散文》，《当代文坛》，1999 年第 6 期。

② 张学文：《何谓大学学者》，《高等工程教育研究》，2006 年第 5 期。

③ 王恩华：《学术越轨批判》，湖南师范大学出版社 2005 年版，第 36 页。

④ 黄小芃：《译者与学者》，《西华大学学报》（哲学社会科学版），2007 年第 1 期。

种禀赋得以体现；只有通过观察整个社会，才能获得对完整的人的印象。所谓‘人’并非只是指一个农夫，或一位教授，或一位工程师，而是他们全体的相加。‘人’是神父、学者、政治家、生产者、士兵。……上述的职能被分派给每一个个人，而他们中的每一个都致力于完成共同工作中分派给他的定额……”。“在这种职能分配中，学者被指派去代表知识。正常状态下，他是所谓‘思想着的人’。在糟糕的情况下，当他成为社会的牺牲品时，他就偏向于成为一个单纯的思想者，或者更糟一些，变为别人思想的鹦鹉学舌者。”“学者的职责是去鼓舞、提高和指引众人，使他们看到表象之下的事实。”① 笔者认为，爱默生的话有两层含义：一是学者不是指一个人，而只是一个社会角色；二是真正的学者是有独立思想的人，是比一般大众更能认识事物本质的人，因而能够起到鼓舞、提高和指引众人的作用。

费希特是西方又一位对学者本质有着深刻见解的哲学家。费希特在他一生的学术活动中多次论述了学者及其使命问题。其中，尤属《论学者的使命》、《人的使命》最有影响，但在《关于学者的本质及其在自由领域的表现》以及著作《以知识学为原则的自然法权基础》和《以知识学为原则的伦理学体系》等书中都有关于学者的专门研究，这些构成费希特独特的学者观。概括起来看，费希特关于学者本质的认识主要有如下几方面的内容：

第一，学者是献身于获得某种专门学问的人。在《论学者的使命》一文中，费希特指出，“学者”是献身于获得知识的人。所谓的“知识”是保障人的全部天资得到同等发展所需要的知识，具体包括：根据纯粹理性原则提出的哲学方面的知识；建立在经验基础上的哲学历史方面的知识；纯粹历史方面的知识，简言之，即“哲学的”、“历史哲学的”、“纯粹历史的”知识。这三种知识结合起来构成了所谓的“学问”，学者就是献身于获得这些知识的人。

第二，真正的学者是经过时代的学养而拥有理念的人。在《关于学者的本质及其在自由领域的表现》一书中，费希特又从神圣理念角度来推导真正学者的概念。费希特承接了西方哲学中两个世界的哲学学说传统，认为在感性世界及其一切关联和规定之外还存在一个永恒的理念世界，这理念世界是感性世界的基础和根据。同时认为，在理念世界中存在最高的绝对的神圣理念，即他在早期哲学中所说的“绝对自我”和晚期所说的“上帝生命”。这种神圣理念不仅是感性世界的基础和根据，而且也是理念世界的基础与根据。他认为，这种绝对的最高的神圣理念不是神秘莫测的，而是可以被有教养的人所认知，同时也可以被人在感性世界的自由行动中所

① ［美］爱默生著，赵一凡译：《美国学者》，生活·读书·新知三联书店 1998 年版，第 2～3、4、18 页。

创造。如果有人全部或部分地拥有神圣理念，那么他就成为高级精神生命，在世界的持续发展中，有着特殊的地位，起着特殊的作用。人们达到对神圣理念的拥有要经过其时代的精神教育和培养。费希特把这种人们达到拥有神圣理念所凭借的其时代精神教育与培养的整体叫做“学养”，它只是引导对于神圣理念可认知部分的认识手段，而且也只有确实变成这一手段，并达到其目的时，才具有价值。据此，费希特把学者的概念分为两种：一种是把经过大学学习与受教育或正在学习与受教育的人称之为学者，“任何一个受过学术教育，或者像人们常说的那样，任何一个曾在大学里学习过或者还在大学里学习的人，都必须被看做是学者”；另一种是把经过大学学习并获得对神圣理念的认知的人称为学者，“只有那些通过时代的学养，达到对理念的认识的人才能被称作学者”[①]。费希特反对前者这种根据表面现象和单纯意见制定的学者概念，认为后者才是依据神圣理念推导出来的真正的学者概念。在他眼中，真正的学者是“理念已经赢得了一种感性的生命，它完全扬弃了学者的人格的生命，并将这种生命纳入到理念的感性生命之中”[②] 的人。学者为理念所感召，“他们宿命地隶属于一种跨越时空的理智共同体”，在这种共同体中有“同质的追问：人的存在、困境及救赎之道；同样的求索动力：单纯的好奇心和完善人类物种生存境况的实际功用诉求；同样的元方法律令：超越理智—情感二元对立的永不停息的批判、反思和怀疑；同质的评价准绳：简单的完美；同样的英雄系谱：柏拉图、孔子、康德等；同质的原型：孔子学堂和柏拉图学园；同样的深层语法、论说方式，尽管各有各的方言”[③]。由于神圣理念的绝对性、不可侵犯性，学者所献身于获得的知识或真理实质上就成了一种信仰目标，进一步而言，学术工作也就成为学者的一种信仰对象，而不是一般的谋生性的职业。

第三，通过时代的学养是成为真正学者的唯一方式。费希特认为，通过自学等途径获得对神圣理念的认知的人，也不能称为学者。因为这种没有通过时代学养而获得的理念认识，由于“不能按照严格的规则在理论上传达他的认识，也不能在实践上使他的认识在世界中变为现实”，因而“他也许真是一个出类拔萃的人，但并不是什么学者”[④]。从费希特对“学养”的解释以及他强调学者的大学学习经历看来，

---

① ［德］费希特著，郭大为译：《关于学者的本质及其在自由领域的表现》，《费希特著作全集》第四卷，商务印书馆 2000 年版，第 336 页。

② ［德］费希特著，郭大为译：《关于学者的本质及其在自由领域的表现》，《费希特著作全集》第四卷，商务印书馆 2000 年版，第 340 页。

③ 李春萍：《学者・知识分子・知识工作者》，《学术研究》，2006 年第 10 期。

④ ［德］费希特著，郭大为译：《关于学者的本质及其在自由领域的表现》，《费希特著作全集》第四卷，商务印书馆 2000 年版，第 336、337 页。

我们可以认为费希特所说的“学养”就是现在通常所指的正规的学术教育和训练。质言之，真正的学者必须经过正规的大学学术教育和训练。

第四，热爱理念是真正学者唯一的生活原则。真正的学者热爱理念，但决不凌驾于一切之上，因为他不热爱理念之外的任何东西，而只热爱理念。唯有理念才是他的一切欢乐和享受的源泉，才是他的一切思想、努力和行动的动力；只有为了理念，他才愿意生活，如果没有理念，生活对于他来说就会变得索然无味、面目可憎。热爱理念是已经成熟的学者和正在成长的学者的共同特点，这是学者之为学者的内在生命之根。

比较中外学者观可以看出：无论是中国文化还是西方文化中的学者观，都十分强调学者的学术精神与品格以及学者的学术成就；但相比而言，西方文化中的学者观更重视学者的系统学术训练和研究方法，这是我国学者观中相对忽视的方面。总而言之，我们认为，理想的学者就是指献身于学术工作的人。

（二） 学术

学术概念是跃动的、迁移的，换句话说，学术概念是不断发展、变化的，这种变化表现在不同时代和不同文化背景中。

“学术”在我国古代汉语中并不是一个词。在中国古代文化中，最早只有单独的“学”和“术”的概念。根据《说文解字》的解释，“学”与“教”的意思相同，指学习，引申为讲学、学识、学问、学说、学科等。“术”为道路，为人所由的道路，人由道路而达到一定目标，从而引申为技术、技艺、方法等。后来在《礼记·乡饮酒义》中“学术”始有并称或为一词，谓“德也者，得于身也。故曰：古之学术道者，将以得身也”。后郑玄和孔颖达都将这里的“术”注为“艺”，由此得出该处“学术”是指学习与技艺，引申为学说与方法、道理与技艺、学识与办法等。所以，有学者指出，“学术的基本内涵是‘学’与‘术’的表述及其关系阐释”[①]，并且认为我国长期是“学”与“术”二者分开使用，直至近代梁启超开始才将二者联系起来。梁启超在《学与术》中明确地指出：“学者术之体，术者学之用。二者如辅车相依而不可离。”他还说：“学也者，观察事物而发明其真理者也；术也者，取所发明之真理而致诸用者也。例如以石投水则沉，投以木则浮。观察此事实，以证明水之浮力，此物理学也；应用此真理以驾驶船舶，则航海术也。研究人体之组织，辨别各器官之机能，此生理学也；应用此真理以疗治疾病，则医术也。”[②] 同时期的严复在其译

① 郑东：《学术概念的特质与学术发展的动能》，《河北学刊》，2005 年第 2 期。

② 梁启超：《清代学术概论》，中国人民大学出版社 2004 年版，第 271 页。

著《原富》的按语中也指出："盖学与术异，学者考自然之理，立必然之例。术者据既知之理，求可成之功。学主知，术主行。"著名教育家蔡元培先生也认为，学与术可以分为两个词，学为学理，术为应用。由此可见，我国传统的"学术"概念包括"学"与"术"两个方面，而且二者内涵有很大不同，前者以学理、求真为志趣，后者以应用、求实为目标。概而言之，中国传统学术概念就是学理与实用的统一，或者说既包括理论的学问也包括实用的学问。正是在这个意义上，我们同意熊铁基教授所说，"'学术'一词是中国特有的，西方文化中没有与之完全对应的概念"①。并且，中国治学传统的主流是"学以致用"，也就是为致用而治学或以所学来"经世济民"②。

在当代，我国权威辞书《辞海》(1999 年版）将"学术"解释为"指较为专门、有系统的学问"；而最新版《现代汉语词典》(商务印书馆 2005 年版）对"学问"的定义是"正确反映客观事物的系统知识"。显然，我国当代对"学术"概念的解释主要是指理论的学问，它与我国传统学术概念既包括理论也包括实用有较大不同。故而，今日我们所指的"学术"概念可以说实际上是从西方引进的。

学术在英语中译为 academic，在《牛津高级英汉词典》、《剑桥国际英语辞典》以及《美国传统辞典》等几种英文词典里，编撰者们对 academic 的通行解释突出了两个共同特点：(1) 与学院有关，(2) 非实用性③。也就是说西方经典观点认为学术不是人人可以为的，而是需要经过专门的特殊的训练以掌握专门的方法（这种训练

---

① 刘玲娣：《中国传统学术及其特点——"中国传统学术特点"学术座谈会综述》，《华中师范大学学报》，2002 年第 3 期。

② 许倬云指出：在古代，"在中国知识分子中，没有以研究与追求知识为目的的学者。读书人读圣贤书是要'为生民立命，为万世开太平'。中国知识分子不以求知识为做学问的目标"。梁启超也认为中国学者治学"不以学问为目的而以为手段"。

③ 关于 academic 在几种辞典中的解释分别为：《牛津高级英汉词典》(Oxford Advanced Learner's English-Chinese Dictionary，1989 年版)：(1) of (teaching or learning in) schools，colleges etc（学校的，学院的)；(2) scholarly，not technical or practical（学者式的，非技术的或非实用的)；(3) of theoretical interest only（仅注重理论的，学术的)。《剑桥国际英语辞典》(Cambridge International Dictionary of English，1995 年版)：relating to schools，colleges and universities or connected with studying and thinking not with practical skills（与学校、学院、大学有关的，或者与学习和思考有联系的，但与实用技能无关)。《美国传统辞典》(American Traditional Dictionary)：(1) of，relating to，or characteristic of a school，especially one of higher learning（学校的、与学校有关的或具有学校特征的，尤其是指具有较高学识的学校)；(2) relating to studies that liberal or classical rather than technical or vocational（与自由的或古典文化的研究有关的，而非与技术或职业性的研究有关的)；(3) scholarly to the point of being unaware of the outside world（除学术方面以外对外界毫无知觉的)；(4) based on formal education（以正规教育为基础的)；(5) theoretical or speculative without a practical purpose intention（纯粹理论的或推理的，无实际目的的或意图的)；(6) having no practical purpose or use（没有实际目的或用途的)。

主要是在学院进行)，这从费希特强调真正的学者必须是经过学养的人的观点就可窥见一斑；同时西方经典学术观强调学术的纯学理性。也就是说，西方人强调学术的学理性只大致相当于我国传统学术概念中“学”的内涵。所以，从这个角度来看，说当代学术概念源自西方是有道理的。因为我国传统学术不仅包括理论而且也包括实用的学问，只有西方的学术观只强调学理性而不把实用的学问当做学术。正因为如此，西方人把爱因斯坦的狭义相对论当做20世纪最伟大的学术成就，而不认为比尔·盖茨的发明是学术成就。学理上讲，学理与实用并没有截然的界线，只要是真理，那么它一定会有用。但从学者的学术目的来看，“求真”与“致用”两者对学者的影响差别很大：“求真”就是强调学术的学理性，是把对知识、学问的发展本身当做治学的目的，它是人类好奇与求知的本性使然，它对学术者来说有着持久而强烈的吸引力；“致用”是把治学当做手段，治学不是为了发展知识、学问，而是为了有用，外界的利益诱惑往往左右着学者治学的动力和方向，以致很难产生创造性的学术成果。我国素来有“学以致用”的学术传统，这也许是阻碍我国产生本土近代科学的因素之一。因而，从促进学术发展的角度上讲，在我国引进西方的学术观是有积极意义的，也就是要强调学术的学理性。

当代西方学者也对其传统“学术”概念进行了发展。一种观点是从动态的角度把学术定义为一种智力或理智活动。如：“学术是智力工作，它在发现领域、综合或艺术创造、教育学或应用领域中产生新见解。伴随外界同行评价过程，成果通过通常的学术场合传播是研究质量的证明”(Montclair State University，1994)；“学术是由同行证明和交流的创造性智力活动。学术的形式有发现、发展、综合和艺术”(Weiser，1998)；“学术是针对一主题的创造性、系统理性的探究，并真实地应用或阐释探究的结论。学术包括研究、创造性活动、教学和扩展/职业实践。它产生一个与他人共享的结果并和有能力判断结果的人们的评论一致。简言之，学术包括通常称作智力无穷的成分”(伊阿华州立大学 1998，as cited in Weis-er，1998)；“当然，不是所有的智力活动都是学术。只有具备了如下三种成分，一个智力或艺术创造活动才成为学术：公开发表；成为圈内人士严格评价的对象；圈内人士开始使用、参考和发展这些思想和创造活动”(hulman，1999)[①]。在这里，学术可以完整地解释为：创造知识或以一种新的方式使用现有的知识解决疑难、回答问题。它以圈内有能力判断成果的价值和质量的广泛交流和证实作为评价的基础。它包括发现、综合、

① 刘剑虹、吕杰：《学术评价：美国大学的一种理论模式——以贝勒大学为例》，《宁波大学学报》(教育科学版)，2002年第5期。

应用和教学。另一种观点是将学术的内涵扩大，应用的学术也被当作是学术，特别是将大学教师的教学纳入学术范围之中。20 世纪 90 年代初期美国学者欧内斯特 · L · 博耶最早提出了这种观点。他说："我们相信，超出'教学与科研'这一老式的、已令人厌烦的讨论框框，给予'学术水平'这一熟悉的、崇高的提法以更广阔的、内涵更丰富的解释的时候已经到来，这将使学术工作的全面内容合法化。"① 具体地说，就是指将学术工作看成是由发现的学术、整合的学术、应用的学术和教学的学术这四个相互联系的方面构成。他说："学术工作包括相互联系的四个方面。探究的学术是开端。研究工作应该继续成为知识分子生活的中心，不仅如此，研究工作还要加强……但是，为了避免学究式的迂腐，我们还应当重视整合知识的学术。为了避免理论和实践的脱节，我们应当支持应用知识的学术。最后，我们还要给教学的学术以新的尊严和新的地位，以保持学术之火不断燃烧。"②

综上所述，学术可以作以下几种理解：广义和狭义之分、名词和动词之分。从名词的角度来看，广义的学术就是我国传统学术概念中的"学术"，即学术包括"学"与"术"、学理与应用两个方面的学问；狭义的学术是西方传统学术观中所指的学理性的学术。从动词的角度来看，广义的学术大致相当于博耶的学术观，是指围绕系统、专门学问的形成而进行的探究、整合、应用和教学几个方面的活动；狭义的学术主要是指探究或发现活动以及整合的活动，或者我们通常说的研究。本书的学术观是狭义的学术观，即主要是指通过研究发展专门、系统的学问的过程及其结果。

二、学者的特质

学者，顾名思义，是学问渊博的人，中西方关于学者的词源学解释都比较重视学者的知识特征；但更重要的是学者要有做学问所需要的独特精神气质，正如有些学者所说，"判断一个人是不是学者不仅在是否有成就的量上，更在气质与精神"③，这也是中西方学者观的共同特征。学者是"精神贵族"，学者的特质就在于其独特的精神气质或言学者精神与品格。

---

① 吕达、周满生主编：《当代外国教育改革著名文献》（美国卷 · 第三册），人民教育出版社 2004 年版，第 18 页。

② ［美］欧内斯特 · L · 博耶著，涂燕国、方彤译：《关于美国教育改革的演讲》，教育科学出版社 2002 年版，第 78 页。

③ 喻大祥：《知识分子 · 学者 · 学者散文》，《当代文坛》，1999 年第 6 期。

（一）学者的精神特质

笔者在这里借用美国社会学家 R·K·默顿关于“科学的精神特质”的相关概念来表述学者独特的精神特点。当默顿从一种社会制度的角度来研究科学时，他首次提出了“科学的精神特质”的概念，他说：“科学的精神特质是指约束科学家的有情感色彩的价值观和规范的综合体。这些规范以规定、禁止、偏好和许可的方式表达。它们借助于制度性价值而合法化。这些通过戒律和儆戒传达、通过赞许而加强的必不可少的规范，在不同程度上被科学家内化了，因而形成了他的科学良知，或者用近来人们喜欢的术语说，形成了他的超我。尽管科学的精神特质并没有被明文规定，但可以从科学家的道德共识中找到，这些共识体现在科学家的习惯、无数讨论科学精神的著述以及他们对违反科学精神特质表示的义愤之中。”“这种精神特质像一般的社会规范一样，是靠它所适用的那些人的情操来维持的。”[①] 从默顿的这些话中我们可以认为，所谓“科学的精神特质”在很大程度上就是指科学家的精神特质，是科学家之所以称为科学家的精神上、道德品质上的独特特点。据此，笔者所谓的“学者的精神特质”也就是指学者之为学者的精神上、道德上的独特品质。本书作者认为，学者的精神特质主要包括如下内容：

1. “以学术为志业”

“以学术为志业”最早由德国社会学家马克斯·韦伯在对青年学生的演讲中使用。德文原文是“Wissenschaft als Beruf”。“Wissenschaft”在英文中译为“science”，中文译作“学术”、“学问”、“学术工作”、“学术研究”、“科学”“知识”等；“Beruf”是德文中一个很普通的字，英文中通常被译为“vocation，calling”，中文被译为“志业”、“使命”、“职业”、“去从事某事的召唤”等，但由于马丁·路德在翻译基督教圣经时，给这个字提供了强烈的基督教背景，强调“奉神所召去从事某事”，因此它有强烈的价值意涵。美国存在主义哲学家威廉·巴雷特也认为，“根据字典，所谓‘以……为业’，就是公开地、因而也就是当众地供认或表明信仰，所以也就是在世人面前公开地承认从事某项工作的内心冲动或神灵的感召”[②]。马克斯·韦伯也正是从这一意义来谈学术与学者的关系。在“以政治为志业”的演讲中，韦伯明确提到了一个人对待政治的两种态度：一种是“为了”政治而活，另一种是“依赖”政治而活[③]。前者是把政治作为志业，而后者是把政治当作职业。我国学者吴宓认为，

---

① ［美］R·K·默顿著，鲁旭东等译：《科学社会学》，商务印书馆 2004 年版，第 363～364、350 页。

② ［美］威廉·巴雷特著，段德智译：《非理性的人》，上海译文出版社 2007 年版，第 4 页。

③ ［德］马克斯·韦伯著，钱永祥等译：《学术与政治》，广西师范大学出版社 2004 年版，第 207 页。

“职业”与“志业”的区别是：“职业者，在社会中为他人机关而做事，藉得薪俸或佣资，以为谋生糊口之计，仰事俯畜之需，其事不必为之所愿为，亦非即用吾之所长。然为之者，则缘境遇之推移，机会之偶然。志者，为自己做事，毫无报酬，其事必为吾之所极乐为，能尽吾之所长，他人之未必及我。而所以为此者，则由一己之志愿，百折不挠之热忱毅力，牺牲极巨，阻难至多，仍必为之无懈。”[①] 韦伯认为志业政治家是以“为了”政治而活为主要性格特征，即把政治作为理想、信仰来对待。综合上述论点，笔者认为，韦伯所说的“Wissenschaft als Beruf”就是“以学术为志业”，即强调学者要把学术作为人生的理想、信仰来追求，或者用类似韦伯自己的话讲就是“‘为了’学术而活”。本书将“以学术为志业”作为学者的首要精神特质，也是从这一角度而言，即真正的学者应是以学术为人生理想、信仰的人，是能够为学术而献身的人；真正的学者把学术当做自己生命价值或意义之所在。

真正的学者“非多数凡民所能为”，一个人能够成长为一个真正学者必须有相应的内外在条件做保证。在这些条件中，机运是一个比较重要的外缘因素。一个人要想在学术发展阶梯序列中由最低层或最低等级上升到最高层或最高等级，甚或当上学术机构的主持人，运气是非常重要的因素，这是由学术选拔方式中的协作法则所造成的。尤其是在大学里，大学学者往往必须同时肩负研究和教学双重责任，即他必须既具备学者的资格，同时也要能够做一个好教师。然而事实经常是，一个人可能是十分杰出的学者，但却不是一个技能高超的教师。因为教学是一种艺术，它涉及教师个人的天赋。所以一个人能同时拥有这两种资格，完全得靠运气。而学者本人的热情、灵感和工作等则是影响学者学术成就的重要内在因素。虽然在专业化时代，学术工作者唯有通过严格的专业化才有可能在有朝一日生产出传世之作。但即使如此，如果他没有对学术工作的“个人体验”，“没有这种圈外人嗤之以鼻的奇特的‘陶醉感’，没有这份热情，没有这种‘你来之前数千年悠悠岁月已逝，未来数千年在静默中等待’的壮志——全看你是否能够成功地做此臆测——你将永远没有从事学术工作的召唤；那么你应该去做别的事”[②]。热爱学术应是立志成为学者的人的唯一生活准则。但是，热情也并不能保证学术工作者一定会出学术成果。“灵感”对学术成果的产生具有决定性作用。而热情是学术工作者“灵感”产生的先决条件。

---

① 郭丽君：《大学教师聘任制——基于学术职业视角的研究》，经济管理出版社 2007 年版，第 15 页。

② ［德］马克斯·韦伯著，钱永祥等译：《学术与政治》，广西师范大学出版社 2004 年版，第 162 页。

一般情况下，灵感还需经过辛勤工作之后才会出现。热情与工作可以激发灵感，但重要的是，灵感不可强求。一个人可能孜孜矻矻地努力工作，但却永远没有自己的创见。这就意味着，学术生涯其实是一场“疯狂的冒险”，并且，这是一种“真正的冒险”，而不是一种“可靠的冒险”。“可靠的冒险”是自觉没有多少危险或纵有一点危险也必有优厚回报的冒险；而“真正的冒险”则意味着涉险者是不顾回报、不顾失误、不顾危险、不顾丢失名誉地位，也要勇敢地抓住一切机会。学者必须有这种“真正的冒险”精神，否则，将一无所获。而只有具有学者“人格”的人才会产生这种“真正的冒险”精神。韦伯认为，“以学术为志业”就是学者的“人格”。他指出，在学问的领域里，唯有那纯粹向具体工作献身的人，才有“人格”；唯有那发自内心对学问的献身，才能把学者提升到他所献身的志业的高贵与尊严。在学术圈内，当一个人把他应该献身的志业，当作一项表演事业，并以其经理人身份自居；当他出现在舞台上，竭力以“个人体验”来证明自己的价值；当他自问：我如何证明我不只是“专家”而已，我又如何在形式与内容上发前人未发之言的时候，我们绝对不能把他当作是一个有“人格”的人①。只有有学者“人格”的人才能在注定被超越的学术工作中获得学术工作的意义，学术对于真正学者来说不只是工作对象，更是一种信仰对象。这样的学者在内在心灵的意义上，是把学术当作自己的“生命所在”；他在他所从事的学术工作中获得或者感受到了一种生命价值、意义的实现，他是在向一项“事业”献身；这样的人在学术探索的道路上就能够不计较个人的利害得失，敢于冒险。总之，学术工作是一场“赌博”，从事学术工作需要有“以学术为志业”的理想和献身精神做保证。质言之，“以学术为志业”是真正学者的精神特质。

“以学术为志业”的人不同于“依赖”学术而活的人，但是二者也不能截然分开。“以学术为志业”的人也可能本身就是“依赖”学术而活的人，即以学术为“志业”的人本身也是以学术为“职业”的人，在现代社会学术职业化背景下此种情形尤其明显。并且，有时一个仅仅“依赖”学术而活的人也可能称职地从事自己的学术工作，只不过他却注定无法从这种活动中获得“意义”。真正的学者是能从自己的学术探索中获得“意义”的人，是把学术当作自己的人生理想和信仰目标来追求的人。也就是说，对于一个真正的学者来说，学术目的应与终身追求真理的人生终极目标相联系，虽然它不可能完全超越功利，但它一定不屑于世俗的追名逐利。学术就是一个真正学者的个人信仰和理想。

---

① ［德］马克斯·韦伯著，钱永祥等译：《学术与政治》，广西师范大学出版社 2004 年版，第 165 页。

大学教师是职业化的学者。职业是人类社会分工的结果，它连接着个人与社会。社会上任何一个成年人都必须从事一定的职业，承担相应的职责和任务。因为这是一种谋生手段。大学教师从事的是学术职业。从职业作为生存手段来讲，大学教师首先也必须是依靠学术职业来生存的人。但是，学术职业不同于其他职业的本质在于，学术职业从事的学术活动在专业性活动范畴之内。学术活动内在的求知、求真、求善的特质使学术职业的价值取向或追求不能仅仅局限于作为大学教师的一种谋生的物质手段。学术活动“内在地要求研究者生命的投入，要求一种耐得住寂寞、清贫的献身精神”①。所以，从学术活动的内在特性来看，大学教师应是以学术为“志业”的人。

2. “为学术而学术”

一般而言，“为学术而学术”通常与“为知识而知识”、“为真理而真理”以及“为科学而科学”等在同一意义上被使用，被认为是西方所特有的理想学者传统。我国学者按照类型学的方法对这一观念进行了考察，指出在西方文本中它包含三重含义：首先，“为学术而学术”表达了一种纯知识（学术）观，纯知识是与“学以致用”的知识相对立的，即纯知识“仅仅为了自身而存在”，它的价值不在于“有用”。这种观念发展到极端，知识越脱离世俗的实用价值，越受尊崇；其次，纯知识指的是理性知识，而理性“按其本性应该是自由的”，因此纯知识作为一个领域具有自己独立的逻辑，不受宗教、政治、经济、功用等因素的干涉；最后，纯学术的追求要求一种“为学术而学术”的治学态度和学术伦理②。笔者认为该分类事实上还可以进一步简化为两重含义：第一，作为知识观的“为学术而学术”，也就是作者所说的纯知识观以及理性知识“自为目的”；第二，作为学术伦理的“为学术而学术”，就是指治学者的非功利性治学态度。还有人认为，“为学术而学术”就是求真知、求真理的精神③。也有学者视“为学术而学术”——学术独立于政治（原话为：“学术归学术，政治归政治”，笔者注）——为学者风范④。有人从伦理角度对中西方“为学术而学术”的内涵进行了比较分析，指出：西方人讲“为学术而学术”仅仅是针对学者的学术态度而不指向学者的整个人生态度，而中国式的“为学术而学术”则是把

---

① 钱理群：《学魂重铸》，上海文汇出版社 1999 年版，第 160 页。

② 沈文钦：《何谓“为学术而学术”——纯学术观的类型学考察》，《北京大学教育评论》，2007 年第 1 期。

③ 陈乐民：《“学术而学术”，用与不用》，《文艺理论研究》，1994 年第 2 期。

④ 陈平原：《学者的人间情怀》，转引自祝勇编：《知识分子应该干什么——一部关乎命运的争鸣录》，时事出版社 1999 年版，第 415 页。

学术以外的一切都取消，意即这就是学者的人生态度[①]，等等。如此看来，弄清何谓“为学术而学术”当是本章论述之前提。

“为学术而学术”的学者传统源于人类的好奇心。西方著名科学史家萨顿指出：“好奇心（人类最深刻的品性之一，的确远比人类本身还要古老）在过去如同在今天一样也许是科学知识的主要动力。需要称之为是技术（发明）之母，而好奇心则是科学之母。”[②]“为学术而学术”的思想可以追溯至古希腊的亚里士多德。亚里士多德认为，求知是所有人的本性，为求知而从事学术并无任何实用的目的，也即不为任何其他利益而纯粹是为了寻找智慧。这是求知的最高境界。“在各门科学中，那为着自身，为知识而求取的科学比那为后果而求取的科学，更加是智慧。”“在整个自然中它是最高贵的。”[③] 人们之所以为学术而学术，“只因人本自由，为自己的生存而生存，不为别人的生存而生存，所以我们认取哲学为唯一的自由学术而深加探索，这正是为学术自身而成立的唯一学术”[④]。因此，亚里士多德把知识本身的获得作为学术的目的。他说：“如若人们为了摆脱无知而进行哲学思考，那么，很显然他们是为了知而追求知识，并不以某种实用为目的。”[⑤]

但是，“为学术而学术”的具体提法最早出自何处呢？从目前已有的资料看来，尚无法得出确切结论。有学者认为，“为学术而学术”的观念与“为艺术而艺术”的观念一样差不多同时出现于启蒙时代前后；其中，前者直接源自德国古典大学观[⑥]。“为艺术而艺术”的艺术观出自19世纪初期的法国艺术家之口，但其思想却来源于德国古典美学，是对康德文艺思想中的艺术独立性、艺术无功利性、纯粹美之类美学概念的一种方便的概括，它所表达的文艺思想包括“艺术的独立性，艺术的无功利性，艺术与生活的分离，以及纯形式等内容”[⑦]。从目前笔者所见的资料看来，19世纪前后形成的德国古典大学观中并没有明确提出“为学术而学术”的说法，但它们蕴涵着“为学术而学术”的思想。根据陈洪捷博士在《德国古典大学观及其对中

① 王彬彬：《中国式的“为学术而学术”》，《文艺评论》，1998年第3期。

② George Sarton: History of Science, Oxford University Press, 1953, p. 16.

③ ［古希腊］亚里士多德著，苗力田译：《形而上学》，中国人民大学出版社2003年版，第4～5页。

④ ［古希腊］亚里士多德著，吴寿彭译：《形而上学》，商务印书馆1959年版，第5页。

⑤ ［古希腊］亚里士多德著，苗力田译：《形而上学》，中国人民大学出版社2003年版，第5页。

⑥ 有学者指出，在启蒙时代前后，官僚社会或市民社会取代了宫廷社会，随着学术、艺术、经济等诸领域的分化发展，古典的关于知识一体的观念被打破，真、善、美相统一的观念开始瓦解，理性与信仰逐渐分离，在学术领域和艺术领域分别出现了“为学术而学术”以及“为艺术而艺术”的观念（沈文钦：《何谓“为学术而学术”——纯学术观的类型学考察》，《北京大学教育评论》，2007年第1期）。

⑦ 周小仪：《“为艺术而艺术”口号的起源、发展与演变》，《外国文学》，2002年第2期。

国的影响》一书中的概括，德国古典大学观有四个核心观念：修养、科学、自由和寂寞。其中，除自由以外的其他三种观念都直接与功利观念相对立，表达了一种非功利思想。修养是人为了自身而自由全面发展，是人“内在的成长”，不应服从“外在的目标”；不同于今日之科学，德国古典大学观中的“科学”是指纯粹科学，它首先是自为目的，其实际功用只是次要的；寂寞或悠闲表达的是学者不计功名利禄、潜心于不求事功的理性及学术活动的一种生存方式。这些观念与康德一反近代科学以来重视实用的学术传统而旗帜鲜明地提出的“非功利性是一切终极价值（真理、正义、美等等）的条件”[①] 的思想一致。所以，笔者以为，“为学术而学术”的思想在德国古典大学中主要是指学术的非功利性以及学术的自为目的，对于学者个体来讲则主要是指学者的非功利性治学态度。德国大学要求大学教师做一个真正的学者——“哲学型学者”。

著名的历史学家尼珀德（Thomas Nipperdey）说，（德国）教授们有一种理想主义的气质，它重视追求精神和内心的价值，“远离经济和工作世界，反对生活的经济化和商业化，反对实际的和理论上的物质主义和功利主义”。19 世纪末 20 世纪初著名的德国学术组织者、神学家哈纳克对德国科学家工作态度的描述为：“科学的成果大都诞生于静寂的书房或实验室中，其创造者们孜孜以求的只是知识，而不考虑这种知识是否合乎时宜，是否在实际中能得到利用。但他们坚信，这些知识在更高的意义上会有其价值和用途的；研究者赫尔姆霍茨喜欢引用一句福音书的格言：先努力进入上帝的世界，你们便会得其所求。科学家们对此坚信不疑，以致不会在工作中去考虑其实际的结果。”[②] 韦伯明确提出了“为学术而学术”应是学者的学术伦理。他认为，为了纯粹实用的目的而进行学术工作只是应用者的目的，而对于学者而言，“为学术而学术”才是他应有的态度，只有真心向学术献身的人才有学术人格。他说：“人们为什么要努力从事这样一种在实际上永无止境并且永远不可能有止境的工作？……为了纯粹实用的目的，或者，我们用较广义的说法，是为了技术性的目的……这一切只对应用者有意义。学术从业者本人，对他的志业抱持的态度又是怎样的呢——如果他确实有心追求这样一种人生态度？他会说，他是‘为学术而学术’，而不是图求看见别人因为利用学术而获得商业或技术上的成功，或是人们借此吃得更好，穿得更好，心智更开明，统治管理更成功。”[③] 一句话，为了学术本身的

① ［英］以赛亚·柏林著，潘荣荣、林茂译：《现实感》，译林出版社 2004 年版，第 226 页。

② 陈洪捷：《德国古典大学观及其对中国的影响》（修订版），北京大学出版社 2006 年版，第 80 页。

③ ［德］马克斯·韦伯著，钱永祥等译：《学术与政治》，广西师范大学出版社 2004 年版，第 167 页。

进步才是真正的学者应有的态度。美国社会学家默顿所提出的关于科学家行为的四条规范——普遍性规范、公有性规范、无私利性规范和有条理的怀疑主义规范——也就是对学者传统的高度概括。其核心是“为科学而科学”，不谋求任何功利。因为“只要科学家本身不能肯定其首先忠于的是什么，他们的社会地位就会变得脆弱和不稳定”[①]。概言之，西方“为学术而学术”观念主要包含了两重含义：一是作为学术独立而言，强调学术本身或者说学术的进步即为目的；二是作为学者的治学态度和学术伦理而言，强调学者治学的无功利性、无私利性。二者相互影响，学术越不独立，学者治学的功利性目的就越强；反之亦然，学者治学的功利性目的强，学术也难以独立。

在我国学术发展史上，虽然“学以致用”观占主导地位，但也存在“为学术而学术”的学术实践。近代著名思想家梁启超先生在《清代学术概论》中考察了清代学术历史后指出，其时学者大师有一种“学者的人格”——为学问而学问。他说：“‘所谓学者的人格’者，为学问而学问，断不以学问供学问以外之手段；故其性耿介，其志专一。虽若不周于世用，然每一时代文化之进展，必赖有此等人。”[②] 他还明确指出“为学问而学问”是一国学术独立和发展的必要条件，他说：“其实就纯粹的学者之见地论之，只当问成为学不成为学，不必问有用与无用，非如此则学问不能独立，不能发达。夫清学派固能成为学者也，其在我国文化史上有价值者以此。”[③] 梁启超先生的这些观点一方面表明了“为学问而学问”应是真学者的“人格”，或者应是真学者的治学态度、治学目的；另一方面强调了学者“为学问而学问”的意义之所在——为了学术发展和进步以及为了学术独立。另外，我们从梁先生的观点中还可以得出一点结论：从学术目的和学术态度上看，中国学术史上也存在“为学问而学问”的人及学术，换言之，“为学术而学术”的学术态度和学术目的并非西方独有，只是中国这种学术传统的具体内容不是指向近代科学而是经学，而且这种学术在中国整个学术史上并没有占据核心地位。对此，钱穆先生也有类似说法，钱穆先生在《中国学术通论》中指出中国的学问传统向来有三大系统，即人统、事统和学统。他说：“第一系统是‘人统’，其系统中心是一个。中国人说：‘学者所以学做人也。’一切学问，主要用意在学如何做人，如何做一个有理想有价值的人。第二系统是‘事统’，即以事业为其学问系统之中心者。此即所谓‘学以致用’。第三系统是

---

① ［美］R·K·默顿著，鲁旭东等译：《科学社会学》，商务印书馆2003年版，第360页。

② 梁启超：《清代学术概论》，中国人民大学出版社2004年版，第224页。

③ 梁启超：《清代学术概论》，中国人民大学出版社2004年版，第175页。

‘学统’，此即以学问本身为系统者，近代中国人常讲‘为学问而学问’，即属此系统。”①

综上所述，笔者认为“为学术而学术”的学者精神特质主要指的是学者治学的态度、治学目的，是以学问本身为目的的学术价值取向。学者之所以应有这样的精神特质，主要是因学者的使命与职责使然。如果说“高度注视人类一般的实际发展进程，并经常促进这种发展进程”（费希特语）是学者也是每一个有责任感的人的共同使命，那么以学问的方式履行这种使命则是学者作为一个特殊阶层存在的理由。质言之，促进学术的进步与发展是学者关注和促进人类发展进程的职责所在。而学术的进步与发展有赖于治学者“为学术而学术”的治学精神做保证。现代大学教师不仅是职业化的学者，也是专门化的学者。在专业化时代，学科专业是大学教师安身立命之基础。故而，大学教师“为学术而学术”的精神就体现在他们应把进一步发展科学特别是发展他们所选定的那部分科学作为自己的追求目的，即使不能真的使自己的学科有所进展，也要尽力而为。

3. 思想自由与精神独立

“自由”作为哲学上之一个中心概念始于近代西方哲学，但多数学者认为，对自由的实践发生在文明社会的早期——如古希腊和中国春秋战国时期。英国学者J·B·伯里在《思想自由史》中指出，希腊人是思想自由和言论自由的创造者。他说：“若有人问及希腊人对于文化上的贡献是什么，我们自然首先要想到他们在文学和艺术上的成就了。但更真切的答复或者要说，我们最深沉的感谢是因为他们是思想自由和言论自由的创造者。他们哲学上的思想，科学上的进步，和政治上的实验，固然以这种精神的自由为条件，即文学艺术上的优美，也莫不以此为证据。”② 古希腊苏格拉底和柏拉图师徒都表现出了一种求自由的精神。苏格拉底是最早为争思想自由而死的一个人。柏拉图的“洞穴”隐喻，求超出洞穴，也即求一种思想自由。我国近代被称为新儒家代表人物之一的唐君毅先生也说：“哲学思想中，并无以自由为中心概念，如近代之西哲者。不过，如舍中心概念而论其实，则希腊哲人亦各对于某一种之自由，有所倡导。”③ 我国春秋战国时期的“百家争鸣”亦可视为实践自由思想的典范。

“思想自由”作为一个概念被提出始于17世纪，其代表人物是斯宾诺莎。斯宾

---

① 金耀基：《大学之理念》，生活·读书·新知三联书店2001年版，第182页。

② ［英］J·B·伯里著，宋桂煌译：《思想自由史》，吉林人民出版社1999年版，第9页。

③ 唐君毅：《人文精神之重建（二）》，广西师范大学出版社2005年版，第277页。

诺莎从人的本性和社会契约论出发，强调了民主政治和思想自由。他在《政治论》、《伦理学》以及《神学政治论》等书中都提到了思想自由问题。他认为，人的思想自由或精神自由应该有两个层次：第一个层次也是较高的层次，一个人具有理性，他就有了自由。他说："只要能够正确运用理性，思想便完全处于自己的权利之下，或得到完全的自由。"① 换句话说就是，一个人越是有理性，他就越是自由；他越是受制于那些被动的情感，他就越不自由。当一个人所有的行为都受理性控制时，他就达到自由的最高程度。但是，斯宾诺莎并不认为人就是理性的动物，并不是所有的人或多数人都能达到这一层次的自由。他说："并非每个人都有能力经常运用理性和处于自由的最高程度，但是，每个人都总是尽量保全自己的存在，而且不论智愚，每个人努力做的一切事都是按照最高的自然权利努力去做的；因为每个人具有的权利同他的力量一样大。"② 由此进入人的思想自由或精神自由的第二层次也即较低但更为基本的层次——基于趋利避害、力求保存自己而具有的思考、判断、选择以至做出行动的自由，这是每个人都有的不可让渡的自然权利。他说："人性的一条普遍规律是，凡人断为有利的，他必不会等闲视之，除非是希望获得更大的好处，或是出于害怕更大的祸患；人也不会忍受祸患，除非是为了避免更大的祸患，或获得更大的好处。也就是说，人会两利相权取其大，两害相权取其轻。"③ 显然，斯宾诺莎的思想自由弘扬了人的理性，也就是从人的理性以及人性的角度而言思想自由是正当的，是人人都有的天赋之权。从这一角度来看，他关注思想自由主要还是关注其普遍意义，是为了建立民主政治而强调思想自由是一种天赋的自然之权。

19 世纪英国著名学者密尔在其自由主义思想代表作《论自由》中从功利主义立场论证了思想自由之必要性和重要性。密尔认为，自由的正当性不在所谓天赋，而就存在于自由为个人和社会所带来的功利之中。思想自由乃是个人福祉和社会进步的寄托所在，而思想言论的反自由将会导致灾难性的后果。他说："迫使一个意见不能发表的特殊罪恶乃在它是对整个人类的掠夺，对后代和对现存的一代都是一样，对不同意于那个意见的人比对抱持那个意见的人甚至更甚。"④ 具体来讲，密尔认为，基于以下四点理由，思想自由是必要的。第一，若有什么意见被迫缄默下去，据我们所能确知，那个意见却可能是真确的。否认这一点，就是假定了我们自己的不可

① ［荷］斯宾诺莎著，冯炳昆译：《政治论》，商务印书馆 1999 年版，第 16 页。

② ［荷］斯宾诺莎著，冯炳昆译：《政治论》，商务印书馆 1999 年版，第 14 页。

③ ［荷］斯宾诺莎著，温锡增译：《神学政治论》，商务印书馆 1982 年版，第 214～215 页。

④ ［英］约翰·密尔著，程崇华译：《论自由》，商务印书馆 1982 年版，第 17 页。

能错误性。第二，纵使被迫缄默的意见是一个错误，它也可能，而且通常总是，含有部分真理；而另一方面，任何题目上的普遍意见亦即得势意见也难得是或者从不是全部真理；既然如此，所以只有借敌对意见的冲突才能使所遗真理有机会得到补足。第三，即使公认的意见不仅是真理而且是全部真理，若不容它去遭受而且实际遭受到猛烈而认真的争议，那么接受者多数之抱持这个意见就像抱持一个偏见那样，对于它的理性根据就很少领会或感认。不仅如此，而且，第四，教义的意义本身也会有丧失或减弱并且失去其对品性行为的重大作用的危险，因为教条已变成仅仅在形式上宣称的东西，对于致善是无效力的，它妨碍着去寻求根据，并且还阻挡着任何真实的、有感于衷的信念从理性或亲身经验中生长出来①。总之，无论在何种情况下，对于思想自由的任何限制都是不利于真理的发展的。即当被迫缄默的意见是对的情况下，对此意见的反对就意味着失去了以错误换真理的机会；即使被迫缄默的意见为完全错误或部分错误，反对该意见也差不多失去了同样大的利益，那就是从真理与错误冲突中产生的对于真理的更加清楚的认识和更加生动的印象。质言之，求真需要有思想自由作保障。唐君毅先生也指出，自由权利之保障，其实质主要在于促进人的各种社会性、文化性活动成为可能。他说："人们为什么要主张思想言论的自由？这只为要促进人之学术研究或知识之追求。……故离开促进社会文化的动机，离开个人求实际参加多方面社会文化活动，以实现其可能的文化生活的动机；或离开个人要求表现其学术、艺术、宗教、道德、政治、经济等文化活动于社会中的动机，则学术上很可能无各种自由权利之理论，而人亦可无争取自由权利，或求以舆论法律来保障社会中各个人之自由权利，而订为法案或宪章之必要。"② 文化史的事实也表明，"有一个完全可由人力获得的精神进步与道德进步的最高条件，就是思想和言论的绝对自由"，它是一个"社会进步的根本条件"③。

笔者认为，无论是强调思想自由权利的天赋之权，还是强调思想自由权利的功利主义目的，这里的思想自由都还主要是一种外在的自由，是一种相对的自由。因为个人自由权利的范围必然受他人自由权利的限制；个人要真正享有其自由权利，也须得到他人的承认或默许，以至为一社会的舆论法律所保障。也就是说，作为自由权利之思想自由实质上是由他人或社会所赋给的，从这一角度来看，作为自由权利之思想自由在一定程度上还是受动的。尽管如此，作为思想自由权利之思想自由

---

① ［英］约翰·密尔著，程崇华译：《论自由》，商务印书馆 1982 年版，第 56 页。

② 唐君毅：《人文精神之重建（二）》，广西师范大学出版社 2005 年版，第 266 页。

③ ［英］J·B·伯里著，宋桂煌译：《思想自由史》，吉林人民出版社 1999 年版，第 127 页。

对于学者来说也仍然是必不可少的和非常重要的。学者是真理的创造者。学者如果没有思想自由权利，不能自由地思考，将很难产生创新性的思想；创造真理的主体没有创造性的思想，自然就谈不上有真理的发展。所以，正如陈寅恪先生所言，对于学者而言，思想自由必须是誓死力争的权利。学者必须有权利探索一个论点到它可能引向的任何地方。

学者的思想自由精神特质涉及上述这种作为外在自由的思想自由权利，但更指作为一种内在自由的思想自由，即学者精神上、思想上“不受权威和社会偏见的束缚，也不受一般违背哲理的常规和习惯的束缚”①，亦可进一步言之是“求一种自情欲意见等内在的限制束缚解脱，以实现真美善等价值理想”② 的精神自由。斯宾诺莎认为，“这种自由对于科学与艺术是绝对必须的，因为，若是一个人判断事物不能完全自由，没有拘束，则从事于科学艺术就不会有什么收获”③。显然，这里的自由不是指作为自由权利的思想自由，而是作为一种内在自由的思想自由。世界著名科学家爱因斯坦也认为，科学的发展以及一般的创造性精神活动的发展需要有内心的自由。作为外在自由的思想自由权对学者来讲是十分必要的，即学者必须拥有思想自由权；而学者也需要甚至某种程度上讲更需要作为内在自由的思想自由。作为内在自由的思想自由属于“个人实现其人生精神理想或文化价值之自由”④。这种自由是人所追求的自由中最可贵、最重要、最根本的一种。最可贵是因为真正重视此种自由的人常常能不怕一切外力的压迫，以至置死生于度外，恰如苏格拉底之死。最重要最根本是因为人如不多少有此一种自由，多少能自自己之杂念、生理的惰性、机械性等中解脱超拔，人将不能实现任何真、善、美之价值，亦将不能向往任何客观普遍超越的理想，亦将无任何有价值的个人或社会事业成就。换句话说，对于学者而言，没有内在的自由思想就没有创新和发展。一般而言，思想自由包含着言论自由、发表自由等内容，伯里在《思想自由史》中就认为不包含言论自由的思想自由是没有什么价值的，他说，思想自由“从它的任何价值的意义看来，是包含着言论自由的”⑤。我国近代自由主义学者张东荪也认为，“‘思想自由’不是指思想得到自由自在发生出来而言。因为思想在个人的脑中并非有所谓自由与不自由，这个问题乃是起于思想的对外发表，就是思想的发表是否受外来力量的干涉。如果受干涉乃

---

① 许良英等编译：《爱因斯坦文集》第三卷，商务印书馆 1979 年版，第 180 页。

② 唐君毅：《人文精神之重建（二）》，广西师范大学出版社 2005 年版，第 278 页。

③ ［荷］斯宾诺莎著，温锡增译：《神学政治论》，商务印书馆 1982 年版，第 274 页。

④ 唐君毅：《人文精神之重建（二）》，广西师范大学出版社 2005 年版，第 269 页。

⑤ ［英］J·B·伯里著，宋桂煌译：《思想自由史》，吉林人民出版社 1999 年版，第 1 页。

有不自由，所以思想自由不是一个关于思想本身的问题，乃是一个思想在社会上的势力的问题”①。但是，显然作为内在自由的学者思想自由并不一定包含言论自由、发表自由等，而且这种“私自思想”也是极有价值的，它也是学者进行创造性工作所必不可少的重要因素之一，在特别情形下，它甚至具有不可估量的价值，比如在欧洲黑暗时期的哥白尼。总之，思想自由应当成为一个真正学者精神上所必有的品质。

学者思想自由的内在精神基础在于学者的精神独立。没有独立的精神，也就根本不可能有学者自由的思想，更不会产生独到的见解和有价值的成果。独立意识是学者活的灵魂的基础。学者有独立的精神，就会坦然地面对困苦与寂寞，执著地探索生命的真谛，真诚地追求崇高和永恒。张东荪先生指出：“学术自由与思想自由必须倚靠于精神独立。如果思想的主体其精神不独立，则其所得的学术自由不是真正的学术自由，乃只是一个伪装的学术自由。这种学术自由乃是以学术为名而解决一部分人（即从事于学术者）的生活问题。”② 美国学者坎特罗威茨也说：“有三种职业是有资格穿长袍以表示其身份的，这就是：法官、牧师和学者。这种长袍象征着穿戴者思想的成熟和独立的判断力，并表示直接对自己的良心和上帝负责。它表明这三种相关职业在精神上的自主权：他们不允许自己在威胁下行事并屈服于压力。”③王坤庆先生也认为，思想自由和学术自由必须以三种精神为基础，这三种精神是：奉献于社会，追求独立精神，淡泊名利。有了这三个方面的精神作底蕴，学术自由才能真正实现，思想自由才能成为现实④。古今中外著名的学者、科学家都是具有独立精神的人，如欧洲黑暗时期的布鲁诺、我国近现代学者鲁迅、陈寅恪等。失去了精神上独立品格的人往往沦为别人思想的鹦鹉学舌者，或者成为见风使舵的御用文人与“精神打手”。学者的独立精神表现为三个层面：第一，在主体意识层面，独立精神是一种自我需要，它不是外在给予的，而是自我对于知识、真理、道德、正义等人生理想追求的一种动机和欲望。在终极价值层面上，独立精神是“作人”还是“为奴”的最后一条线。第二，在思维方法上，独立精神表现为一种非奴隶状态、非依从状态的思维，是思维破除种种束缚的一种自我展开和自我成全，是思维的触角向未知领域的自由舒展。学者坚持精神独立，意味着他坚持理性，反对迷信，对于

① 胡伟希：《思想自由与民主政治》，见《政治中国》（第一版），今日中国出版社 1998 年版，第 170 页。

② 张东荪：《知识分子与文化自由》，见杨东平主编：《大学精神》，文汇出版社 2003 年版，第 139 页。

③ ［美］亨利·罗索夫斯基著，谢宗仙等译：《美国校园文化——学生·教授·管理》，山东人民出版社 1996 年版，第 144 页。

④ 王坤庆：《精神与教育》，上海教育出版社 2002 年版，第 109 页。

一切权威的说法和做法敢于用理性的法则去检验。这种理性往往能够超越个人的好恶和经验，但在操作上仍以个人独立思考为基础。第三，在行为层面，独立精神意味着学者有强烈的批判精神和博大的人道情怀，敢于对现实进行批判，不盲从，能独立思考，敢于表达自己的观点。此外，他能信守做人的道德准则，不依附时势，能保持个人的气节，富有同情心和责任感，如此等等，保持一种独立、清醒、超然、特行的姿态。

对于大学教师来讲，思想自由就是学术自由。学术自由是大学教师学术生命的脊梁，治学的灵魂，也是大学学术繁荣的支柱。学术本质上应是自由的，但是现实上却往往处在枷锁中，大学教师在学术研究过程中经常会受到来自外界环境中的各种因素的困扰，如制度的、经济的、政治的等。这些因素极大地限制了大学教师对真理的探索进程，影响了学术的进步与发展。一个社会要进步，学术要发展，就必须赋予大学教师以“不受妨碍追求真理的权利”，即学术自由权利。但是，仅有外在的学术自由权利也不能确保大学教师一定能在学术上作出创新与发现。学术自由还应包括大学教师在内心上的自由，也就是即使身处纷繁浮躁的现实世界，也能始终保持本真，不汲汲于现世名利的沽钓，而任思维逻辑和突发灵感的驱使，在烟波浩渺的思想海洋里自由遨游；也不会受学术权威、社会偏见以及非理性的常识和习惯的束缚，而任由理智和理性把思想带向一切可能的所在。学术自由尤其是大学教师内在的学术自由必须以精神独立为前提，如果没有独立思维，大学教师的学术自由就是虚假的自由。有独立精神的大学教师具体表现为不迷信、不跟风、不依附或依从，敢于坚持正确的观点，也敢于质疑错误的思想。

4. 求真精神与创新精神

追求真理与坚持真理是学者进行学术活动的内在精神动力。故而，求真精神是学者的当然精神特质，而且是学者精神的核心。一切杰出的科学家、思想家之所以能不怕种种困难，克服重重阻挠，义无反顾地坚持独立思考，说到底是出于对真理的热爱，是为了对真理的追求。古罗马著名的女数学家、哲学家和天文学家、新柏拉图派中亚历山大派的创始人希帕蒂娅因为宣传科学的理性主义、反对迷信和揭露基督教的黑暗和虚伪而惨遭基督教徒的暗害；中世纪物理学家布鲁诺因坚持日心说而被异端裁判所烧死在罗马菲奥里广场；我国近代人口学家马寅初先生因为坚持自己的人口学说而受到迫害。一个学者如果没有对真理的执著信念、没有敢于求真的大无畏精神，即使真理就在他手中，他也会与真理失之交臂。19 世纪末，美国著名的实验物理学家迈克尔逊和化学家莫雷，利用光的干涉效应，做了著名的迈克尔逊一莫雷实验，证实了“以太”并不存在，光速是不变的。由于“以太”存在是牛顿力学的一个基本假设，光速不变的实验结果又是与牛顿力学中的伽利略变换原理相矛盾的。所以，许多著名物理学家不敢相信也不愿意相信迈克尔逊一莫雷实验的结果是一种事实。著名荷兰物理学家洛仑兹知道迈克尔逊一莫雷实验的结果后十分沮丧地说：“在这样的时期，真理已没有标准，也不知道科学是什么了。”他十分害怕见到这种与牛顿力学相悖的实验结果，竟悔恨自己“没有在这些矛盾出现的五年前死去”。为了给牛顿力学圆场，使迈克尔逊一莫雷实验的结果能用牛顿力学加以解释，洛仑兹煞费苦心，提出了一个“洛仑兹收缩假说”。他想用运动物体长度会变短的假设，来说明光速本来是变化的，只不过是因为运动物体长度收缩，正好抵消了这种变化，使人测量不出来罢了。洛仑兹的“收缩说”本来已使他走到了相对论的边缘。但由于他的思想仍然停留在牛顿力学的框框内，他不能正确理解自己提出的“收缩说”的物理意义，因而始终未能创立出相对论。与洛仑兹相反的是，日本近代科学家汤川秀树在提出“介子理论”之初，受到了当时众多著名物理学家如波尔、海森堡、奥本海默等人的反对，但他不畏权威，始终坚信自己的理论，终于在时隔13年后得到了英国物理学家鲍威尔的实验证实。科学史的事实表明，真理在发现之初往往掌握在少数人的手中，所以，如果没有发现者对真理的执著追求和信念，真理的发展将会大受限制。正因为如此，我国著名的历史学家罗尔纲先生指出，为学要有追求真理的精神。费希特也把学者看做“大丈夫”，认为大丈夫应至死追求真理。他说，“大丈夫选中的意中人就是真理；他们至死忠于真理；即使全世界都抛弃她，他们也一定采纳她；如果有人诽谤她，污蔑她，他们也定会公开保护她；为了她，他们将愉快地忍受大人物狡猾地隐藏起来的仇恨、愚蠢人发出的无谓微笑和短见人耸肩表示怜悯的举动”①。

求真精神既是科学精神的核心，也是学者精神特质的核心，这是因为学者的根本使命是探索和追求真理。学者求真精神的“真”有两重含义②：一是指认识和科学研究在内容上的真实性或实证性，也表示结果的客观性。这里的真和事实同义。比如实证主义所坚持的凡是得到证实的才可以相信；而在证伪主义者看来，只有被推翻的认识或理论才是假的，人们不是在证实中而是在证伪中从事认识和实践活动。但二者都在寻求真理。二是指与“假”和“伪”相对，作为主体的一种思维、行为方式、态度或准则的时候，在与真、善、美的统一中作为人的一种精神境界和理想，

---

① ［德］费希特著，梁志学、沈真译：《论学者的使命》，商务印书馆 1980 年版，第 42 页。

② 高岸起：《论科学精神的特征》，《北京理工大学学报》（社会科学版），2002 年第 1 期。

对于主体来说，它就是一种价值。通俗地说，就是指真诚和本真。我国近代国学大师王国维在《人间词话》中形象地描述了学者追求真理过程中的三重境界："古今之成大事业、大学问者，罔不经过三种之境界：'昨夜西风凋碧树，独上高楼，望尽天涯路。'此第一境界也。'衣带渐宽终不悔，为伊消得人憔悴。'此第二境界也。'众里寻他千百度，蓦然回首，那人正在灯火阑珊处。'此第三境界也。"[①] "独上高楼，望尽天涯路"形容治学者迎着困难，苦苦探索；"衣带渐宽终不悔，为伊消得人憔悴"形容为学者追求真理，百折不挠；"众里寻他千百度，蓦然回首，那人正在灯火阑珊处"形容治学者终于几经努力，突然大悟，获得事物的奥秘。概括地讲，真就是主体在与客体相互作用中坚持客观原则和立场，以求得对事物正确的、真实的认识，是主体在与自己、他人和社会的实践活动中所坚持的原则和追求的理想。

学者对真理的探索、追求过程也就是学者不断创新的过程。任何真理都是相对的。真理的相对性是指人们在一定条件下，对客观过程及其发展规律的正确认识总是有局限的、不完全的。一方面，从整个客观世界来看，物质世界无论是在内容还是在时间和空间上都是无限的，任何真理性的认识都只是对这个无限宇宙的一个部分或片断的正确反映，并且是处于一定时间和空间内的认识，即人类的认识总是具体的、历史的和有限的。另一方面，从特定事物或现象来看，由于个体认识能力的有限，个体对某一事物和现象的认识也只能是对该对象一定方面、一定程度、一定层次的正确反映。也就是说，对该事物反映的深度总是有限的具有近似的性质。真理的相对性表明，在实践中，人类对真理的探索是无止境的。只有在学者不断发现新问题或不断发现新的解决问题的视角和方法的过程中，真理才能不断前进，得到发展；否则，真理就停滞不前了，人类的认识也就中止了。因此，我国地质学家李四光说："科学的存在全靠它的新发现，如果没有新发现，科学便死了。"[②] 英国学者约翰·齐曼也说："科学是对未知的发现。这就是说科学研究成果总应该是新颖的。一项研究没有给充分了解和理解的东西增添新的内容，则无所贡献于科学。"[③] 这表明，学者活动的意义就在于不断的创新之中。

创新精神是学者在创新活动中表现出的精神特质，是指学者在学术活动中不甘守成与重复，不怕风险与失败，不尚空谈与陈规，勇于开拓新的世界，敢于走前人

① 吴剑平主编：《清华名师谈治学育人》，清华大学出版社 2003 年版，第 20 页。

② 李四光：《地质工作者在科学战线上做了什么?》，《新华日报》，1952 年第 3 号，第 168 页，转引自苗华：《论科学精神的构成》，《学者沙龙》，2005 年第 5 期。

③ ［英］约翰·齐曼著，刘君君等译：《元科学导论》，湖南人民出版社 1988 年版，第 125 页。

没有走过的路，勤于发现、发明与创造，善于把新的思想变为新的事物，表现出永不自满、不受束缚、不断探索、奋发有为的精神特征。创新精神是学者在创新性活动中表现出来的一种综合性的精神品质，它由多种要素构成。如有学者认为，创新精神主要由批判精神、科学精神、开拓精神、自主精神、冒险精神、务实精神等要素构成[①]。其中，批判精神是创新的前提性条件，因为批判精神意味着否认人的认识和实践是最终的、完成的性质，坚信任何已经达到与实现的成就都有其历史性与相对性，都存在着不完全性，都留有可改进、更新、变革的空间，同时批判精神也意味着一种怀疑精神，它总是对观念、事物的根据发出疑问，深入分析与探索；科学精神是创新精神的基石，科学精神是创新精神的内在规定性，这种规定是创新精神的客观性约束；开拓精神是创新精神的应有之义，开拓精神是一种创造精神，开拓依靠创造，创造出新的方法、新的产品、新的事物，才称得上是开拓，开拓的过程就是创造的过程；自主精神构成了创新精神的灵魂，它深深地渗透到创新精神之中，自主精神得到发掘和确立，才能真正地形成创新精神；创新本身就是冒险，创新需要具备冒险精神；务实精神是创新精神的底蕴，创新精神是务实精神的最好表现形式，创新精神与务实精神是内在地一致的。也有学者认为创新精神的基本结构包括：求真精神、开拓精神、探索精神、求善精神以及拼搏精神等基本要素[②]。其中，求真意味着创新意识的萌发；开拓精神是对创新信念的坚定；探索精神是创新热情的源起，也是创新精神的核心；求善精神是对创新品性的写意；拼搏精神意味着对创新意志的磨砺。笔者认为，美国学者迈克尔·米哈尔科教授对创新精神的概括最简洁明了且切中肯綮，迈克尔·米哈尔科教授以研究创造性思维见长，他认为创新精神包括两点：一是发现别人看不到的东西；二是思考别人想不到的东西[③]。

如果说求真精神体现了学者在学术活动中对客观规律的尊重与探索，那么创新精神则充分张扬了学者在学术研究中的主观能动性。大学教师作为大学的灵魂和核心，担当了追求真理的重任，大学教师理应具有求真精神。笔者认为，大学教师的求真精神主要体现在如下一些方面：首先，誓死捍卫真理。如果一个追求真理的人不敢捍卫真理，他就不会真正地追求真理。马寅初面临被批判、被关押的危险而坚持“新人口论”，而事实最终也证明了这一理论的科学性。相反，洛仑兹却因不敢坚

---

① 颜晓峰：《论创新精神》，《山西师范大学学报》（社会科学版），2001 年第 4 期。

② 李晓峰：《简析创新精神的基本结构》，《教育探索》，2001 年第 12 期。

③ ［美］迈克尔·米哈尔科著，刘悦欣译：《创新精神——创造性天才的秘密》，新华出版社 2004 年版，第 14 页。

持真理而与真理失之交臂。其次，坚持学术标准而不为利欲所诱惑。1996年，牛津大学教授以259票对214票的表决结果，否决了沙特阿拉伯亿万富翁瓦菲支·赛义德捐款340万美元在牛津大学建立“世界级工商管理学院”的建议。再次，努力追求创造。真理永远不可能是绝对完善的，大学教师的求真精神就体现在他们不断追求创造的学术活动中，求真精神与创造紧密相关。在学术研究中取得创造性成就是作为学者的大学教师的最高境界，也是每一个大学教师的理想和目标，即使不能真正做出创造性成就，也要始终心向往之。而大学教师要想获得创新就不能因循守旧，而要敢于想人所没有想、做人所没有做之事，也就是要有开拓创新精神。

5. 学术道德精神

道德是一种精神现象。每一种道德体系都有自己独特的道德精神，道德精神是道德的灵魂。它渗透在人们生活方式的各个层面，并以其独特的价值功能发挥作用。在实践中传达道德精神的载体是道德原则、规范和一些相关的命题。学者的学术道德精神体现为学者在学术活动过程中始终自觉地恪守学术道德而表现出来的一种内在精神力量。它是学者学术道德行为的内在根据。学者的学术道德精神最直接的体现就是学者对学术道德规范自动自觉地遵守。

学术道德是从事学术性研究活动的主体，在进行学术研究的整个过程中，处理个人与他人、个人与社会、个人与自然之间的关系时所应遵循的原则和规范。换言之，学术道德就是学者在学术活动中所应遵循的职业道德原则和规范。这是一种“衍生的道德”。所谓“衍生的道德”就是指行为的准则是从效益的要求衍生出来的，“这种规则试图提出每个人对别人的行为应该指望什么，每个人作为报答，为了使比较长期的关系更加有效，在对待别人的行为中还欠着什么”①。换言之，学术道德存在的必要性是为了使学术活动更有效地进行。由此，多数学者主张要建立学术道德规范。如美国著名的高等教育家约翰·S·布鲁贝克认为，治学是学术界的生活方式，也有非同一般的伦理道德。而且，基于学术道德标准的特性源自高深学问以及“学者是高深学问的看护人”的理由，布鲁贝克认为，学术道德的特点之一，就是“学者们是他们自己的道德的唯一评判者”②。美国另一著名高等教育专家、原加州大学伯克莱分校校长克拉克·克尔博士则从另一角度肯定了学术道德规范的必要。克拉克·克尔博士在《高等教育不能回避历史——21世纪的问题》一书中指出，学术

---

① [美]克拉克·克尔著，王承绪译：《高等教育不能回避历史——21世纪的问题》，浙江教育出版社2001年版，第166页。

② [美]约翰·S·布鲁贝克著，王承绪等译：《高等教育哲学》，浙江教育出版社2004年版，第120页。

文化正在由传统的范式走向后现代的范式。传统范式下有一种普遍理解的学术道德，这是“内部指导的”（里斯曼的定义）全体教授的方向的一部分，这种道德标准在没有被自愿地遵守时，通过指导和个人压力得到强化。而新的范式更加强调个人和集体的利益以及感兴趣的事情，而较少强调学院和大学作为一个倾全力促进知识增长的自治的共同体的全面的福利，所以，在这种新的范式下，校园更多是对非学术目的的一个手段。在这种新的情景下，控制行为的含蓄的合约和非正规的强制手段就不那么有效了。大学学术活动可能越来越需要通过更加正规的行为准则，特别是更多地依靠法律和法庭而不是依靠规范来加以强化。其结果是，大学自治权将被大大降低，因为如果学术团体到了不会惩戒自己的程度，那么社会的其他机构将越来越多地参与一度是大学内部生活的事情，并且这种现象似乎正在越来越多的程度上发生。然而，大学是一个类型独特的场所，大学治理的特点是依靠个人对行为的特别偏爱。这是所有行会式组织的共同特点。在行会组织里，当规范众所周知，而且几乎普遍得到尊重时，协议就很起作用；而当规范较少得到同意和遵守时，协议起的作用就不会那么好。因此，大学应当建立内部的学术道德规范。

现在，为了规范学术秩序，整顿不道德的学术行为，几乎世界各国学术界都制定了自己的学术道德规范。但是，对于学术道德规范的具体内容仍然没有取得公认的意见。例如 1949 年 9 月，国际学者联合会第五次大会通过的《科学家的宪章》中规定科学家的道德规范是：要保持诚实、高尚、协作的精神；要了解自己所从事工作的意义和目的，弄清有关的道义问题；要使科学的发展有益于全人类的利益；要促进国际科学合作，维护世界和平①。克尔博士将“知识的道德规范”的内容概括为 15 个方面：（1）仔细地收集和使用证据，包括在进行“弄虚作假”的过程中寻找“不方便的事实”。（2）仔细地使用他人的思想和著作。（3）对于未经充分证明的事情应持怀疑态度。（4）虚心对待可供选择的解释。这种态度要求充分的自由表达；这种“学术自由”转过来要求容忍除自己的观点以外的其他观点。（5）谈话有礼貌，依靠说服而不是依靠压制。（6）公开在大学内进行科研的成果。（7）在评价别人的学术绩效时仅凭学术价值。（8）在处理人和动物时小心体谅，在获取知识的过程中不过分伤害他们。（9）除非决策中的全部考虑已经成为研究的问题；除非已经不仅考虑行动，而且还考虑可能的反应，要避免逗引和提出政策的运用。学者们不应超出他们的知识。（10）把建立在道德和政治价值观基础上的个人评价与提出证据和分析分开。而且，作为必然的结果，任何个人评价要直截了当。（11）遵循罗尔斯所界

① 王恩华：《学术越轨批判》，湖南师范大学出版社 2005 年版，第 138 页。

定的，而且应用于除学术组织以外的其他组织的“公正分担”的一般原则，“每当一个人已经自愿接受一个假如是公平和公正的机构所提供的计划的好处，或者已经利用它所提供的机会以促进他的利益时，他有义务按照这个机构的规则所指定的职责尽自己的一份力量。……没有做我们所公平分担的事情，我们不应从别人的合作努力中获得东西”。(12) 拒绝利用可以得到的创造和传布知识的地位和方便，来促进无关的个人金钱或政治的目的或意识形态的信念。(13) 完全接受对学生的义务，忠诚地教育他们，仔细地指导他们，公正地评价他们，并且无论如何不剥削他们。(14) 完全接受对学术同事的义务，帮助他们，指导他们的学术研究，特别要帮助年轻同事。(15) 在系科，完全接受义务，在同事中就年龄、学科专业和分析方法寻求合理的平衡①。1999 年世界科学大会通过的《关于科学与科学知识应用的宣言》和《科学纲领——行动框架》两个主要文件中又规定了如下内容：科学家要作出承诺，通过自身行动，体现高标准的道德；国际科学界要制定科学家职业道德规范，特别是要促进制定与环境有关的科学道德准则；科学家要承担对社会应尽的责任，保证高标准的科学公正性及科学产物的质量；与社会分享知识，与公众交流，并教育年轻一代②。我国从 20 世纪 80 年代开始也日益重视学者的学术道德和学术界的道德建设，形成了相应的道德要求：追求真理，勇于创新；认真严谨，精益求精；热爱自然，珍惜资源；团结协作，乐于奉献；谦虚谨慎，敢于负责；合理检验，敢于怀疑；公正无私，诚实无欺；学术民主，竞争自由③。姚利民指出当代中国学者应有的学术道德包括：牢记社会责任、“为科学而科学”、维护学者尊严、坚持学术公正、尊重前辈和他人劳动的研究探索、诚实面对科学事实④。道德规范具有时代性和民族性特点，不同民族由于文化传统、习俗等不同，因而道德规范的具体要求也会有所不同，即使是在同一民族内部也会由于社会生活、文化环境的变迁等因素的影响而导致不同时期的道德要求有所差别。学术道德规范亦如此。学术道德规范也具有时代性和民族性特点。但是，笔者认为，从学术活动本身而言，一些基本的学术道德规范是存在的，如学术创造过程中的求真、求实，学术成果发表过程中的自由、自律，以及学术评价过程中的公正、宽容等，这些道德要求是不同时代、不同民族或国家的学者都应该遵守的基本道德规范。学者发自内心、自觉自愿地遵守学术道德规范，

---

① ［美］克拉克·克尔著，王承绪译：《高等教育不能回避历史——21 世纪的问题》，浙江教育出版社 2001 年版，第 168～170 页。

② 王恩华：《学术越轨批判》，湖南师范大学出版社 2005 年版，第 138 页。

③ 王恩华：《学术越轨批判》，湖南师范大学出版社 2005 年版，第 140 页。

④ 姚利民：《当代中国学者应有的学术道德初探》，《科技导报》，2001 年第 12 期。

这是学者良知的表现，也是学者尊严和学术人格的体现，更是学者的一种人生境界。大学教师尤其应该具有学术道德精神，因为学术道德不仅是大学教师作为学者在科学研究中必须遵循的道德规范，而且大学教师用它影响青年学生对待学术的态度和行为。

总之，笔者认为，大学教师作为学者应是具有真正学者精神和品格的人。优秀的大学教师是“以学术为志业”的人，他们把学术作为自身人生理想和信仰对象；优秀的大学教师是“为学术而学术”的人，他们把追求高深学问本身作为学术工作的目的；优秀的大学教师是具有自由思想和独立精神的人，这是他们治学的内在保障；优秀的大学教师是具有求真精神与创新精神的人，这是他们从事学术活动的精神动力；优秀的大学教师是具有学术道德精神的人，这是他们学术良知和人生高境界的体现。

（二）学者的知识特征

弗·兹纳涅茨基把知识看做是所有社会角色的先决条件，而在所有社会角色中，学者角色与知识有着天然的密切联系。学者代表知识，但有知识的人不一定都是学者。学者所拥有的知识不同于一般知识人的知识特征，有其独特性。学者是“绝对真理的承担者”，是从事学术工作的人。美国学者伯顿·R·克拉克曾指出，“在任何社会里，学术工作都是围绕着特殊的理智材料组织起来的”，这些材料“在很大程度上构成各民族中比较深奥的那部分文化的高深思想和有关技能”[①]，这些材料也就是我们现在所说的“学术性知识”或“学问”。简言之，学术性知识构成了学者角色的知识核心。现代学术性知识具有三个鲜明的特征：理论性、专门化和系统化。

学术性知识首先是理论性或理念知识。弗·兹纳涅茨基指出，与技术专家和圣哲知识强调知识的实用性及工具价值不同，学者知识的价值并不在于知识的有用性而是知识本身即有价值；相对于技术专家和圣哲知识是通过经验证据来检验其有效性，学者知识是通过理性证据标准来检验其有效性。简单地说，学者知识就是理性知识、理论性知识。本达也说：“学者全是这样一种人，他们的活动本质上不追求实用目标，他们是在艺术、科学或形而上学的思考中，简言之，是在获取非物质的优势中寻求乐趣的人，也就是以某种方式说‘我的国度不属于这个世界’的人。”[②] 这

---

① ［美］伯顿·R·克拉克著，王承绪等译：《高等教育系统——学术组织的跨国研究》，杭州大学出版社 1994 年版，第 11 页。

② ［美］刘易斯·科塞著，郭方等译：《理念人——一项社会学的考察》，中央编译出版社 2001 年版，第 1 页。

样的人是“理念人”，他（她）们关注和向往的是理念的世界，他（她）对那些现实性的具体的事物、事情或问题则不会发生多大的兴趣。费希特则直截了当地指出真正的学者是经过学养的教育而拥有神圣理念的人。换句话说，学者知识就是理念，也即我们现在所说的理论性知识。反过来讲，只有以理论性知识为工作对象的人才能被称作学者。理论知识是以概念的形式表达的抽象逻辑体系。学者要使自己的工作有意义、有价值，就必须有自己独特的研究方法和独特的逻辑表达方式。无论是自然科学的还是社会科学的理论知识，都是无法从实践经验中总结出来的，爱因斯坦的相对论学说，普朗克、玻尔、海森堡、薛定谔等人建立的量子力学，以及我国人口学家马寅初先生的人口理论等，这些都不是对经验世界进行总结的结果，而是学者们通过逻辑思维而获得的。正因为如此，理论知识的价值应在理论本身，而不应该以实用来决定其价值大小，更不应该用是否有用来决定理论研究的可行性，理论知识只能通过理性证据标准来检验。科学史的事实也表明，一些学者在创立理论之初甚至连自身都无法确定它有什么实用价值。如物理学家麦克斯韦 1865 年创立了电磁场理论，并预言了一种电磁波的存在，这种电磁波在可见光外，肉眼无法看见，它以光速传播；30 多年后，1888 年德国物理学家赫兹用实验证实了这种电磁波的存在，因此而获得了诺贝尔物理学奖。但是，无论是麦克斯韦还是赫兹，他们在进行研究的当时都没有预料到自己的理论会带来无线电通讯，赫兹甚至直截了当地否定了电磁波的实际用途，他在给朋友的信中说：“若要利用电磁波进行无线通讯，非有一面和欧洲大陆面积差不多的巨型反射镜才行。”[①] 所以，判断一个人是不是学者的标准是理论本身，而不是实用价值，也正是在这一意义上，美国人称爱因斯坦是近代伟大的学者、科学家，而比尔·盖茨则不是。真正的学者应该以促进知识进步为己任。由于现代大学职能的多样化、多元化，大学不仅是“探索高深学问的场所”，也是“社区服务站”，不仅要为知识进步负责，也肩负着为社会提供直接的服务的职责，所以，对于作为大学职能的主要承担者的大学教师来讲，促进高深知识发展和运用高深知识为社会服务都是大学教师的义务。但是，从大学组织的基本特性和大学教师知识特性来看，理论研究仍然是大学教师的主要职责。

学术性知识是专门化的学科知识。知识分门分科由来已久。例如欧洲哲学的古典划分：逻辑、伦理和物理，以及中世纪的文科七艺：语法、修辞、辩证法、算术、几何、天文、音乐；我国古代第一个大教育家孔子实施的是“六艺”之教，所谓“六艺”有两种说法，一是指《诗》、《书》、《礼》、《乐》、《易》、《春秋》六经，二是

---

① 杨志文：《理论知识的价值》，《社会科学家》，2005 年第 S2 期。

指礼、乐、射、御、书、数六种技能，但无论是哪种说法，“六艺”之教都表明孔子是分门进行教学。知识分门分科是人类的认识成果积累到一定程度之后的必然发展趋势，“经验自然科学积累了如此庞大数量的实证的知识材料，以致在每一个研究领域中有系统地和依据材料的内在联系把这些材料加以整理的必要，就简单成为无可避免的”[①]。现在，知识的分门以至“一门知识”的含义已经发生了根本的改变。现代知识是专门化的知识，它与近代学科密切联系在一起。知识发展史上的这种划分变化肇始于17、18世纪学术新建制——学会的成立。早期的学会（英国的皇家学会和法国的科学学院）以研究自然包括传统的自然哲学和数学为己任，而将其他知识拒斥门外，这样便形成了自然知识与其他知识的界限，同时在自然知识内部产生了物理、化学和生物的分化。这样，到18世纪末自然哲学已经断裂为各门独立的自然科学，现代诸学科正式诞生。随之而来，社会科学从道德哲学中分裂出来。最后在20世纪人文科学成为除了自然科学和社会科学以外的其他学科的总称。知识专门化最直接的结果就是促进了知识的繁荣。知识专门化和繁荣发展的结果使存在于古典时期的“百科全书式”的学者再也不可能存在。现代学者都是以专门化的学科知识作为自己安身立命之基础，精通一门或数门学科体系成为定义学者的重要特征。学科是专门的系统化的知识体系，“学科明显是一种联结化学家与化学家、心理学家与心理学家、历史学家与历史学家的专门化组织方式”[②]。现代学科不仅起到一种分门划界的作用，它还具有一种范型作用。也就是说，化学家与心理学家各自从事的知识领域是不同的，如果一个人以化学家的身份从事心理研究，那么他就会被视为是“不务正业”。另一方面，事实上，由于学科规训的作用，每门学科都有自己特殊的研究方法和理论体系，这些方法和理论磨塑着学科内成员的习性，以致某一学科领域的学者一般情况下是难以轻易涉足其他学科领域的。从此意义上讲，学科知识的发展将对学者行为方式产生重要的影响。比如学科的高度分化和高度综合既要求学者要“术业有专攻”或“学有专精”，否则学者将很难建立自己的学术地位；也要学者博学多识，能够跨学科研究，这是现代学者能够取得创新成果的重要途径。学科发展的国际化将促使学者国际交流与合作的增加。现代大学实施的是专业教育，相应地，大学教师也以专业知识为标准来进行区分。换言之，大学教师的知识系统是专业知识。专业与学科之间既有联系又有区别：专业的划分以学科分类为基础，与

① 《马克思恩格斯选集》第三卷，人民出版社1972年版，第465页。

② ［美］伯顿·R·克拉克著，王承绪等译：《高等教育系统——学术组织的跨国研究》，杭州大学出版社1994年版，第34页。

社会职业分工相适应；专业划分对学科发展有较大影响，划分过窄会限制学科发展。所以，大学教师的行为既受到学科发展的影响也受到大学对专业划分的影响。现代大学教师的矛盾之处在于从促进学科发展角度看大学教师应有渊博高深的专业知识，但实际上由于大学专业划分过细和专业化的限制，大学教师往往又不得不拘泥于狭窄专业范围之内。

学术性知识是系统化的知识。我国近代学者梁漱溟先生在《谈学问》中指出，仅仅渊博不能算是学问，"学问贵能得要"。他说："其实就是渊博也不算学问。什么才是学问？学问就是能将眼前的道理、材料，系统化、深刻化。更扼要地说，就是'学问贵能得要'，能'得要'才算学问。"梁漱溟先生的这段话深刻而又简要地道出了学术性知识的特点。学术性知识是经过系统化的知识。所谓知识系统化也就是指"根据分类或因果联系的原则将知识逐步形成一定体系的过程"①。所以，系统化的知识也就是学术性知识，实质上是相互关联的知识组成的网络状知识团，知识与知识相互之间是关联的，而这种关联是依靠反映事物、现象内在联系的规律的那些原理，也就是反映现实相应方面的主要联系的那些观念和初级概念建立起来的。梁漱溟先生的"学问贵能得要"中的"要"，也就是指知识系统中那些反映主要联系的观念和概念。在学术性知识体系中，知识一般是按照由浅入深的逻辑组织起来的，前后知识点之间存在发展的必然逻辑，前面知识是后面知识的基础，反过来，后面知识是前面知识的深化和发展；学术性知识学习必须按照由浅入深的顺序循序渐进地进行，否则就无法理解或无法深刻理解。费希特强调学者必须经过学养的教育和培养或许就有此种考虑。从学者角度来讲，要成为一个学者就必须经过较长时间的知识积累也就是学术教育和训练，这在现代社会尤其必要。大学是培养未来学者的地方，大学教师承担着培养未来学者的重任，因此，大学对大学教师的学术训练要求更为严格。现在，我国大学一般都要求教师应是博士，重点大学要求教师必须是博士。

学者是一个社会中最有知识的人。在学术职业化时代，大学教师是学者群体的主体。故而，大学教师的知识状况代表了一个社会知识发展的状况。

三、我国当代大学教师的学者形象

当读者看到这个标题的时候就已经明白了笔者的观点，本人认为，大学教师应该而且必须是学者，这是成为优秀大学教师的必要条件。但是，无论是在理论上还

① 陈孝彬等主编：《教师百科辞典》，社会科学文献出版社 1987 年版，第 321 页。

是在事实上，对于大学教师与学者角色之间的关系一直都是存有异议的。为此，笔者在这里对这一问题作一简单论述。

（一） 大学教师与学者

从大学和大学教师职业的学术本性上讲，大学教师队伍应该由一群学者组成。但是，历史上也有学者对此提出了异议。20世纪初期社会学家马克斯·韦伯明确指出了教师与学者两种角色往往是难以兼得的。他说，“一个人可能是十分杰出的学者，同时却是一位糟糕透顶的老师”①。因为教学是一种艺术，涉及个人的天赋以及一些纯粹的外缘因素，比如性情、甚至声音的抑扬顿挫，它们绝非与学者研究学问的能力相吻合。一个人要同时兼得这两种能力，完全得靠运气。韦伯列举了韩姆霍兹（Hermann von Helmholtz）和兰克的例子以为证明。而在更早些时候红衣主教纽曼也把探索者和大学教师看做是对立的两类人，不过具体缘由却异于韦伯，他认为“探索与教学是截然不同的两种功能”，探索者的用武之地应该在“首先注重科学自身而不是注重学生的机构”②。上述两位学者认为大学教师不可能同时兼得或者根本不能兼得教师与学者两种角色，其缘由概括起来：一是扮演这两种角色各自所需要的先天和后天的能力、条件不同，一个人能同时具有这些条件是难以为人力所把握的；二是这两种角色的社会功能各异。笔者认为，由此可以推知，韦伯和纽曼事实上不主张大学教师是学者。现在不同意“大学教师应是学者”的人差不多也主要是出于这两个理由的考虑。

然而，更多的学者认同“大学教师应是学者”的观点。只是在“教师”与“学者”的先后次序上形成了不同看法，一些学者认为大学教师应“首先是教师，然后才是学者”，另一些学者认为大学教师应“首先是学者，然后才是教师”。我国科学家钱伟长说：“你不上课，就不是老师；你不搞科研，就不是好老师。教师是必要的要求，不是充分的要求，充分的要求是科研。科研反映你对本学科清楚不清楚。教学没有科研做底子，就是一个没有观点的教育，没有灵魂的教育。”③ 钱伟长先生的这段话代表了“先教师后学者”观点及其主要理由。但德国著名哲学家雅斯贝尔斯认为“大学教师首先应是研究者”，只有“最好的研究者才是最优良的教师，只有这样的研究者才能带领人们接触真正的求知过程，乃至于科学的精神，只有他才是活

---

① ［德］马克斯·韦伯著，钱永祥等译：《学术与政治》，广西师范大学出版社2004年版，第159页。

② ［英］约翰·亨利·纽曼著，徐辉等译：《大学的理想（节本）》，浙江教育出版社2001年版，序言第20页。

③ 钱伟长：《新技术革命与高等教育》，教育科学出版社1984年版，第73页。

学问的本身，跟他来往之后，科学的本来面目才将得以呈现。通过他的循循善诱，在学生心中引发同样的动机。只有自己从事研究的人才有东西教别人，而一般教书匠只能传授僵硬的东西"①。美国学者帕森斯也认为，"现代大学的教授应首先把自己看做是学者，其次才是教师"。因为"要使学习者的心智得到磨练，唯一的条件是教师的心智自身是活跃"②。我国学者张楚庭教授也说："教授们最优先的是把自己的思维过程、探索历程亮在学生面前，这应当是活灵活现的，自然流淌的，学生们所最需要看到的并不是书本上已有的结论，而是教授们带有原汁原味的思想及其过程。"③笔者认为，无论是哪种观点都表达了一个共同的思想：大学教师既应是教师，也应是学者；二者的区别在于各自思考问题的切入点不一样，前者从教师职业的本性来研究大学教师的特点，后者从大学的学术性来研究大学教师的特征。

我们认为，大学是学术性的高等教育组织，因此，大学教师既是教育者也是学者。大学教师应该而且必须是学者，这是由大学的学术本性所决定的。大学是"学者的社团"，这是任何时代大学都应该坚守的基本价值标准。大学教师以"高深学问"为内容媒介，从事的是"高深专门知识的教与学"工作。高深学问忠实于真理，不仅要求绝对忠实于客观事实，而且要求尽力做到理论简洁、解释有力、概念文雅、逻辑严密。

（二）我国当代大学教师的学者形象现状及分析

毋庸讳言，理想学者型大学教师在今天的大学还是大有人在，甚至占压倒性优势。但同时也不可否认，当前大学教师群体中也有相当一部分人离理想学者形象还有一定差距，表现出理想学者形象失落现象。笔者认为，学者形象失落在当前主要表现在大学教师的学者精神缺失和知识形象欠佳两个方面。

首先，当代大学教师学者精神的缺失具体体现为以下几个方面：

(1) 学术理想失落。具体表现为一些大学教师主要是"依赖学术而生"，而不是"以学术为志业"。理想的大学教师应是把追求学术的发展作为自己人生理想、信仰的人；为了学术事业的发展能够奉献自己的一切，具有强烈的献身精神和责任意识。而据有关学者对高校教师职业自我认知的现状研究表明，当前影响高校教师敬业精

---

① ［德］雅斯贝尔斯著，邹进译：《什么是教育》，生活·读书·新知三联书店 1991 年版，第 145、152 页。

② ［英］约翰·亨利·纽曼著，徐辉等译：《大学的理想（节本）》，浙江教育出版社 2001 年版，序言第 20 页。

③ 张楚庭：《大学里，什么是一堂好课》，《高等教育研究》，2007 年第 3 期。

神的相关因素中，收入与敬业精神之间有较大相关性，而专业发展的满意度与敬业精神之间不相关[①]。在心理学中，职业倾向是一个人的职业抱负及其对个人职业的自我概念。职业倾向足以影响个人职业选择，影响个人职业改变的决策，并决定个人对未来职业的看法[②]。通俗地说，职业倾向事实上反映了一个人在职业生活中的追求方向或目标。据一项实证研究表明，我国研究型大学教师有多种职业倾向，其中以技能型倾向认同度最高，其次是服务型和生活型[③]。所谓技能型指该种职业倾向的人追求在技术职能领域的成长、技能的不断提高及应用技术职能的机会，喜欢面对专业领域的挑战，通常不喜欢从事一般的管理工作。服务型是指该种职业倾向的人追求自身认可的核心价值，希望用自己的知识、技巧帮助别人，并追寻这种机会，也意味着即使变更组织，也不会接受、不允许他们实现这种价值的变动或工作提升。生活型是指该种职业倾向的人希望将生活的各个主要方面融为一体，平衡个人、家庭和职业的需要，因此，其需要一个能够提供足够弹性的工作环境来实现这一目标。而众多关于大学教师工作满意度的调查研究都表明，工作收入对大学教师工作满意度的影响最大[④]。另外，在一项涉及高校教师工作目的的调查中，被调查者中有33％的人认为工作主要目的是体现自身价值，而67％的人认为当前的工作与谋生有密切关系，其中认为谋生是工作的主要目的的人占到了33％，工作完全就是为了谋生的占6％[⑤]。上述各种调查结果说明了一个事实，当代大学教师中还有相当一部分人学术工作价值取向还主要停留在功利主义和自我发展层面上，学术工作还只是一种谋生的手段，远未达到受到一种精神召唤的“志业”水平。正因为如此，物质环境、经济条件等对大学教师从事学术工作的影响往往成为主导因素，“依赖学术而活”成为当前一些大学教师的真实写照。

(2) 学术动机功利化。本真的学术以学术本身为目的，名利只不过是学术的副

---

① 鲁汉玲：《高校教师的职业自我认知及其工作现状研究》，《现代教育科学》，2003年第4期。

② Edgar H. Schein, Career Anchors and Job/Role Planning: The Links between Career Planning and Career Development, Career Development Theory and Practice, Edited by Montross D. H and Shinkman C. J, Springfield IL: Charles C. Thomas, 1992, pp. 7-217.

③ 龚晓麒、顾琴轩：《我国研究型大学教师职业倾向实证研究》，《安徽农业科学》，2006年第4期。

④ 魏文选：《中国大学教师工作满意度的实证研究——基于武汉、郑州两地大学的调查研究》，《高教探索》，2007年第3期；范立国、张凡迪：《教师工作满意度影响因素重要性调查与研究》，《沈阳大学学报》，2004年第3期；袁凌、谢赤、谢发胜：《高校教师工作满意度的调查与分析》，《湖南师范大学教育科学学报》，2006年第3期；等。

⑤ 袁凌、谢赤、谢发胜：《高校教师工作满意度的调查与分析》，《湖南师范大学教育科学学报》，2006年第3期。

产品。但当下大学学术界的现状却恰好与之相反，学术成为大学教师获得名利的手段。近几年，在科技界和教育界中，学术腐败、学术不端、学术失范、学术异化等现象频频出现。仅在 2006 年的头三个月里，我国大学学术界就有“汉芯造假案”、“清华大学刘辉学术造假案”以及“四川大学丘小庆教授学术造假风波”等造假事件被披露，而被披露的其他类型的大学教师学术弊案也不在少数。据统计，同期涉嫌的大学教师弊案还有：沈履伟个人署名的专著《求是集》涉嫌剽窃；北京大学英语系副教授黄宗英因学术剽窃行为，被院方解聘；中国人民大学文学院教授金元浦被上海女作家任晓雯指责剽窃；武汉大学法学院副院长周长城被武汉大学社会学系 7 名教师指责剽窃；因被原作者指责严重抄袭，汕头大学长江新闻与传播学院教授胡兴荣辞职；西安交通大学司履生教授实名发表文章公开质疑中科院院士魏于全发表在《中华肿瘤》杂志和《自然医学》杂志上的两篇重要论文造假[①]。正如《背叛真理的人们：科学殿堂中的弄虚作假》一书中所说，每一起被揭露出来的大舞弊，代表了大约十万起隐藏在沼泽般的科学文献废纸中的大大小小的舞弊。由此可见，上述种种不良现象在大学教师学术活动中绝不是个别现象，而是存在一定数量。这些现象的产生固然有其外部环境、制度因素的影响，但都与学者本人过于追求名利的学术动机是密不可分的。“汉芯案”背后是上亿元的科研拨款，“刘辉案”背后是“国内外具有广泛影响的顶级专家和中青年骨干人才”称号以及国内知名大学教授职位，等等。事实表明，一旦学者学术动机异化，对名利的追求超过了对真理发现的热爱和责任，任何完善的制度都无法完全制止种种不良行为的发生，有些人总会想方设法利用不道德手段去达到自利目的，学术腐败、造假等现象就会出现。不仅如此，学术造假主体与其所在大学内部管理部门以及外部主管部门往往形成了“利益链”，相互耦合，使得造假等行为屡禁不止，本真的学术沦为“名利”的副产品。

(3) 求真意识不强、创新意识薄弱。求真精神是大学教师学者精神特质的核心内容，失去了求真精神大学教师也就失去了做学术的内在求知动力。据教育部“中国公民人文素质调查与对策研究”课题组的有关学者调查发现，我国当前高校教师总体上求真意识不强[②]。不断出现的学术造假、剽窃事件更是直接地表明了当代部分大学教师缺乏求真精神。没有了执著地对真理的热爱，学术创新也就沦为一句空话。

---

① 马琨：《2006 学术造假首季盘点》，《深圳特区科技·创业月刊》，2006 年 4 月刊。

② 在被调查的教师中，55.7%的人选择“按客观规律办事”，但也有 36.8%的教师选择了“按自己兴趣”，甚至还有 7.4%的人选择了“按他人意志办事”，这表明当代高校教师的求真意识还不是很强。参见冯莉、徐强：《中国高校师生求真、求善、求美意识调查分析》，《高教发展与评估》，2006 年第 6 期。

一方面大学教师每年所发表的学术论文总量差不多以几何级数的速度在增长，但另一方面，学术论文的质量却不见有大的突破，高质量原创性的论文数量不多。以SCI论文为例，我国所有大学一年发表的总数不及美国哈佛大学一所大学所发表的论文总数，我国理科专任教师中97%左右的教师没有一篇SCI论文[①]。大量低水平重复性文章的发表导致学术界出现了所谓的“学术泡沫”现象。更不用说被世界学术界公认的标志着原创性研究的学术奖项——诺贝尔奖，我国学者从来无人问津。

（4）学术独立精神欠缺。大学教师的学术独立精神集中表现在其学术活动中的非依附性、非奴性，能够做出独立的理性见解。学者精神不独立最明显地表现在学术上的“跟风”现象：跟“名人”风，人云亦云；跟“政治”、“政策”风，学术研究变成对政治决策的解读；跟“外国理论”风等，学术研究变成对国外理论的照搬照抄。一个学者虚心向名人、他人学习，能够使自己少走弯路，在学术上更快地成熟起来，但其前提是这种学习必须是批判性学习，否则就容易变成“跟风”或者是鹦鹉学舌。当代民主社会政治需要有掌握精深专业知识的学者来帮助政治决策者作出科学的决策，公民也需要学者来帮助他们科学地理解政治决策，但现实情况是许多学者写论文不分主题性质一窝蜂地往政治文件上靠，变成对政治决策的解读。学术研究需要借鉴和学习，其目的是可以“站在巨人的肩膀上前进”，即为创新打基础。在现代化和全球化背景下的我国学术研究需要借鉴和学习发达国家的有关理论，这样可以避免走弯路，同时也是创新的前提。而我们现在学术界尤其是人文社会学界把借鉴和学习变成了“跟风”，国外研究什么我们就研究什么，或者干脆把外国理论翻译过来加上“中国”等字样就变成对中国问题的研究。最后，大学教师缺乏学术独立精神还表现在“为利益而学术”，学术研究成为利益的奴隶。

（5）学术道德精神失落。当前社会上议论纷纷的“学术造假”、“学术垃圾”或“假学术”、“泡沫学术”现象，学术界所研究的“学术失范现象”或“学术不端行为”、“学术越轨”，舆论界所指的“学术腐败”等都切切实实地表明了学术界包括大学教师在内的学术道德精神失落的现实。有学者甚至认为，这是“一个大学普遍存在的问题”[②]。

其次，大学学者的知识形象不佳，具体表现为大学教师的知识结构比较单一、专业水平不高。作为学者，大学教师理应具有高深、渊博的知识，这一观点得到了近年来有关实证研究的证实。西南师范大学高等教育研究所的赵伶俐教授等人的

---

① 张楚庭：《教育中，什么在妨碍着创造》，《高等学校学术文摘》，2003年第1期。

② 王恩华：《学术越轨批判》，湖南师范大学出版社2005年版，第50页。

"高校教师最应具备和最不具备的素质调研报告"显示，高校学生心目中高校教师"最应具备素质"排序前10位的是：责任感、专业知识、教法多样、教学生动、知识面广、培育能力、敬业精神、引导思维、逻辑性强、和蔼可亲①；另一项关于"我心目中的高校教师"的调查结果也指出，学生在高校教师的"学识水平"和"表达能力"这两项上选择"优秀"的人数最多②，这表明学生对这两项期望最高，换言之，学生心目中的高校教师形象应是学识水平优秀和表达能力强；赵永革等人利用荷兹伯格的双因素理论对"大学生对教师素质各项品质特征的态度评价"调查的结果也表明，学识（渊博—贫乏）被学生认为是"喜爱—厌恶因素"之一，也就是说，学识水平是关系着大学生对教师评价态度的关键因素之一。这些实证结论都表明，学识高深渊博应是大学教师的必备素质也是最重要的素质之一。然而，事实是，我国当代大学教师知识结构单一、专业水平不高，大学教师的知识形象在学生心目中还有待进一步提高。在当代社会，大学教师的知识水平或者说专业水准可以从教师的学历水平得到一定程度说明。至2001年底，我国普通高校中具有研究生以上学历的专任教师的比例为31.2%，其中具有博士学位的教师占7.2%③，教育部部属院校整个教师队伍中具有研究生学历层次的教师占55.63%④。这些数据表明当前我国大学教师整体学历水平还不是很高，尤其是拥有博士这样的高学历人数在整个教师队伍中的比例偏低，虽然在近十五年来我国大学教师队伍总体的学历水平有了很大提高，但与同时期国外大学相比还有待进一步发展，现在博士学位已经成为国外选聘大学教师的基本条件。而高学历水平具有博士学位的大学教师比例偏低的现状表明我国大学教师队伍总体的专业水准不高，这在"高校教师最应具备和最不具备素质"的调查中得到了证实，该调查表明"学识水平"既是高校教师"最应具备素质"之一，同时也是"最不具备素质"之一，而且排在"最不具备素质"的前十位。大学教师知识形象上存在的另一个问题是知识结构比较单一、知识面不广泛。据全国高等学校教师培训专题调研课题组的调查统计，60.0%的学生认为，给他们上过课的教师中一半以上"知识单一，信息量小，教学内容偏旧"，"综合素质不高"；理、工、医、农等专门院校的教师这方面的缺陷尤为突出⑤。大学教师人文素养也不容乐

① 赵伶俐、潘莉：《高校教师最应具备和最不具备的素质调研报告》，《重庆工学院学报》，2005年第2期。

② 张汝德：《"我心目中的高校教师"问卷调查浅析》，《云南高教研究》，2001年第3期。

③ 蒋伟：《高校教师队伍素质建设现状及改革对策分析》，《高等教育研究》，2004年第3期。

④ 梁玉兰、张宇宁、吴德敏：《中国高校教师队伍现状、培训情况调查问卷分析研究》，《武汉大学学报》（人文科学版），2005年第2期。

⑤ 蒋伟：《高校教师队伍素质建设现状及改革对策分析》，《高等教育研究》，2004年第3期。

观，主要表现为：人文知识薄弱，传统文化知识不足，艺术修养缺乏[①]。大学教师的科学素质现状更令人堪忧，据教育部“中国公民人文素质调查与对策研究”课题组的调查结论指出，教师的科学素质整体上不如学生，而高校教师的科学素质整体不如中小学教师[②]。我国大学中部分大学教师的知识形象不高，这对大学教师学者形象的塑造产生了不良影响。

我国当前部分大学教师学者形象失落有其深刻的、复杂的现实和历史原因以及主体因素。笔者认为，概括起来主要有如下五个方面的原因：

第一，现代社会理性主义的转向和我国理性主义文化传统的缺失消解了大学教师理想学者精神成长的社会精神基础。

严格地说，学者传统是西方理性主义哲学思想的产物。“理性完全从无意识的原始水准超拔出来，乃是希腊人的成就。”[③] 西方理性主义文化起源于古希腊，发展至18世纪理性启蒙运动时达到了高潮。希腊的理性哲学始于赫拉克里特和巴门尼德，中间经过了苏格拉底的人生实践和柏拉图的理念学说的发展，最后完成于亚里士多德。亚里士多德把希腊哲学家的理性理想推向了极致。希腊人对理性的关注表现在对关于存在的知识的终极关怀上，亚里士多德的名言“吾爱吾师，吾尤爱真理”即是追求理性的真实写照。唐君毅先生在《西洋古典文化精神之省察》中指出，希腊人的理性特征是自由理性，是对于普遍之理的肯定。他说：“希腊人所谓理，与中国儒家所谓理，及斯多葛、康德之理性不同。其不同之处在：希腊人之理，恒只为科学、哲学、文学、艺术之意识所对、所观照之一普遍的相或形式。故最好称之为理型。理型自其本身言，有普遍性、客观性、超越性，而不必有实效性、现实的存在。”[④] 也就是说，希腊人的理性就是康德的“纯粹（思辨）理性”，或者通常所谓的“理论理性”。希腊人在追求关于存在的知识的过程中发展出了一种全身心地投入追求知识的生活方式，即“静观的人生”，他们把这种生活方式的意义和价值定位在追求知识本身，而不是在其外。这是学者精神的源头。而对学者精神的形成产生关键作用的是中世纪的经院哲学，经院哲学使理性与信仰结合，从而使学术获得了至上的信仰地位。我国学者尤西林教授认为，“经院哲学传递给后来大学的学术观念，其

---

① 李林：《高校教师人文素养的现状及思考》，《西南民族学院学报》（哲学社会科学版），2000年第12期。

② 郭彦霞：《中国师生科学素质现状调查》，《理工高教研究》，2006年第5期。

③ ［美］威廉·巴雷特著，段德智译：《非理性的人》，上海译文出版社2007年版，第86页。

④ 唐君毅：《人文精神之重建（一）》，广西师范大学出版社2005年版，第105页。

中最为珍贵的一个核心乃是对学术的信仰态度”①。经院哲学使信仰与理性结合，神学的学术性获得深化与精致化，由此而成为学术规范传统与学术观念态度。与现代基于个人立场的论争不同，经院哲学特有的基督教信仰大前提，使之更鲜明地体现着学术传统的一个基本态度：学术论辩不是个人之争，而是互以对方的对立所构成的认识论差异为条件，在相互诘难中共同趋近真理的活动。因而，真理不是现代人辩论文化观念所以为的胜者占有的对象，而是论辩双方共同努力接近的信仰目标。真理在经院哲学中所享有的基督教信仰地位，使学术成为超出任何特定个人一致的信仰性对象。这就是后来大学中学术享有至高无上尊严的渊源。由此，学术在学者眼中成为一种信仰目标，享有了至高无上的地位。对学术本身的追求成为学者的一种人生理想。

近代科学在发展初期继承了希腊人的哲学传统——重视发现事物的普遍之理，但与古希腊哲学不同的是，近代科学重视的是在时空中发现事物的普遍之理，而希腊人则是在超时空中求普遍之理，而且近代科学重视将特殊事物归化为普遍之理之表现，即重视科学在现实上的实际应用。简言之，近代科学内含着工具主义的特性。近代科学的这种特征为西方理性主义的转向奠定了基础。随着近代科学在现代生产和生活的广泛应用，西方理性主义由古典的纯粹理性转向了实践理性、工具理性。工具理性主义、功利主义价值观日益在现代社会生活中占据了主导地位。而学者精神的哲学基础是纯粹理性主义，所以，随着理性由纯粹理性向工具理性的转向，理想学者所赖以存在的社会精神基础也就消失了。大学学者在现代社会中出现精神失落现象也就不难被理解。

更为重要的是，我国自来就缺乏西方式的理性主义传统，从而也就不利于理想学者精神的培育。唐君毅先生在《中西文化精神之比较》中说：“重概念之分析理型之观照之希腊科学精神，依假设之构造以透入自然之秘密，而再以观察实验证实之近代西方科学精神，二者在传统之中国文化中，终为所缺。”② 不同于西方文化以科学宗教精神为核心，中国传统文化精神以道德和艺术精神为中心。二者在对待主客观的关系上有着显著区别：西方的科学宗教精神把主观与客观二者对立，而中国传统文化中的道德艺术精神则是主张主客二者和谐融摄。并且，道德精神的根本在于实践。是故，在传统道德艺术精神的影响下，我国古代形成了明显异于西方的学术特征。我国古代以儒家学说为主体的学术是实践性的人生观、价值观或世界观学说，

① 尤西林：《人文精神与现代性》，陕西人民出版社 2006 年版，第 190 页。

② 唐君毅：《人文精神之重建（一）》，广西师范大学出版社 2005 年版，第 62 页。

以提供解决现实问题的指导方案为目的，发挥的主要是信仰的作用，其起决定作用的是宗教性思维方式；而西方学术则是一种思辨性、认知性的学术，以求得关于世界的认知为宗旨，发挥的往往是知识的作用，其中主流的思维方式是科学的思维方式。简言之，中国古代学术强调“学以致用”，而西方则强调为求知而求知。中西方这种不同的学术范式决定了各自学者精神的差异，中国学者自来缺乏类似西方学者的追求“纯学术”的学者传统。可以这么认为，中国社会有利于理想学者精神成长的文化精神底蕴的缺失，也是当代大学教师学者精神不佳的重要影响因素。

第二，我国以政治论为主导的大学哲学观直接限制了大学教师理想学者精神的发展。

前面我们已经提到，学者精神是以理性主义特别是纯粹理性主义哲学为基础发展起来的。而纯粹理性主义在大学内部的具体体现就是认识论的高等教育哲学观。换言之，大学教师理想学者精神的发展是直接建立在认识论的大学理念之上。20 世纪以前，由于社会历史条件和政治经济文化体制有利于认识论高等教育哲学的发展，从而也就在客观上形成了以认识论为主导的大学哲学观，因此，理想的学者精神就比较容易在大学教师身上发展起来。其时大学教师大部分是上层社会的精英人物，他们或是出身于名门望族，如达尔文，或是得到名门望族的支持，如伽利略。他们所开展的学术研究，主要是出于有闲阶级对知识探究和对真理追求的爱好而已。因此，他们在追求真理的过程中，发展出一种纯理性的精神，即为知识而知识的精神。同时，由于当时的科学与生产、科学与社会的关系并不密切，学者主要按照自己的兴趣自由选择研究课题，展开个人之间的竞争。然而，随着现代理性主义的转向，政治论的高等教育哲学观日益在大学理念中取得优势地位。以政治论哲学为主导的大学理念强调大学为社会、国家服务，学术研究是为了“有用”，学术的功利主义取向比较突出。而近代功利主义观更加剧了这一取向。近代功利主义兴起于 18 世纪末 19 世纪初，20 世纪中期以后随着社会和科学技术的迅猛发展，功利主义在社会上的影响越来越重大，越来越明显，导致了唯物质主义倾向的形成。

中国学术自古就重视“学以致用”，换言之，功利主义学术传统在我国有着悠久的历史。但是，我们现在所说的学术的功利主义主要是伴随着近代科学在我国的传播而传入的西方功利主义观。西方的功利主义与中国古代功利观并不完全一致，虽然二者都把利益看做是道德的基础、都在肯定利己合理性的同时具有利他主义色彩以及认为德行应为功利服务等共性。但是，西方的功利主义主要是一种个人本位的功利观，即一种利己主义的功利观；而我国的功利观是一种社会本位的功利观，即一种利他的功利观。我国古代学术“学以致用”观中的“用”强调的是为民族和民众而用，学者是在为超越自我和家庭之外的美好社会和世界而努力工作。即使如此，功利主义学术观对学者精神发展还是有一定消极影响。20 世纪初期，蔡元培、梅贻琦等人在对北大、清华等大学进行改革时大力提倡现代学术观，重视学术本身的发展，但是由于特殊的时代背景，纯学术的学术精神并未能真正得到确立。“学术救国”思想一直是近代学者的主流思想。新中国成立后，政治论哲学观基本上成为指导我国大学发展的主导哲学观。而自改革开放起，在以经济发展为中心的战略背景下，西方近代功利主义观以其有利于经济发展的巨大优势对我国社会生活产生了深远影响，大学也不例外。如此，政治论哲学观与西方功利主义观携手加剧了我国大学教育的功利化，而教育功利化对学术和学者产生了双重后果。日本学者池田大作认为：“现代教育陷入了功利主义，这是可悲的事情。这种风气带来了两个弊端，一个是学问成了政治和经济的工具，失掉了本来应有的主动性，因而也失掉了尊严性。另一个是认为唯有实利的知识和技术才有价值，所以做这种学问的人都成了知识和技术的奴隶。”[①]

第三，学术职业化直接挤压了大学教师理想学者精神成长的空间。

自由与宽容是学术研究与创新的重要环境保障，也是理想学者精神成长的重要环境条件。然而，现代社会中自由和宽容的学术环境正越来越受到学术职业化的限制。近代社会分工发展的后果之一即是学术职业化。所谓学术职业化就是将学术研究作为一种谋生的职业，学术研究者成为职业学者。学术职业专门化一方面促进了学术的发展和繁荣，另一方面也在客观上限制了职业化学者的理想学者精神的发展。韦伯就曾明确指出：“以学问为生命志业首先受到的限制，就是学问已进入一个空前专业化的时代，并且这种情形将永远持续下去。”[②] 因为职业化学者首先是将学术作为物质意义上的“职业”而非精神意义上的“志业”。学术职业化与由现代大学、研究机构、学术团体、图书馆、实验室及学术期刊等构成的现代学术体制相伴而生，职业化学者被纳入分科化、专门化的学术体制中。职业化学者必须立足于现代学术体制方能生存，而现代学术体制在伴随科技的发展而发展的过程中，日益受到技术统治理性的影响和控制。“技术统治理性以其势不可挡的力量，取消了各种无直接功利性制度的合理性，知识生产中的价值与信念都成了海市蜃楼。尤其是进入 20 世纪之后，现代技术的精神通过数量化的商业市场成为我们时代的中心，人的价值要靠

① ［英］汤因比、［日］池田大作：《展望二十一世纪——汤因比与池田大作对话录》，国际文化出版公司 1985 年版，第 61 页。

② ［德］马克斯·韦伯著，钱永祥等译：《学术与政治》，广西师范大学出版社 2004 年版，第 161 页。

各种各样的指标体系来衡量，教学工作量、发表论文数、主持课题数等成为现今评价大学教师职业发展的纯技术性指标，生命的质量已被数量所取代。”[①] 职业化学者在各种以技术统治理性为主导的制度压力下失去了自由发展的空间，日渐变得实用、功利、浮躁、浅薄，丧失了作为理想学者的精神特质。

大学教师是学术职业化背景下典型的职业学者，是职业化学者的最重要主体，他们由传统的传道、授业、解惑之“师”变成职业化的知识传授者及生产者。学术职业化时代，大学教师传授知识的首要目的在于谋生，而不在于传道和解惑，故而，大学教师首先顾及其经济利益，把知识当作特殊商品以作交换也是自然之事。即使有部分大学教师主观上乐意把学术当作生命的“志业”，但也不得不考虑生计问题，甚至不得不屈服于经济问题。我国学术职业化始于清末民初，由于我国经济发展的长期落后，职业化后生计问题对学者的影响尤为明显，即使像近代大学者顾颉刚也不免受到经济影响。顾颉刚曾以自身为例分析了生计问题对职业化学者的影响，他说：“我没有金钱的癖好，薪金的数目本来不放在我的心上。我到北京来任事，也明知在欠薪局面之下，生计是不安的；只为要满足我的学问的嗜好，所以宁可投入淡泊的生活。……以前学生时代，我向祖母和父亲乞得些钱钞，常常到书肆里翻弄；哪知道现在自己有了职业，反而失去了这个福分。……为了生计的不安定，要什么没有什么，一方面又受家人的谴责，逼得极好学的我也不能安心治学。有时到了十分困苦之境，不免想作了文稿出卖，因为我年来得了些虚名，稿子确也卖得出去，在这一方面未始不可救一点急。但一动笔时，又使我懊丧了。我觉得学问原是我的嗜好，我应当尊重它，不该把它压作了我的生计的奴仆，以致有不忠实的倾向而生内疚。然而学问的忠实谈何容易，哪能限定了一天写几千字，把生计靠在上面。与其对于学问负疚，还不如熬着困苦：这是我的意志的最后的决定。”[②] 顾颉刚在面临学问与生计的两难困境时，虽然最终是对真学问负责的意志战胜了为生计而学问的想法，但他毕竟是极少数做这种选择的人之一。当代我国社会经济得到快速发展，大学教师的基本生计得到保障以及物质生活条件得到很大改善，但是在唯物质主义时代背景下，对更高更好物质生活的向往、对更多经济利益的追求又成为新的现实。尤其在以技术理性为主导的现代学术体制下，加上学术成果交流的快捷化，大学教师为利益而逐渐养成了速成和急功近利的心态，促成学术研究中浮躁学风泛滥，著书“为稻粱谋”的现象日益严重。

---

① 李春萍：《学者·知识分子·知识工作者》，《学术研究》，2006 年第 10 期。

② 顾颉刚：《古史辨·自序》第 1 册，朴社 1926 年版，第 96～97 页。

第四，大学内部教师评价制度的异化加剧了大学学者精神的萎缩。

教师评价是大学管理的一项重要内容，在一定程度上体现了大学的办学理念与追求，对大学的整体发展具有重要影响，也对大学教师个体专业发展和大学生素质的全面发展具有导向和激励作用。学术职业化时代，大学教师既因职业一谋生的需要而具有“经济人”的特性，更因学术研究的特质而具有“学术人”的特性。因此，大学教师评价制度应该既立足于“经济人”的人性假设，也应基于“学术人”的人性特点，从某种程度上来讲，后者更为根本。如此，大学教师评价制度才能真正起到激励和导向作用。但是，从我国目前大学教师评价制度来看，基于“经济人”的假设要多于“学术人”的假设，评价过程中以效率和效益至上，教师评价的功利主义价值取向比较突出，远远背离了“学术人”的评价目的，导致大学教师评价严重异化。其中，最典型的表现就是教师评价过程中重科研、轻教学以及重数量、轻质量的现象突出。其原因在于：首先，科研比教学更容易作为衡量和判断指标，因为科研成果是有形的，也就是俗称的“硬通货”，它能直接为大学带来声誉、资源，给大学带来发展机遇和竞争力以及成为教师获得晋升的重要手段；而教学往往因为质量显现的滞后性和个体风格的差异而难以精确把握和衡量，成为人们眼中的“软通货”，从而不会带来显著而直接的利益。其次，为了追求管理的效率和所谓的“公平”，我国大学目前普遍采用的是量化的评价方式，对教师评价以教学工作时数、教学得分数、论文或论著发表数量（字数、篇数）、核心期刊数等作为主要的评估指标，这种以量为主的评价方式诱发了大学教师的浮躁学风和急功近利的学术心态，导致生产了大量的学术垃圾，出现了“学术泡沫”现象。总之，当前以功利主义为价值取向的大学教师评价制度既没有对大多数教师形成外部压力，又没有转化成为教师积极自我发展的动力，反而加剧了大学学者精神的失落。大学教师在这种评价环境中，不求有功但求无过，把自己的行为限定在符合既定标准以避免解聘或减薪的压力，大学教师的求知动力下降，学术仅仅是一项糊口的职业，而不是有意义的事业。

第五，现代专业主义思想和特殊的历史因素对我国大学教师知识形象的影响。

大学是专业化组织，学术系统是专业化系统；大学里教师是按专业划分也是由专业来联系的。这是所有高等教育机构的共同特点。如同伯顿·R·克拉克所说：“甚至在中世纪大学相对简单的机构中，教授们保存、提炼和传授的也不是普通知识，而是他们以专家见长的特定知识体系。”[①] 大学教师因专业不同而各自拥有本专

---

① ［美］伯顿·R·克拉克著，王承绪等译：《高等教育系统——学术组织的跨国研究》，杭州大学出版社 1994 年版，第 16 页。

业的思想体系、研究方式和方法体系等。不同专业的教授与教授之间几乎完全没有合作的可能，尤其是现代大学教师不仅是专业化的，更是“高度分裂”的专业化，即使在相互联系的领域中，教授们之间也是各行其道，只关注掌握和使用某一方面的复杂的思想和方法体系，比如实验物理学教授与理论物理学教授就各自需要不同的思想和方法体系。因此，韦伯指出，唯有凭借严格的专业化，学术工作者才有机会在有朝一日完成一些可以传世的成就。在这种专业主义的长期规训下，大学教师也越来越囿于某一狭小的知识领域，成为真正的“专家”。我国现代大学和大学教师也受到专业主义思想的影响。特别是新中国成立以后，为了适应社会形势的发展，为了社会主义现代化建设的需要而培养各行各业的专家成为大学的主要办学目标，其直接措施就是 20 世纪 50 年代初期的全国高等院校院系大调整。这次院系调整进一步强化了专业主义思想，导致我国高等院校专业划分过细，对人才培养带来了不利影响。我国当前部分大学教师知识结构单一、知识面狭小即与此有关，因为当前大学教师中相当一部分人就是在这种专业教育培养中成长起来的。另外，十年“文革”造成了人才断层现象，导致改革开放以后为了发展高等教育，大学不得不降低标准录用了大批低学历人才进入大学教师队伍，而这些人在当前大学教师队伍中还占有一定的比例，尽管他们中也有相当一部分人经过努力学习现在很有真才实学，但也确有一些人知识水准明显偏低，已经不能满足大学生的求知要求。概言之，当前我国部分大学教师知识形象不佳的原因既有学术专业化本身的因素，也有我国特殊的历史因素。

第四章　知识分子角色的大学教师理想形象

自中世纪以来，大学教师先后获得了种种不同的称呼。这些称呼既反映了大学教师所扮演的种种社会角色以及承担的社会使命，也反映了他们不同的秉性。在这些称呼中，“知识分子”便是其中之一。“知识分子”称呼代表了作为知识生产者的大学教师超越了专业领域而发展出了一种对人类的基本价值和现实社会的普遍关切，由此而成为一个精神性群体。

一、知识分子的界定

“知识分子”在现代社会究竟指谁？这不是一个三言两语就可以简单说清楚的问题。因为正如美国学者刘易斯·科塞所言，“许多人认为，它是指很不可靠和令人厌恶的人品，还有些人则认为，它是指令人向往但经常难以企及的优秀品质。对一些人来说，知识分子是不切实际的梦想家，给严肃的生活事务带来麻烦，在另一些人看来，他们则是‘人类的触角’”[①]。但是，作为严肃的学术研究，明确清晰的概念是必不可少的，因为概念形成是抽象思维的起点，对概念作出科学定义本身就反映出对这一角色、事物或现象的一定深度的认识，同时定义的形成又促进这一认识过程的进一步深化。所以，本书还是从对“知识分子”概念的认识着手来逐步分析大学教师的知识分子形象。

为了避免出现所谓“游谈无根”现象，这里有必要首先对“知识分子”作一词源学的考察。

（一）“知识分子”的词源学考察

本书所指“知识分子”是一个近代概念。所以，这里我们首先考察一下西文中

① ［美］刘易斯·科塞著，郭方等译：《理念人——一项社会学的考察》，中央编译出版社 2004 年版，第1～2页。

"知识分子"的词源。西方的"知识分子"一词有三个源头：法语、俄语以及英语。前两个词源为我国学术界所熟悉，而最后一个一般不大被人所注意。

在法语中，"知识分子"一词用"intellectuel"表示，该词在德雷福斯事件之前已经被雷南（笔者注：Renan，法国哲学家）等人使用过，但广泛流行却是在 1894 年德雷福斯事件以后。另外，"intellectuel"产生以后，虽然常常被用来指称那些支持德雷福斯的人，但是，其本义仍然是指那些"文化水平较高的人"。我国学者王全林博士认为，"法文中的'intellectuel'专指一群在科学或学术上杰出的作家、教授及艺术家，他们批判政治与社会时弊，成为社会意识的中心"，"intellectuel 没有社会阶层的含义，而注重个人心态及其在社会上所扮演的角色"①。笔者认为，王全林博士的观点比较接近于法语社会在使用"intellectuel"一词时所实际指称的对象——他（她）们不仅是文化水平较高的人，更是立场鲜明、批判、反权力的人，简言之，是用写作表达自己政见的人。在德雷福斯事件中，左拉等人对德雷福斯的支持，并非仅仅出于对德雷福斯个人遭遇的同情，而是更看重这一事件所包含的意义，即当时法兰西共和国的民权合法性危机对法国大革命所建立的现代人权与自由、平等、博爱精神的威胁。换言之，德雷福斯事件后流传的法文"intellectuel"一词的含义已经远远超越了纯粹知识的含义而被赋予了意义与价值的意蕴。

俄语中"知识分子"一词用"Интеллигенция"表达。从词源上讲，该词直接源于波兰文的"intelligencja"一词，最早由文学评论家别林斯基使用，19 世纪 60 年代开始流行。波兰人李贝尔特（Karol Libelt）1844 年开始使用"intelligencja"一词，原意是指"一群受过较高教育、对现状持批判态度和反抗精神的人，他们在社会中形成了一个独特的阶层"②。别林斯基也正是在这个含义上使用的，他在《俄国共产主义的起源与涵义》中说，"假如西方人把俄国的知识分子与西方的所谓 intellectual 等同起来，就会陷入误区。Intellectual 是指从事脑力劳动与创造的人，首先是学者、作家、艺术家、教授、教育家等人。而俄国的知识分子（Интеллигенция）则完全是由另一些人构成的。他们可能不是从事脑力劳动的，而且根本不是特别有知识的。许多俄国的学者、作家根本不能算作这个词意上的知识分子。……我们俄国的知识分子是一种思想体系上的而非职业和经济上的群体。……这就是完全被思想并且是

① 王全林：《精神式微与复归——"知识分子"视角下的大学教师研究》，南京师范大学出版社 2006 年版，第 23 页。

② 王全林：《精神式微与复归——"知识分子"视角下的大学教师研究》，南京师范大学出版社 2006 年版，第 22 页。

社会性思想联合起来的平民知识分子。19 世纪下半叶被称作文化阶层的人们转变为新型的人，得名‘知识分子’”[①]。不过有学者认为，“对现状不满”、“批判”、“革命”的意思只是俄文“知识分子”的含义之一，而非唯一含义；并指出，该词在 19 世纪 40 年代至 20 世纪初一直是含义多样的，至少包括以下三种含义：第一，指有修养、举止风雅的人；第二，指对社会现状不满、富于道德情怀、致力于社会进步的精英分子；第三，指任何受过良好教育的社会成员[②]。然而，笔者认为，我们应该注意的是，即使俄语中的“知识分子”在词源上客观上存在着多重含义，但“对社会现状不满、富于道德情怀、致力于社会进步”的含义仍然是其主要内涵，所以，拉塞尔·雅各比认为 19 世纪产生的俄语“知识分子”这一术语和法语词“intellectuel”使英语词“intellectual”具有了新的含义，“深化了其反派的色彩”[③]。

“知识分子”在英语中有两种表示方法，即“intellectual”和“intelligentsia”。王增进和王全林两位学者经过考证都认为，英语“intellectual”一词在法语“intellectuel”使用之前就已经存在。“intellectual”作名词时有如下含义：“理解力”，“智力”，“理解力强的人”，“智者”，“一流智者”[④]。但是，当它指涉社会的批判之意时，受到法语“intellectuel”和俄语“Интеллигенция”的影响，正是在这一层含义上，学者克拉里斯·贝尔特泽纳认为它“纯粹是舶来品”，“它被视为了解英国政治生活的‘有用的新词’”[⑤]，而且是一个带有否定意义的词。我国当代也有人指出，“intellectual”主要用来描述那些受过教育但又与传统和秩序相悖的人或者说用来指称以对社会具有批判性、对立性为主要特征的知识群类。“Intelligentsia”系由俄语“Интеллигенция”转写而来，也写作“intelligentzia”，它往往突出其知识界或知识阶层之意，主要用于俄国（含原苏联）、东欧以及独立前后的非洲[⑥]。

综上所述，在西语（包括法语、俄语和英语）中，“知识分子”一词从词源上讲，指人时其基本文化含义是具有较高文化水平或理解力强的人。有些学者将此含义看作是广义的知识分子概念。但是，随着俄国 19 世纪 60 年代知识分子群体兴起

① 尤西林：《阐释并守护世界意义的人》，陕西人民出版社 2006 年版，第 27 页。

② 王增进：《后现代与知识分子社会位置》，中国社会科学出版社 2003 年版，序言第 7～8 页。

③ ［美］拉塞尔·雅各比著，洪洁译：《最后的知识分子》，江苏人民出版社 2006 年版，第 119 页。

④ The Oxford English Dictionary，Clarendon Press，1989，p. 1068.

⑤ ［法］米歇尔·莱马里、让-弗朗索瓦·西里内利主编，顾元芬译：《西方当代知识分子史》，江苏教育出版社 2007 年版，第 31 页。

⑥ 王全林：《精神式微与复归——“知识分子”视角下的大学教师研究》，南京师范大学出版社 2006 年版，第 24、26 页。

和法国德雷福斯事件以后，该词就被赋予了特定的意义与价值内涵，特别是政治意义与价值。自此，当它作为一个专有名词出现的时候，往往都是从其所代表的意义与价值的角度而非仅仅是从基本含义来谈。我国学者尤西林教授将这种代表特定意义与价值的知识分子称为“人文知识分子”，指出知识分子是一个精神性群体，他们是“阐释并守护世界意义的人”①。

在我国，“知识分子”一词产生于20世纪初期。在汉语“知识分子”一词出现以前，“知识阶级”作为与其同义的词已经广为流传。那么，为什么在已有“知识阶级”一词的情况下又出现了“知识分子”一词呢？学者王增进和王全林的解释有一定道理。王增进认为，“创用‘知识分子’一词的直接原因在于克服‘知识阶级’在语言表达方面的局限性。如果笔者推断正确的话，‘知识分子’一词的最早使用者理应是在表达‘知识阶级成员的个体性’或‘知识阶级的一部分’时使用该词的”②。王全林博士认为，“知识分子”代替“知识阶级”还有一重因素，“出于学术严谨的需要，为示‘intelligentsia’与‘intellectual’的区别，需要一个与‘知识阶级’相关而又不同的新词”，而该时期某某“分（或份）子”比较流行，并且“分子”的现代意义就是指“属于一定阶级、阶层、集体或具有某种特征的人”，于是，“知识”加上“分子”就取代了“知识阶级”。上述二位学者都是从语言学的角度来解释汉语“知识分子”一词的起源，即“知识阶级”中的“阶级”是一个整体概念，“知识阶级”作为一个不可数的复合名词无法表达这个整体中的一部分或个体。所以，为了表达上的准确，“知识分子”一词应运而生。

---

① 尤西林教授在其著作《阐释并守护世界意义的人》中区分了“涵义”与“意义”的不同，他认为：(1)“涵义”所指称的对象是确定（特定、具体）的，从而是可以经验证实的；而“意义”所指称的并非实在对象，而是某种精神境界，即意境，它具有无限性指趋。(2)“涵义”所表达的同样总是确定（特定、具体）的欲求，这种欲求终究受制于人的自然生存需要。而“意义”所表达的不是人的自然生存需求，也不是基于自然欲求之上的任何具体特定的目的，而是人超越动物界、实现人性的升华需要，具有无限性特征。(3)“涵义”的主体欲求与指称对象构成功用技术性关系，从而，“涵义”性的价值是可交换的功利（手段）性价值，此种可交换性使“涵义”可归约计量化，从而与数学方法（含电脑类）构成算计；“涵义”性的关系具有突出的手段性质。而“意义”是对终极价值目的的追问，与自我意识密切相关。(4)“涵义”可“说”，即可纳入“是”的判断之下，成为具有真值的谓词（宾词）。而“意义”是“涵义”的人性化，是对动物自我中心生存状态的超越，可能性是“意义”的本质性特征。(5)“涵义”谓词之间必须是逻辑性关系。而“意义”超出了逻辑概念，呈现为审美直观的对象。最后，“涵义”能被转化为无人称的技术操作系统，反过来操纵着作为个体的人甚至整个人类，从而发生“异化”。而“意义”则不会有此情况。尤西林教授认为，知识分子职能最独特的那一部分已超出了实证领域，它关乎人性本质。所以，知识分子职能只要由人文知识分子承担。人文知识分子就是“阐释并守护世界意义的人”。

② 王增进：《后现代与知识分子社会位置》，中国社会科学出版社2003年版，第18页。

笔者认为，除了上述语言学的因素外，“知识分子”代替“知识阶级”成为一个概念，还有一个很重要的政治因素，即与革命时代对“知识分子”的阶级属性的认识有关。革命年代，首先必须分清敌友，而只有进行正确的阶级分析，才能做到“团结真正的朋友，以攻击真正的敌人”①。实际上，马列主义的阶级分析方法之本意即在于此。而根据马列主义的经典理论，除野蛮人、半野蛮人以及共产主义社会之外，其他任何社会阶段都存在着阶级的差别。这些差别，是由人们的生活状况与生活条件的不同而引起的，而且，在阶级社会中，每个人都必须依附于一定的阶级才能存在。那么，知识分子是属于哪一个阶级？早期的共产党人认为，知识分子由于没有自己独立的经济基础，因此不能构成一个独立的阶级。1923 年 10 月，陈独秀在《青年应该怎样做》一文中指出，“知识阶级的学生自然是小资产阶级之产物。他的特性：一方面因为没有经济的基础，不能构成一个独立的阶级”②。1924 年 11 月，邓中夏在《我们的力量》一文中也持同样的观点，他指出，“可惜他们本来没有经济的基础，只能附属于有经济实力的各阶级方有所成就”。1925 年 6 月，周恩来在作《军队中的政治工作》报告时也指出，“知识分子也是工具，他不生产，同时也不是掠夺别人生产而成为自己的生产的，完全不是个阶级，只可说他是知识分子或知识界。在资本主义社会里，有大资产阶级，小资产阶级，无产阶级，而没有知识阶级。压迫者利用知识分子来想法压迫人，被压迫者也可利用知识分子起来反抗压迫者”③。周恩来的这段话明确地指出了“知识阶级”改为“知识分子”的原因。并且笔者还注意到，王增进指出“知识分子”一词最早是由一个署名为“无懈”的作者于 1920 年在一篇题为《俄国共产政府成立三周年纪念》的文章中所使用，由此，我们更可以看到“知识分子”取代“知识阶级”是受到马克思主义阶级认识论的影响，而且，这也是 20 世纪下半叶“知识阶级”一词完全消失的主要原因。

根据学者王全林的考证，我国迄今为止各类工具书对知识分子的界定突出强调的是“有一定文化科学知识的脑力劳动者”，即西方关于知识分子的基本文化含义。这种认识基本上代表了当代中国社会在政策与意识形态层面对“知识分子”的理解。那么，我国当代社会“知识分子”一词为什么没有西语中所指的“对社会现状的批判”之意？有学者从词源学角度解释了这一现象。西文中，“知识分子”叙事的逻辑起点是“理智”，而理智与理性是密切相关的，所以，即使没有德雷福斯事件出现，

① 《毛泽东选集》第 1 卷，人民出版社 1991 年版，第 3 页。

② 《陈独秀文章选编》（中），生活·读书·新知三联书店 1984 年版，第 343 页。

③ 《中共中央文件选集》第 1 册（1921～1925），中共中央党校出版社 1982 年版，第 254 页。

也可以直接从西语的“知识分子”中逻辑地得出“批判”之义。但是，在汉语中，“知识分子”是由“知识”与“分子”两个词复合而成，根据汉语的理解习惯，显然理解“知识分子”的关键在于对“知识”的认识，而“知识”在汉语中是，“1. 人们在改造世界的实践中所获得的认识和经验的总和。2. 指有关学术文化的”①。由此可以看出汉语对“知识”的解释相当于西文中的“knowledge”，该词从词源学角度讲缺乏与“批判”的内在逻辑联系。第二个是意识形态原因，即前文关于知识分子的阶级属性问题。笔者认为还有一个原因，即在德雷福斯事件以后，西方语境中对知识分子的认识强化了其政治性意义而弱化了其文化含义，例如当代法国学者雅克·朱利亚尔和维诺克就认为，“参政这一概念最终成为判断学者、作家、艺术家是否是知识分子的最恰当标准”②。1965 年，美国《时代》周刊把这种知识分子界定为：第一，知识分子远不只是读了很多书的人，而是那种心灵深处具有独立精神和原创能力、以追求理想（ideas）为生的人。第二，知识分子必须是他所在社会的批判者，也是既有价值的反对者，他必须承担苏格拉底式的职能③。从西方学者对知识分子定义的叙述中可以看出，所谓经典的知识分子往往就是突出知识分子的政治性意义，往往把知识分子的批判精神等同于社会政治批判精神，而政治批判通常又是基于对立、反对的角度。所以，笔者认为可能是出于规避西方经典知识分子概念中的政治性缘由，20 世纪下半叶我国公众和政策话语中突出了知识分子的文化含义，即只把知识分子看做是“有文化科学知识的脑力劳动者”，而淡化了知识分子角色的精神意义。需要指出的是，虽然从词源的角度上来讲，“知识分子”一词 20 世纪初期才在我国出现，但是这并不意味着我国历史上没有知识分子的存在。余英时先生在《士在中国文化史上的地位》一文中就认为，我国古代的“士”大致相当于西方近代所谓的“知识分子”。他说，“就‘士’之重视‘知识’而言，它是近于古希腊哲学家的；古人以‘通古今，决然否’六个字表示‘士’的特征，正可见‘士’的最重要的凭借也是‘理性’。但就‘士’之‘仁以为己任’及‘明道救世’的使命感而言，它又兼备了一种近乎基督教的宗教情操。……就兼具两重性格而言，中国的‘士’毋宁更近于西方近代的‘知识分子’”④。

---

① 中国社会科学院语言研究所词典编辑室：《现代汉语词典》，商务印书馆 1984 年版，第 184 页。

② ［美］戴维·L·沙尔克（David L. Schalk）：《英语中的“知识分子”（intellectual）源自法语 intellectuel 吗？——美国知识分子史状况》，参见［法］米歇尔·莱马里、让-弗朗索瓦·西里内利主编，顾元芬译：《西方当代知识分子史》，江苏教育出版社 2007 年版，第 354 页。

③ The Flourishing Intellectuals (Time Essay), Time, May 21, 1965, p. 32.

④ 余英时：《中国知识人之史的考察》，广西师范大学出版社 2004 年版，第 118 页。

知识分子词源学的考察表明，“知识分子”一词在中西方文化中存在理解方式上的差异。西方特别是欧洲学者对“知识分子”的理解侧重在文化社会学角度，强调了知识分子作为社会理性阶层和道义“良知”的积极作用；而我国对“知识分子”的认识着重在政治社会学角度，即首先是社会地位的划分然后再判断其政治归属。我们认为，当“知识分子”一词作为一个专门概念名词出现时，它不仅是一个具有基本文化含义的概念，更是一个具有精神意义的概念，对这样一个概念下定义，“不是他们做什么工作，而是他们的行为方式、他们看待自己的方式，以及他们所维护的价值”①。

（二）对“知识分子”的规定

当“知识分子”作为一个精神性概念时，“‘知识分子’一词只是在表面上试图成为一个描述性范畴，其实，对它的外延，它并没有划定一个客观的边界，也没有预设界线的存在”②。这就意味着对这样一个词所作的定义只是一个“唯名定义”而不是“唯实定义”。台湾学者叶启政先生援引比尔斯泰特（Bierstedt）的观点认为，定义分为唯名定义（nominal definition）与唯实定义（real definition）两种方式。“一个唯实定义乃是一对某一概念之俗成约定内涵宣称的命题。以更为技术性的语言来说，唯实定义乃描述一主题名辞之周延内涵的命题。它有如下三个重要特征：1. 一个唯实定义陈述二个各有其独立意义，但彼此却是同义的辞句；2. 它有真实声称，亦即，它是一个命题；3. 它因此可以先当推论中的前提。”唯名定义有时又称言辞定义（verbal definition），“乃是使用某一特定字汇或词句可以替代另外之字汇或词句的一种意向宣称”，其重要特性有三：“1. 被界定端的意义乃赖界定端之意义而定，亦即被界定端之辞句或概念除武断赋予上的以外，在文面上无任何其他意义；2. 定义不具真实宣称，亦即，它不是命题；3. 它不能作为推论中的前提。”③ 所以，唯实定义有正误之分，而唯名定义则无正误之分。唯实定义就是利用定义项的概念将被定义项中客观存在的概念的内涵揭示出来，而唯名定义只是利用定义项的概念将被定义项的概念规定清楚，是一个人为的规定。唯名定义用于下列情形：被定义项是一个新语词；被定义项是一个需要赋予新含义的语词；被定义项是一个有多种含义

---

① ［英］弗兰克·富里迪著，戴从容译：《知识分子都到哪里去了》，江苏人民出版社 2005 年版，第 29 页。

② ［英］齐格蒙·鲍曼著，洪涛译：《立法者与阐释者》，上海人民出版社 2000 年版，第 2 页。

③ 王全林：《精神式微与复归——“知识分子”视角下的大学教师研究》，南京师范大学出版社 2006 年版，第 11、12 页。

的语词；被定义项是一个含义模糊的语词。由唯名定义与唯实定义的特征和知识分子本身的多义性可知，“知识分子”不是一个含义确定的概念或命题，对它只能作一个唯名定义。根据唯名定义的特点，定义知识分子的实质就意味着是给“知识分子”作规定。

如何对“知识分子”作规定？叶启政先生提出的“推拉”论思想对我们很有借鉴意义。他认为，“推”就是从“观念”出发，从文化象征角度来确立“知识分子”的原性，勾勒其起点；“拉”即从“社会结构”出发，充分考虑历史与文化条件。也就是说，我们不能仅仅只从字典里去考察其意义，更应在经验世界里去重点考察。从“推”的角度说，词源学上的文化本义是我们理解“知识分子”的起点，即知识分子是具有较高文化水平或理解力强的人。知识分子的社会意义的本质是“文化”性的，从这一原点出发，“知识分子乃是一群在社会中比绝大多数的人较常使用抽象象征来表达及了解人、社会与宇宙的人，他们是使平凡或粗俗文化精饰化的主要人物，因此乃是精致文化传统的创造者、修饰者、批判者、保持者、解释者、传播者、或经常使用者”①。所谓“精致文化”又称为高级文化或优秀文化，泛指那些内容相当严肃，所表达的感受敏锐、丰富，而且观察深具渗透力和一贯性者，包含具有高度艺术价值的音乐、绘画、雕刻、塑像、摄影、诗词、小说、散文、戏剧等以及哲学、神学和各种科学的研究成果。如果从知识性质角度看，知识分子所拥有的知识是“规范知识”②，也就是理性的知识或“理念”。知识分子与社会之间的关系，是“经由文化象征（cultural symbol）及其展现的社会形式来相互挂钩的”③。“文化性”或者说“规范知识”性质是知识分子超历史、超文化的特征，不涉及任何期望或意理色彩。这是“知识分子”的基本含义，也是政治社会学划分知识分子社会地位的基本依据。

知识分子的文化象征意义只是侧重其对文化创造与诠释中所具有的地位，这只表明了知识分子的“文化象征的理论创释性”（简称为“理论性”）。知识分子在社会中所扮演角色的范围，或说知识分子的社会意义并不局限、乃或终止于文化层面。美国已故的著名史学家霍夫斯塔德也指出，现代的知识分子一方面固然与他们的专业知识或技术知识有关，但另一方面仅仅有专业或技术知识也并不足以享有“知识

---

① 叶启政：《社会、文化和知识分子》，东大图书公司 1984 年版，第 147 页。

② 费孝通先生在《论“知识阶级”》中指出“知识分子的地位有一部分是从规范知识的性质里发生出来的”。参见许纪霖编：《20 世纪中国知识分子史论》，新星出版社 2005 年版，第 101 页。

③ 叶启政：《社会、文化和知识分子》，东大图书公司 1984 年版，第 91 页。

分子”的称号[①]。亦即“在这个新术语中，隐含着这样的意思：在所有的这些职业当中，知识起着核心作用，这是一个使这些职业统一起来的要素。……更重要的是，这种密切关系赋予知识分子角色一种权利（和责任）：他们超越了各种不同的帮派利益和世俗的宗派主义，以理性代言人的名义，向全体国民说话”[②]。“知识分子”这一身份不是产生于与社会地位相关的兴趣，而是其他的兴趣，这就是 19 世纪 60 年代出现的俄国知识分子和德雷福斯事件所赋予“知识分子”一词的新意义。所以，笔者认为，“文化性”或“知识”不是理解知识分子的充足条件，换句话说，仅从“文化性”含义来定义知识分子不能恰切地表达“知识分子”之所指，知识分子更是一个精神性群体，对“知识分子”所作的规定还需从其所代表的精神意义与价值中去寻找，也就是从他们的行为方式、他们看待自己的方式，以及他们所维护的价值中去寻找。从这一点上讲，知识分子永远是自我定义，不是“是”而是“成为”知识分子。

怎样才能“成为”一个知识分子？换言之，“知识分子”所代表的意义与价值是什么？

齐格蒙·鲍曼认为，“知识分子”一词被创造出来的时候，是为了重申并复兴知识分子在启蒙时代的社会核心地位，重申并复兴知识分子在启蒙时代的与知识的生产和传播相关的总体性关怀。它是用来指称一个由不同的职业人士所构建的集合体，其中包括小说家、诗人、艺术家、新闻记者、科学家和其他一些公众人物，这些公众人物通过影响国民思想、塑造政治领袖的行为来直接干预政治过程，并将此看做他们的道德责任和共同权利。所以，“知识分子”一词乃是一声战斗的号召，它呼唤着“‘知识者’（men of knowledge）传统的复兴（或者，可以说，这一词唤起了对于这一传统的集体记忆），这一‘知识者’传统，体现并实践着真理、道德价值和审美判断这三者的统一”[③]。所以，“知识分子”也就是没有客观边界和预设界线的存在，“成为一个知识分子”也就意味着超越对自身所属专业或所属艺术门类的局部性关怀，参与到对真理、判断和时代之趣味等这样一些全球性问题的探讨中来。这样的人在萨义德看来就是“社会中具有特定公共角色的个人，不能只化约为面孔模糊的专业人士，只从事她/他那一行的能干成员”，是“具有能力‘向（to）’公众以及‘为（for）’公众来代表、具现、表明讯息、观点、态度、哲学或意见的个人”，这种

① 余英时：《中国知识人之史的考察》，广西师范大学出版社 2004 年版，第 148 页。

② ［英］齐格蒙·鲍曼著，洪涛译：《立法者与阐释者》，上海人民出版社 2000 年版，第 27 页。

③ ［英］齐格蒙·鲍曼著，洪涛译：《立法者与阐释者》，上海人民出版社 2000 年版，导论第 1 页。

角色“也有尖锐的一面，在扮演这个角色时必须意识到其处境就是公开提出令人尴尬的问题，对抗（而不是制造）正统与教条，不能轻易被政府或集团收编，其存在的理由就是代表所有那些惯常被遗忘或弃置不顾的人们和议题”[①]，知识分子一定要令人尴尬，处于对立，甚至造成不快。与西方众学者强调知识分子与政治的密切关系相异的是，法国作家朱里安·本达认为，知识分子是“向同胞宣传、劝诱信仰和世俗的东西不一样的宗教的人”，“他们的活动表现出他们是追求非实际的目的，为艺术、科学或形而上学的思索等而工作着，总之，他们为追求非世俗的财富而感到喜悦，说起来就是自称‘我们的国王不在这个世上’的那些人们”[②]。质言之，知识分子是守护“理想”的人，是“为理念而生的，不是靠理念吃饭的人”[③]，但他们并非是“完全抽离的、超乎世俗的、象牙塔里的思想家，极为孤立并献身于深奥、甚至可能是玄奥的题材”的人，而是因忠实于理想而“特立独行的人，能向权势说真话的人，耿直、雄辩、极为勇敢及愤怒的个人，对他而言，不管世间权势如何庞大、壮观，都是可以批评、直截了当地责难的”[④]。但是，我们认为，知识分子既为理念而活，那就很难不试图去影响社会，所以，成为知识分子也就意味着社会参与。故而，英国当代学者弗兰克·富里迪说：“无论单个知识分子的发展轨迹和特性如何，作为一个群体，他们在质疑传统、使社会对那些有助于推进人类进步的理想和价值更加敏感方面，扮演着重要角色。”[⑤] 总之，西方学术界关于“知识分子”的一般解释，除了献身于专业工作以外，同时还必须深切地关怀着国家、社会以至世界上一切有关公共利害之事，而且这种关怀又必须是超越于个人（包括个人所属的小团体）的私利之上的。这也就是余英时先生所说的“知识分子”事实上具有一种宗教承当的精神。

俄国是近代知识分子的又一故乡。拉塞尔·雅各比指出，为俄国革命铺路的知识分子，几乎无一例外地被界定为“与政府疏离并和政府敌对”。而以色列的康菲诺

① ［美］爱德华·W·萨义德著，单德兴译：《知识分子论》，生活·读书·新知三联书店 2002 年版，第 16～17 页。

② ［法］朱里安·本达著，孙传钊译：《知识分子的背叛》，吉林人民出版社 2004 年版，初版序言第 13、19 页。

③ ［美］刘易斯·科塞著，郭方等译：《理念人——一项社会学的考察》，中央编译出版社 2004 年版，前言第 2 页。

④ ［美］爱德华·W·萨义德著，单德兴译：《知识分子论》，生活·读书·新知三联书店 2002 年版，第 13、15 页。

⑤ ［英］弗兰克·富里迪著，戴从容译：《知识分子都到哪里去了》，江苏人民出版社 2005 年版，第 34 页。

认为，俄国知识分子具有五个方面的特征：1. 对于公利益的一切问题——包括社会、经济、文化政治各方面的问题——都抱有深切的关怀。2. 这个阶层常自觉有一种罪恶感，因此认为国家之事以及上述各种问题的解决，都是他们的个人责任。3. 倾向于把一切政治、社会问题看做道德问题。4. 无论在思想上或生活上，这个阶层的人都觉得他们有义务对一切问题找出最后的逻辑的解答。5. 他们深信社会现状不合理，应当加以改变①。这与别林斯基认为俄国知识分子是思想体系上而非职业上或经济上的群体的内涵一致。由此可见，俄国知识分子与西方知识分子的共同特征就是他们都超越了个人利害而表现出高度的责任感和关怀世事的精神特点。

中国自古就有知识分子精神传统。余英时先生曾指出，中国古代春秋时期及其以后的“士”阶层就是中国古代的知识分子，他们与近代西方知识分子精神传统有相通之处。他在《道统与正统之间》一文中把中国古代知识分子当作典型（ideal type）来观察，概括出春秋以后古代知识分子的四个基本特征：第一，在理论上，知识分子的主要构成已不在其属于一特殊的社会阶级，如“封建”秩序下的“士”，而在其所代表的具有普遍性的“道”。即孟子所谓“无恒产而有恒心者，惟士为能”。第二，中国的“道”源于古代的礼乐传统，这基本上是一个安排人间秩序的文化传统。因此中国古代知识分子一开始就管的是恺撒的事，后世所谓“以天下为己任”、“天下兴亡，匹夫有责”等观念都是从这里滥觞而来。第三，知识分子不但代表“道”，而且相信“道”比“势”更尊，所以根据“道”的标准来批评政治，社会从此便成为中国知识分子的分内之事。而且，从稷下先生“不治而议论”来看，知识分子批判在中国古代很早就已获得官方认可。第四，由于“道”缺乏具体的形式，知识分子只有通过个人的自爱、自重才能尊显他们所代表的“道”，此外便别无可靠的保证。笔者认为，余英时先生概括的上述四个特点中的前三个特点都与西方近代知识分子精神具有内在一致性。中国古代的“道”所关注的问题是人类存在的终极意义，因而具有超越性，它既不完全脱离俗世，也不等同于俗世，与俗世是一种“不即不离”的关系，这样就发展出了一种“明道救世”或“明道经世”的传统，即以超越世间的精神来过问世间的事情，这就是杜维明所谓“儒者的基本承诺关乎不朽与文化，远非任何特定的权力结构”②。换句话说，中国古代知识分子主要是立足了“道”，作为“道”的确立者、卫护者来体现自己的知识分子身份，而且个人人格也是其获得知识分子身份的方式之一。中国近代知识分子虽然不能与古代知识分子

① 余英时：《中国知识人之史的考察》，广西师范大学出版社 2004 年版，第 150 页。

② ［美］杜维明著，钱文忠等译：《道学政——论儒家知识分子》，上海人民出版社 2000 年版，第 92 页。

完全等同，但在精神特质上具有历史传承性。余英时先生在《中国知识分子的创世纪》中也说，西方文化对中国近代知识分子的影响是在思想信仰的内容方面，而不是知识分子的性格方面。也即是说，中国近代知识分子精神特质源自中国古代知识分子传统。

从上述中外关于知识分子特征的描述中我们可以看出，知识分子之所以为知识分子：首先，“文化性”是“成为知识分子”的前提条件。从这一意义上说，知识分子应是“为知识（理念、思想）而生”的人，是“精致文化”的创造者、修饰者、批判者、保持者、解释者、传播者或经常使用者。更为重要的是，在现代社会一个人要“成为知识分子”意味着他还必须超越其所属专业领域而具有一种对人类的基本文化价值和社会现实的深切关怀意识。由此看来，知识分子就是人类文化价值的创造者和卫护者以及“社会的良心”。如果缺少了这后一方面的因素，知识分子自身的存在就陷入了危机。正是在这一意义上，爱因斯坦并非是因为拥有物理科学知识而称为“知识分子”，而是当他关怀原子能科学的人道主义意义、当他在“和平宣言”上签名时才被誉为“知识分子”；如果爱因斯坦没有这后一方面的言行，那么，他也只能称为是杰出的物理科学家。这种知识分子观是一种“理念期望性格”，是一种理想人格，或许在经验实存中找不到这样鲜明的个体，但它召唤着人们从某一领域的权威成为知识者团体的政治、道德和审美的集体权威。所以，“当一名知识分子是一种理想”①。

二、知识分子的理想精神特质

知识分子的精神特质到底有哪些？这是一个人言人殊的问题。拉塞尔·雅各比形容知识分子是“无业游民、局外人、不满者”②；本达认为知识分子是具有宗教精神的人；台湾学者叶启政认为知识分子普遍具有三个特征：一是强调理性与经验事实，二是重视创新与原创力，三是倾向批判与开放③；当代学者张汝伦先生认为，知识分子的基本特征乃是他们在现代社会中的独特的角色和作用，这就是知识与价值的创造者和维护者，正统和教条的批判者和希望的坚持者；潘艺林博士把知识分子

---

① ［法］朱里安·本达著，孙传钊译：《知识分子的背叛》，吉林人民出版社 2004 年版，安德烈·洛夫的序第 4 页。

② ［美］拉塞尔·雅各比著，洪洁译：《最后的知识分子》，江苏人民出版社 2006 年版，第 27 页。

③ 叶启政：《社会、文化和知识分子》，东大图书公司 1984 年版，第 161 页。

的基本特征概括为：一是拥有高深学问，二是对社会保持着责任意识和批判态度，三是具有独立而高尚的人格，四是具有无私且无畏的批判精神[①]；王全林博士也从四个方面总结了经典知识分子的品性与特征：一是自由独立精神（早期的"自由漂浮物"或现代的"业余性"），二是超然与介入的统一，三是社会的公共关怀与社会的良心，四是批判反思性文化人格。刘亚敏博士认为，最能表现知识分子精神特质的是自由精神、独立精神与批判精神[②]。上述这些关于知识分子特征的描述之所以不完全相同，部分原因是描述语言的细微差异而本质相同，部分原因是论述者视角有异(比如有人侧重知识分子的社会作用、有人侧重知识分子的品性)。知识分子是精神性群体，是故，笔者认为最能揭示知识分子角色特征的也应当是其精神特质。因此，笔者认为，理想知识分子应具有四种主要的精神特质：独立自由精神、理想主义精神、关怀意识和批判反思精神。由于前面一章已经对学者的独立自由精神进行了讨论，而学者与知识分子的独立自由精神是内在相通的，故而，本章主要讨论后面三种精神特质。

（一） 理想主义精神

我国现有的大型工具辞书中均无关于"理想主义"的诠释，"理想主义"由西语中的"idealism"一词翻译而来，常用来表示"观念论"或"唯心论"，指外在知觉的对象是由各种意义的观念所构成的一种思想体系。不过，英国《大不列颠百科全书》有一种解释，把"Idealism"作为一个哲学术语，强调理念或精神在人的实践认识中的中心作用。笔者认为，这些解释仍然还没有完全涵盖我们现在所说的理想主义的意义。"理想主义"的含义与对"理想"的理解密切相关。

《现代汉语词典》中对"理想"的解释是：对未来事物的想象或希望。并特别指出这种想象和希望是有根据的、合理的，跟空想和幻想不同的。还有学者指出，理想是人类所特有的一种精神现象，是人们对于未来奋斗目标的观念预见和构想[③]。西语中理想（ideal)、理想主义（idealism）都是由理念（idea）而变生。概括起来讲，西语"ideal"的主要用法包括以下一些方面，"首先指最好的、完美的或抽象出来的至美至善的东西；由此又指代最终目的、终极性目标；还用来指只存在于假想或理念之中，与实际、实有、实存不同乃至不切实际、不着边际的东西；也用作哲学的唯心论，等等"[④]。心理学把"理想"解释为：符合事物或现实生活规律的指向未来

---

① 潘艺林：《大学的精神状况——高等教育批判功能引论》，中央编译出版社 2004 年版，第 207 页。

② 刘亚敏：《大学精神探论》，中国海洋大学出版社 2006 年版，第 56 页。

③ 叶泽雄：《社会理想论》，武汉大学出版社 1998 年版，第 1 页。

④ 毛丹：《理想主义的改塑与解构》，《上海社会科学院学术季刊》，1996 年第 3 期。

的并有可能实现的一种积极幻想，是激励人们斗志和增强人们信心去克服困难赢得胜利的巨大动力。德国的社会学家尼克斯认为，理想的本质就是由时刻召唤人们脱离盲目平淡的日常现实，上升到完满的观念世界。我国当代学者潘维认为理想有三个特征：第一，理想不是现实；第二，理想意味着善良完美的观念，是大公无私的集体主义精神；第三，既然是完美的道德观念，理想就不大可能成为现实①。总之，作为一种精神现象，人们在使用理想一词时，通常总赋予其完美、终极性、存在于理念之中的、至少依理念要求是应然的诸种意涵。另外，理想还可以作为一种思想方式，思想方式上的“理想”则是一种意义建构，是一种评价方式，是对于完美事物、终极目标和应然状态的设定。所以，康德说，理想“具有实践的力量（作为调节性的原则），并且给某些行动的完善性的可能性提供着根据”②。

根据上述对理想的解释，“理想主义”可以作如下解释：作为一种精神现象，“理想主义”是社会理想的集合，是人们对客观世界和社会生活寄予美好希望并努力追求之所持的价值观念体系；它意味着存在一种至善完满的价值目标与价值理想，正是这种价值目标与价值理想成为人们认识现实、指导行为的标准，一切现实都要经过这种价值目标与价值理想的批判，才能获得其存在的意义。作为精神现象，“理想主义”具有四个特征：一是相对性，是指理想主义都是具体的、相对的；一个社会历史阶段的理想主义，在另一个社会历史阶段就可能成为现实。二是批判性，它是指不论什么历史阶段的理想主义，也不论是何种理想主义，对当时其产生的社会的批判是其最为显著的特征。三是对未来理想社会的向往或论证，批判仅仅是理想主义的起点，批判的目的是发现或论证更合理、更美好的社会。四是理想主义具有成为现实主义的冲动，合理的理想主义会在人类的历史发展中逐步成为现实，而不合理的空想就会逐渐被历史所淘汰。作为一种思想方式，“理想主义”则是指用完满性、应然性、终极性尺度评价评判实存事物，甚至改造实存事物的主张或行为；是一种对现实的价值批判反思精神，它不满足于现实，指向未来，指向理想，以未来、理想观照现实。

理想精神是人的基本特质之一。人是什么？人是“理性”的动物，也是“符号化”的动物。人是理性的存在物，理性是人的固有属性。理性和知性都是人的认识能力，但不同于知性的是，理性是“原则的能力”，理性与经验是对立面。在理性这里，事物的一切常识性或经验的东西，全部被剥离，只留下纯概念，进入纯概念的

---

① 潘维：《理想主义与大学》，《天涯》，2004 年第 4 期。

② ［德］康德著，邓晓芒译：《纯粹理性批判》，人民出版社 2004 年版，第 456 页。

推理王国中。“理性从来都不是直接针对着经验或任何一个对象，而是针对着知性，为的是通过概念赋予杂多的知性知识以先天的同一性，这种同一性可以叫作理性的同一性，它具有与知性所能达到的那种统一性完全不同的种类。”[①] 简单地讲，理性是通过概念的逻辑去把握世界、描述世界和解释世界，试图为解释世界而提供某些原理、公理或抽象原则，建立理解世界的图式或模式。康德把这个纯粹理性概念叫作“先天的理念”。理念具有什么样的特性？康德借用柏拉图的观点认为理念是事物本身的蓝本。理念是一个必然的理性概念，它在感官中是不能有任何与之重合的对象的；但它们也不是任意虚构出来的，而是由理性的本性自身发出的，因而是与知性运用必然相关的；理念是超验的，是超出一切经验的界限的，所以在经验中永远不会有一个和先验理念相符合的对象出现。换言之，人类的知性不可避免地必须在事物的可能性和现实性之间作出区别，而且只有在人这里才有“可能性”的问题，而理念正是有关一切可能的目的的必然统一性。试看康德对柏拉图的德行理念的解释。康德认为，从经验中来说明德行的概念，只能把德行变成暧昧荒唐的东西。相反，每个人都是以自己头脑中已有的德行的理念来评估被当作德行典范的某人的，这个可能的经验对象只是用作对理性概念所要求的东西在某种程度上之可行性的证据，而不是用作蓝本。“从来不会有人合乎纯粹的德行理念所包含的那个内容而行动，但这一点也根本不证明这个观念就是某种妄念。因为一切有关道德上的价值或无价值的判断仍然只有借助于这一理念才是可能的；因而每一次向道德完善的接近都必然以这一理念为基础，不论在人的本性中那些按其程度来说是不可确定的障碍会使我们对此保持多么遥远的距离。”[②] 概言之，理念是关于可能的而非现实的，人类理性用理念建构的世界是可能的世界而非现实的世界，是理想的而非事实的世界。所以，有理性的人不仅是生活在现实中的更是生活在理想中的人。德国哲学家恩斯特·卡西尔把人看做是“符号的动物”，认为符号化的思维和符号化的行为是人类生活中最富于代表性的特征，符号系统的普遍性、有效性和全面适用性使人的生活超越了他的生物需要和实际利益的范围，找到了通向“理想世界”的道路——这个理想世界是由宗教、艺术、哲学、科学从各个不同的方面为他开放的。这就是说，人不仅是存在着的动物，更是理解、反思着的动物，人不仅仅生活在现实之中，亦生活在理想之中。思考着未来，生活在未来，这是人的本性之一[③]。没有理想，就没有

---

① ［德］康德著，邓晓芒译：《纯粹理性批判》，人民出版社 2004 年版，第 263 页。

② ［德］康德著，邓晓芒译：《纯粹理性批判》，人民出版社 2004 年版，第 271 页。

③ ［德］恩斯特·卡西尔著，甘阳译：《人论》，上海译文出版社 2003 年版，第 84 页。

人类的发展与未来。总之，无论是“理性人”还是“符号人”，都表明人并不纯粹作为实然存在着，人同时具有应然存在品质。纯粹实然的存在，是没有历史、没有反思、没有价值、没有目的性的存在，那不是人的存在方式。在实然基础之上应然的存在方式，才是属于人的存在方式。应然的存在方式意味着存在历史、反思、价值与存在的目的性。一句话，人不仅属于当下，更属于未来理想。理想是对现实的一种超越，理想引导着人超越现实。“知识分子在本质上是理想主义者”，朱里安·本达一句“知识分子是以某种方式说‘我的世界不属于这个国度’的人”就把其理想主义特征表达得淋漓尽致。这是因为，知识分子不仅是“理性人”，更是“以理念为生”的人。作为理性人，知识分子既是现实的存在，也是有理想的存在。作为专门从事“精致文化”的创造与诠释的人，也就是“以理念为生”的人或“符号人”，他们长期浸蕴在符号系统或理念系统所建构的美好、合理的世界中，从而不可避免地会形成一种“职业病”，对非和谐和不完美尤其敏感与不满。正是因为这个理由，我们说知识分子不仅是理想者，更是理想主义者。知识分子的理想主义主要是文化理想主义，即理想主义只纯粹地存在于文化中。这种理想主义是以超越现实为其主要特征。他们坚信没有理想，社会就无从进步，民族就不能凝聚，生活将失去方向；描述理想是为了批判现实，他们在太平盛世想到危机将至，在自己什么都不缺的情况下想到天下有所缺，在多数人陶醉于生活进步的同时发现难以容忍的丑恶。因而，他们常被认为是对现状不满的人。知识分子凭借文化理想而对社会现实保持着批判的姿态，力图指明现实社会的正确航向。

现代人的困境仍然需要高扬理想主义精神才能得到解决，而知识分子的特性决定了他们责无旁贷地应承担起这一历史使命。“我们正处于一个旧的价值体系已陷困境而新的价值体系尚未产生的断裂时期”①，这一断裂而造成的“时间差”给人们的心灵带来了一种不安宁、无所依附的状态，出现了人们经常所说的现代人的精神危机。有学者将这种危机概括为两种人增多：一种是“空心人”——由于失去生命的价值感和方向感，他们成了无根的浮萍；另一种是“碎片人”——不仅失去外在的完整性，与自然、社会的关系处于分裂的斗争状态，更失去了内在的统一，结果被各种冲突与矛盾弄得支离破碎②。表面上看，造成现代人出现精神危机的原因是人在处理自己与世界的关系过程中出现的“三重疏离”③：(1) 人与自然的疏离。从人类

---

① ［美］亚伯拉罕·马斯洛主编，胡万福译：《人类价值新论》，河北人民出版社 1988 年版，第 1～2 页。

② 郝登峰：《现代精神动力论》，广东人民出版社 2005 年版，第 59 页。

③ 叶泽雄：《社会理想论》，武汉大学出版社 1998 年版，第 39～41 页。

社会的生存和发展来讲，人与自然的关系理应是“天人合一”、相互依赖、平等的关系。但是现代人的理性试图把自己置于自然之上，特别是近代科学又为这种人对自然的统治提供了强有力的手段和保证。于是现代人与自然就变成了统治与被统治、征服与被征服的“君臣依附关系”。(2) 人与社会的疏离。人是社会中的人，社会是人的社会。人与社会本应是相互依存、相互理解和交往的关系。然而，在现代社会里，无论是在强调个人主义的地方还是在重视集体主义的地方，人与社会都是对立的、隔离的。(3) 人与“上帝”的疏离。任何时代，人都需要有精神上的“上帝”存在，也就是需要有精神需要、精神寄托。但是，正如尼采所说，在现代社会中“上帝死了”。现代人与精神是分裂的，是缺乏精神意义的人。但从深层次来看，现代人出现精神危机的最根本原因还是源于人们缺乏一种值得信仰和值得为之献身的东西，也就是说是人的信仰危机、理想危机。从这一角度来说，解决现代人危机的最根本途径也就是要引导人们重新确立坚定而又明确的信仰和理想，即基本文化价值观。知识分子是精神文化的创造者和诠释者，他们在引导现代人重建信仰和理想的过程中具有得天独厚的优势。正如安德烈·洛夫所言，“现代世界，把理想作为绝对的东西加以维持的知识分子、纯粹的沉思者的存在，是大有必要的。这样的理想，必须由知识分子把它从混沌世界中分离出来，划定于一种境界之中，并加以定义”[①]。知识分子的这一使命决定了他们必须首先是一个富有理想主义精神的人。

知识分子理想主义精神的实质是一种批判反思、追求至善的超越性精神。它既是知识分子主观的精神操守，也是知识分子的一种思维方法。作为一种主观的精神操守，理想主义精神使其在立足于现实的同时，又始终目光向着未来与崇高，激励着他们超脱世俗的当下性，负有某种责任与道义，形成了我们通常所说的志存高远、胸怀开阔、目光远大之品质以及天下兴亡、匹夫有责之情操和西方基督教文化世界中的十字架精神。作为一种思想方法，知识分子的理想主义精神就是立于实然、据于应然、返观实然的一种反思批判和超越性精神，它使知识分子不满足于现实，相反，还使现实成为通向至善完满理想的一个阶梯，并且使现实只有在成为这个阶梯的一部分时才是有意义的，这样理想主义精神就成了推动人类历史发展的内在动力。

（二） 关怀意识

从一般语义上讲，关怀就是关心、关注的意思。但是本书所讲的关怀并非一般语义学角度的关怀，而是把它作为一个具有特别文化意蕴的术语。美国当代以研究

① ［法］朱里安·本达著，孙传钊译：《知识分子的背叛》，吉林人民出版社 2004 年版，安德烈·洛夫的序第 2 页。

关怀伦理见长的学者诺丁斯认为，关怀有两个基本含义：一是关怀与责任感相似，如果一个人操心某事或感到自己应该为之做点什么，他就是在关怀这件事；二是如果一个人对某人有期望或关注，他就是在关怀这个人。关怀意味着对某事或某人负责，保护其利益、促进其发展[①]。本书所讲的关怀就是从责任意识角度出发，把关怀意识作为知识分子责任感的表现。并且，知识分子的关怀意识非一般性关怀，而是终极关怀意识。

“终极关怀”作为一个哲学术语最早由美国哲学家蒂里希提出。蒂里希在《系统神学》、《文化神学》和《新存在》等著作中分别阐释了“终极关怀”的思想，概括地讲，他所提出的“终极关怀”思想有如下一些含义：从人类存在的意义上，终极关怀指的是整体的、无限的、最终的、普遍的人文关怀；从个体存在的意义上，终极关怀指的是人对自身存在及其意义的关注和思考，并在深刻思考基础上所作的生活实践。人对终极关怀的思考表现在人对思想深度的追求上，人对终极关怀的实践则体现在人对“新存在”目标的追求中。“终极关怀”不但指向人们的关心和期待，而且有生存性的意义参与其中。蒂里希说：关怀“意味着我们涉足于其中，意味着我们带着心思参与了它们”。“终极关怀”一词指出了关系的两个方面：被关怀的对象和他的关怀过程的关系。从被关怀的对象意义上说，终极是一种存在，一种作为关心和期待的目标的对象性存在。这是关心和期待的前提。没有它，就没有作为过程和关系的关怀的存在。从关怀的过程和关系看，终极本身指的是一种无止境性，一种作为无限过程的存在状态。它总是处在奔向目标的过程和关系之中。没有它，也就没有作为对象和目标的关怀存在。关怀的对象和过程是两个带有无限性质的绝对。终极性的存在和追求是一而二、二而一的事情。蒂里希提出了判别“终极关怀”的“终极”的两个标准：第一，那个被称为终极的东西能不能成为我们的一个客体和对象，如果能，那就不是真正终极的东西。第二，那个被称为终极的东西必须是我们自身参与其中的东西。终极性的东西超越了主体和客体、对象和过程之间的关系，即对象性和主体性都在终极性中消失了。对象的消失以关怀的无限性为特征，主体的消失以关怀的无条件性为特征。蒂里希的终极关怀思想表现为一个悖论。它表现了人类精神的一个紧张的拉力。一方面，“终极关怀”必须超越一切初步的、具体的关心。它是有限性的解答。为了完成这个解答，就必须超越有限性的所有领域，站在有限的生存之外。由此，它消除了自身的具体性而成为绝对。关怀的绝对导致价值和意义的崇高性。另一方面，人类对于不能具体遭遇的什么，是不能寄予关怀

① 侯晶晶：《关怀德育论》，人民教育出版社2005年版，第65页。

的。绝对的生存价值要通过具体的经验参与，即通过生存经验的力量，而成为关怀的内容。越是具体的东西，越能成为关怀的内容。个人是完全的具体者，是最彻底的关怀的指向所在。“终极关怀”的具体性能够导出意义和价值的特定性[①]。从蒂里希的终极关怀思想中我们可以看出，“终极关怀”具有特别的文化含义：第一，终极关怀意味着人对自身当下存在状态的一种超越，是人的一种非物质享受的精神性需要。第二，终极关怀意味着一种思维模式。这种思维模式，所指向的并非万事万物的当下状态即“现态”，而是将“现态”作为一种既定的、整个“终极关怀”的前提条件和出发点。这种思维模式既是哲学中的“形而上”，也是宗教中的“彼岸性”。第三，终极关怀显示着一种人生状态。终极关怀不仅强调对对象的“终极”的静态的向往与追求，而且更注重强调这种向往与追求的过程性。它既强调关怀“终极”，又强调终极性的“关怀”。

马克思认为，就人类总体而言，终极关怀的内容与人类所处的历史阶段是密切相关的。终极关怀在人类存在的三大历史形态——人的依赖关系、以物的依赖性为基础的人的独立性、以人的全面发展为基础的自由个性——是截然异趣的。在“人的依赖关系”的历史形态中，人们对终极关怀的追求往往表现为对群体的崇拜，而被崇拜的“群体”则异化为非人的种种“神圣形象”——宗教形象。这是人类终极关怀的异化，因为“人创造了宗教，而不是宗教创造了人。就是说，宗教是那些还没有获得自己或是再度丧失了自己的人的自我意识和自我感觉”[②]。在“以物的依赖性为基础的人的独立性”的历史阶段，人们的终极关怀的追求由对“神”的崇拜变成了对“物”的崇拜——终极关怀在“神圣形象”中的异化转化为在“非神圣形象”中的异化。在“以人的全面发展为基础的自由个性”的历史阶段，终极关怀才彻底消解了它的异化形态，它不再追求“神圣形象”或“非神圣形象”的他物崇拜，而直接指向现实个人的自由而全面的发展。简单地说，“终极关怀”一词虽然在近代才出现，但在人类社会每个阶段人们都有自己相应的终极关怀。

知识阶层拥有其他社会阶层所不曾拥有的高品位的“终极关怀”。我国当代学者何晓明指出，在东西方不同的历史传统和文化背景中，知识阶层的“终极关怀”，既有情理的相通，又有内涵实质及表现形态的相异。“哲学的突破”是古代知识阶层兴起的关键，不同地区哲学突破方式的差异导致该地区知识分子思维方式相异，进而其终极关怀指向也就不同。古希腊“哲学的突破”是外在的超越，超世间而高于世

---

① 王珉：《论蒂里希的终极关怀思想》，《学术月刊》，2000年第3期。

② 《马克思恩格斯全集》第1卷，人民出版社1952年版，第452页。

间，但又外在于世间。古希腊哲学家的兴趣主要是“静观的人生”而非“行动的人生”，他们对永恒不变的超越本体或真理世界的兴趣要远远大于流变纷攘的现实世界。在希腊哲学家看来，“科学知识的对象是必然的对象，因此，它也是永恒的；因为那种必然地赋予不曾规定的感官的对象都是永恒的；而永恒的事物是不可生也不可灭的”①。简言之，古希腊知识阶层的终极关怀表现为“知识关怀”。中世纪基督教经院哲学家们秉承了古希腊哲学家们“外在超越”的思维特征，主要兴趣关注在对宗教教义的论证上，但宗教哲学家相信：“世界上一定有一种最真实的东西，一种最美好的东西，一种最高贵的东西，由此可以推论，一定有一种最完全的存在。这些在真理中最伟大的东西，在存在中也必定是伟大的……因此，世界上必然有一种东西作为世界上一切事物得以存在和具有良好以及其他完美性的原因。我们称这种原因为上帝。”② 由此可见，中世纪知识阶层的终极关怀是“宗教关怀”。自文艺复兴开始，西方的神本文化开始向人本文化转型。相应地，知识阶层的“终极关怀”也从“天堂”降落到了人间，转向对人（或人类）的存在及其价值的终极关怀，对现实社会生活中的芸芸众生的关怀。这一时期，西方知识阶层才“有勇气在一切公共事务上运用理性”，变成“社会的良心”，近代意义的知识分子才出现。中国古代“哲学的突破”是内向的超越，两个世界是“不即不离”的关系。受“内向超越”思维方式的影响，中国古代知识人的基本文化性格是“士志于道”，具体表现为“以道自认”和“明道救世”。换句话讲，“道”就是中国古代知识人的终极关怀之所在。“道”既是中国古代社会的基本价值之所在，也是“治道”——如何治理国家、社稷、民众之道——而非虚无飘渺的“天道”。“周秦之际，士之治方术者多矣，百家之学，众持异说，各有所出，皆有所长，时有所用。虽然，阴阳、儒、法，刑名、兵、农之于治道，辟犹橑之于盖，辐之于轮也。”③ 余英时把这种“能够摆脱宗教和宇宙论的纠缠”而“强调人间秩序的安排”的特性称为“道”的“人间性”，它表达了“一种思想主义的精神”，这种精神要求它的每一个分子都能超越他自己个体的和群体的利害得失，而发展对整个社会的深厚关怀。中国古代知识人对“人间性”的“道”的关怀也就是何晓明所言的中国士大夫阶层“忧国忧民”的终极关怀。这种终极关怀从性质上讲主要是一种社会关怀。正是从这一角度出发，余英时先生认为中

① 何晓明：《知识分子与中国现代化》，东方出版中心 2007 年版，第 26 页。

② 北京大学哲学系外国哲学史教研室编译：《西方哲学原著选读》上卷，商务印书馆 1981 年版，第 263 页。

③ 何晓明：《知识分子与中国现代化》，东方出版中心 2007 年版，第 29 页。

国古代“士”阶层近似西方近代知识分子，是中国古代“社会的良心”。尽管“士”阶层忧国忧民的情怀与近代西方社会知识分子关注社会公共事务的精神有极大相似性，但是中国古代“士”并不等同于近现代意义上的知识分子。因为近代意义上的知识分子“是现代化这一历史进程的产物，他们的出现，顺应了现代化的需要”①。只有当中国近代知识分子把源自古代士“志于道”的精神传统与对近代民族国家、民主社会的兴衰以及独立人格等内容的关注结合在一起时，中西方知识分子才具有了一致的内涵。概言之，近代知识分子的终极关怀是他们在现代化进程中对现代社会、文化发展的使命感和道德责任感的另一种表达方式。

我国知识界对终极关怀的论说始于20世纪90年代初期关于“人文精神”的大讨论。当时，有人认为“终极关怀”在这场讨论中的意义其实就是知识分子所渴望建立起的一套只有为知识分子所操持的并以此来对抗世俗话语对人文学术的颠覆、嘲弄和冷漠的话语体系；换句话说，也就是认为它是知识分子对当今的社会文化转型以及由此引发的知识分子认同危机与角色危机的一种值得关注的回应方式，进一步说，是人文知识分子对于自己的边缘化处境的一种反思与抗拒。笔者并不完全认同这种把“终极关怀”当作是知识分子对自身启蒙者身份的一种自救行为的观点。笔者认为，我国知识分子对“终极关怀”或“人文精神”的关注，固然有身份自救因素的考虑，但更多的还是知识分子在发挥其“社会良心”的作用。正如有的学者指出，“中国90年代提出的‘人文精神’则是正好把矛头对准了世俗化，其核心是从人间回到天国，以终极关怀、宗教精神拒斥世俗诉求，用道德理想主义与为艺术而艺术的审美主义拒斥文艺的市场化、实用化与商品化。在此意义上，90年代中国‘人文精神’是对资本主义现代性的一种自觉或不自觉的反思”②。在20世纪90年代初期中国特殊的现代化背景下，一些知识分子试图利用终极关怀来超越功利主义，挽救理想和信仰危机，这实际上是知识分子对当代中国现代化和现代性的一种反思。当然，此时这种行为可能更多还停留在学理层面而未进入行动层面；另一方面，在一定意义上讲，这种反思也还只是一种下意识而非自觉行为。

现代社会是一个高度异质化的社会。多种经济成分并存，多种政治因素并存，多种文化价值取向并存已经成为现代社会的突出特点。所以，有人认为，在这样的社会中，任何阐释角度和价值标准都有其深刻性、有效性，但也有其相对性和局限性，不再存在任何单一的阐释角度和价值标准，世界已经被“除魅”了。换言之，

---

① 张汝伦：《思考与批判》，上海三联书店1999年版，第514页。

② 陶东风：《社会转型与当代知识分子》，上海三联书店1999年版，第142页。

现代社会已没有任何终极的社会和文化价值存在，终极的东西仅仅是个人的东西，是私人的东西，而私人的东西只能由个体自己去选择。马克斯·韦伯对此描述说："我们的时代，是一个理性化、理知化，尤其是将世界之迷魅加以祛除的时代；我们这个时代的宿命，便是一切终极而最崇高的价值，已自社会生活隐没，或者遁入神秘生活的一个超越世界，或者流于个人之间直接关系上的一种博爱。……无怪乎在今天，惟有在最小的圈子里，在私人与私人的关系间，才有某种东西，以极弱的调子在搏动；换到以前的时代，这个东西，正是那曾以燎原烈焰扫过各大社会，而将它们融结在一起的那种发出先知呼唤的灵。"① 也就是说现代社会已没有公共性和公共精神存在及其必要。这就意味着作为终极的社会和文化价值的关怀者或者公共精神的卫护者的知识分子已经失去了其存在的意义和价值。然而，现代社会是否确实不再需要终极关怀或公共精神，不再需要知识分子存在了呢？对于这个问题的解答，我们可以从否定公共精神、绝对真理或终极价值的现代社会的实践中来考察。学者尤西林在《现代真理与公共精神危机》、《关怀公共精神的"积极自由"行动者——鲁迅与现代知识分子角色》等文中认为，现代社会对终极关怀私人性的强调，事实上是消极自由主义意识形态的表现。消极自由是"免于……的自由"，其本质"是将自由解释为个人对个人以外的干预力量秉持否定态度，在个人与国家、社会之间划一条界线，为个人保留一块不容侵犯的领地，其核心就在于外部力量的缺失"②。消极自由认为私人独立自在比公共参与更根本。消极自由假设私人领域不受侵犯而使人性善获得保护底线，同时人性恶由于限定于私人领域而无害于他人。基于对人性恶欲借积极自由扩张的警惕与抑制，消极自由拒绝绝对真理。然而，自由主义实质依赖的是现代民主制度。现代民主制度既可保护私人领域的消极自由，又可制约人性恶因积极自由扩张而造成的侵犯。所以，说到底，现代自由主义实际上倾向于制度崇拜论。但是，第二次世界大战时期消极自由主义精神的典范——英法绥靖主义者张伯伦的消极妥协的严重后果表明，民主制度并非根本，它尚需要公共精神的保卫。而公共精神以绝对真理为后盾。反之，知识分子的终极关怀在现代社会仍有存在的必要性和重要性。笔者认为，多元化社会肯定多种价值存在的必要和意义，这有一定的积极作用，但是多元化社会并不能否定社会核心价值、绝对真理的存在的必要和重大意义，否则就会导致虚无主义，尤其是在现代化任务远未完成的中国，建立现代性普遍价值的需求显然更为迫切。所以，提倡知识分子的超越性关怀在现

① ［德］马克斯·韦伯著，钱永祥等译：《学术与政治》，广西师范大学出版社 2004 年版，第 190 页。

② 蒋梦柳：《多元主义与自由——伯林的自由主义思想研究》，复旦大学 2005 年博士论文，第 31 页。

代中国社会仍有重大的意义和作用。

（三） 批判反思精神

近代著名“批判哲学”大师康德曾指出，我们的时代是一个批判的时代，一切都须受到批判。批判从根本上说是一个近代概念。批判与批评有相近之处，都有“指出优点和缺点”① 之义。但是，批判与批评存在本质上的区别。美国学者塞拉·班哈比卜指出，“批评站在它批评的对象之外，维护规范反对事实，维护理性的命令，反对世界的不合理，批判拒绝站在它的对象之外，而是将其对象内在正常的自我理解与其实际的现实并置。批评给一个阿基米德点以特权，不管它是自由还是理性，进而去表明用这个理想范式去衡量时世界的不自由和不合理。通过给这个阿基米德点以特权，批评成为教条：它不解释自己的立足点，或在进行批评任务前就假定了它的立场有效”②。塞拉·班哈比卜的这段话精确地概括了批判与批评的区别，也道出了近代“批判”的重要特点。批判不是根据某种现存权威的规范来判断或评价事物，也不只是要得到所谓正确的思想和逻辑确定性，而是要把批判引到批判的条件和前提，弄清在批判过程中发生的事。也就是批判的矛头不仅指向外在对象，也指向批判本身内在的条件——理性本身。批判不只是纯粹的反思和判断，而且其本身既有理论的因素又有伦理的因素。批判的这种复杂性使它截然不同于单纯的批评。

批判要比批评的含义深刻得多，它是深刻而全面的分析、评价或断定，批判所评论的具体内容既可以是“是”与“非”，也可以是“优”与“劣”，还可以是“正误”、“得失”等。由于现代生活世界的复杂多样性，批判因而也是多种多样的。批判的角度既可以是事实的、逻辑的，也可以是伦理道德的，批判的领域既可以是政治的，也可以是文化的、社会的等。因此，不能简单地理解知识分子的批判或批判功能。首先，不能把批判只理解为政治批判，否则的话，知识分子就等同于职业革命家了。知识分子的批判除了政治批判以外，还包括社会批判、文化批判、思想批判、艺术批判等。其次，知识分子生存和活动的历史条件与现实条件的差异导致了其批判活动的不同取向和不同形式。如法国知识分子以政治批判著称；英国知识分子更注重文化批判；德国知识分子的批判活动则集中在理论批判。另外，简单地将知识分子的批判归结为政治批判还会导致把批判化为纯粹否定的活动。从思维的角

---

① 中国社科院语言研究所词典编辑室编《现代汉语词典》(商务印书馆 1996 年版) 在第 962 页对“批判”的解释是：1.“对错误的思想、言论或行为做系统的分析，加以否定”。2. 指“批评”。3.“评论(‘是’与‘非’、有用与无用)”。

② 张汝伦：《思考与批判》，上海三联书店 1999 年版，第 580 页。

度看，批判是一种反思，是对已经走过的路和已完成的事、物的反思。潘艺林博士将这种反思批判的基本特点概括为四个方面[①]：第一，它包括怀疑与否定，也包括理解与宽容，因此并不意味着纯粹的否定。它是“破”与“立”的辩证统一，批评性与建设性的辩证统一。第二，它包括意识形态批判，但不等同于意识形态批判。第三，批判的本质在于通过反思与质疑而做出重新判断与理解，它不等同于一般的是非判断与理解，而是以“高深知识”为基础、以社会理想为标准的负责任的深刻反思与重新理解。第四，批判的内涵集中体现为这种文化活动的根本目的与社会功能。知识分子批判从根本上说是一种文化活动，其根本目的“是给社会的健康发展提供精神目标和动力”[②]。

总之，知识分子的批判既是一种文化活动，也是一种思维方式。它不是单纯的否定，而是否定之否定，是积极建设性的肯定：是要确立新的原则，或是要通过反思批判将原理建立在更为牢靠的新的基础之上。所以，现代有些学者把知识分子仅仅看做是“不满者”或“反对者”、“反叛者”是有欠公允的。正如金耀基先生所言，知识分子“虽必然地为一社会的批判者，但他不必一定要表现在反对现有‘体制’上，在经过良心之反省之后，他也可以表现在对现有体制的维护上。有时为一个现有体制的维护也许需要比批判一个体制更多的良心智慧”[③]。

批判反思精神是知识分子与生俱来的精神特质。近代知识分子出现的社会文化背景几乎可以说在“知识分子”与“批判反思精神”之间画上了一个“等号”。在德雷福斯事件中，左拉等人之所以被称为知识分子，被誉为“社会的良心”，就是因为其批评时弊、抗议黑暗以及维护社会正义的行为。知识分子是“理念人”。知识分子的“‘批判精神’就包含在理念人的概念本身之中”[④]。理念人的批判不是一种为批判的批判，不是一种完全否定意义上的批判。理念人的批判是本然所使，是其理想主义精神特质所使。理念的世界是完美的、理想主义的，而现实世界又总是存在着许多有待纠正与清除的缺陷、罪恶与阴暗面；而真正的知识分子总是执著于自己的理想世界，并且对现实与理想的差距或实在与理念的差距尤为不满，这就注定了他们对现实的批判态度。所以刘易斯·科塞说：“知识分子是从不满足于事物的现状，从不满足于求诸于陈规陋习的人。他们以更高层次的普遍真理，对当前的真理提出质

---

① 潘艺林：《大学的精神状况——高等教育批判功能引论》，中央编译出版社 2004 年版，第 21～22 页。

② 张汝伦：《思考与批判》，上海三联书店 1999 年版，第 527 页。

③ 金耀基：《知识分子在社会上的角色》，转引自王小波等：《知识分子应该干什么》，时事出版社 1999 年版，第 174 页。

④ 倪梁康：《理念人：激情与焦虑》，北京大学出版社 2007 年版，第 11 页。

问，针对注重实际的要求，他们以‘不实际的应然’相抗衡。他们自命为理性、正义和真理这些抽象观念的专门卫士，是往往不被生意场和权力庙堂放在眼里的道德标准的忠实捍卫者。”① 台湾学者叶启政从社会学和文化学角度分析了知识分子所具理想与社会现实之间必然产生差距的根源。他用“裂罅”一词来表达知识分子的理想与社会现实之间的不一致、差距。首先，尽管知识分子的“理论一实践”② 转换安置过程已内含着其所主张的理想与现实之间具有裂罅的潜势，但是，最主要的还是来自知识分子所处之社会结构与其角色所具的特质。知识分子秉承共同的终极理想——如肯定自由、平等与理性，但在理想的理论建构和实践形式的转换安置过程中，理想并不是以完整无缺、不可化约、乃至不必化约的形态展现。随着理想的转换、实践形式的确立，理想必然要有抽象度与适应时空特殊性的转换，也因此无可避免地会因理论依据和认知态度等的差异，而有不同的展现。因此，理想要由理论转换为实际行动，而最终成为社会现实，必然是无法完全一致的。这种分歧是结构必然注定的。从这一角度可以说：理想与现实之间有一定差距是一个自然法则。对此，知识分子一般可以心平气和地接受。其次，社会秩序的本质与知识分子的批判传统之间存在着无可避免的紧张关系。任何社会都必须有一特定的秩序形式，而所谓秩序也就意味着某种权威、阶层和行为规范形式的合法性。政治权力是负责实现既定目标的合法权威体，它以秩序中所建立的权威、阶层和行为规范为合法性的基础。因此，政治权力本质上是保守的。他们往往以稳定现实状态调整、乃至钳制理想。而知识分子所秉承的“批判论说文化”中主张个人意志自由为本的科学理性，则内含着反建制、反现实的批判潜势。他们往往具有“理想”、“观念”取向，并有以理想法则来指导现实运作的倾向。知识分子与社会政权在基本典范上的对立矛盾，加剧了知识分子的“理想”与政权拥有者所掌握的“现实”之间的裂罅。再次，知识分子自身在社会秩序本质认知上的心理矛盾是其理想与现实之间裂罅产生的重要历史根源。自工业革命以来，西欧知识分子在社会秩序本质上的认知就存在明显对

---

① ［美］刘易斯·科塞著，郭方等译：《理念人——一项社会学的考察》，中央编译出版社 2004 年版，第 3 页。

② 叶启政认为，知识分子兼具理论性与实践性的双重性格。由此，他引进“转换”与“安置”这两个概念来说明知识分子的二重性格是如何相互转化的以及对社会具有什么意义等。所谓“转换”是指由一种既定状态转变成为另一种不同之状态的过程。比如把两进位的数学概念和理论系统转变为电脑的运作体系。所谓“安置”是指由甲状态转型为乙状态之后，乙状态逐渐定型下来的发展过程。比如政府形态由君主专制转为民主宪政之后，民主宪政如何制度化，宪法如何制定，才能够具体地发挥民主宪政的理想。(叶启政：《社会、文化和知识分子》，东大图书公司 1984 年版，第 94～95 页。)

立的主张。如 Eisenstadt 指出，西方社会学传统里对社会秩序本质的认识有五组对立的主张：(1)“稳定和延续”相对“变迁”；(2)“权威”相对“自由”；(3)“阶层”相对“平等和参与”；(4)“非理性”相对“理性”；(5)“顺服”相对“操控”。另一学者 O'Dea 在论述欧洲天主教知识分子时，也指出知识分子在理念上有三种对立与矛盾的困境。它们是：(1) 传统主义—理性主义；(2) 稳定和延续—创新与创造；(3) 肯定制度合法性—强调批判评估。这种理念上的矛盾就是所谓的“苏格拉底的紧张”[①]。这种认知的矛盾表明，不仅知识分子理想与实践之间存在差距，就是其理想上也是处于两难的矛盾意识状态中的，这进一步加剧了知识分子在实践形式上的分殊。总之，批判是知识分子的理念人本性所使。

知识分子的理性特点也使其天然地具有反思批判精神。批判精神寓于近代理性概念之中。传统和古典的理性概念作为一种肯定的力量，它的目标是发现和描述第一原理和支配现象的普遍真理，并用“先定理由”来证明它们。这样，合理的东西就是“适宜的”和“正当的”。因此，在亚里士多德那里，规律就等同于“秩序”和“理性”，并肯定理性是人的最高能力，因为它使他们可以理解宇宙的秩序和继续他们的生活。而自文艺复兴以后，理性概念不再是联结思维和知性的能力，而是以其无限和透彻的分析揭露了古典传统的理性概念的局限。近代理性更是一种否定的力量。法国思想家皮埃尔·培尔说，“人类理性……是一种破坏的原则，而不是开导的原则”[②]。近代理性所寻求的真理不再是先定的真理，而是有待确立的真理。“理性认识不是随随便便的认识，它不是仅仅为确证事物的存在样态而进行的被动的理智游戏，而是处处体现着人类自主特性的一种反思和超越的能力，理性从根本上说就是康德意义上的‘批判’。”[③] 理性概念的这一转变表明，理性必须将自身视为批判。近代理性既是批判者又是被批判者。

近代科学知识的特质促进了知识分子批判性思维和批判精神的形成。传统社会中的主要文化知识是由神话、常识、技艺构成的，这些知识本身是非科学的、拒斥批判或非批判的。近代知识的主体是科学知识。科学虽然给人类社会生活带来了前所未有的巨变，但这还不是科学带给人类的最伟大的成就，科学带给人类最根本的改变是使“小宇宙”——人的精神世界发生了改变。科学内在的批判精神是促使科学不断发展的动力之一，也是使其区别于非科学、伪科学的本质特征。正是在这个意义上，科学哲学家波普把批判态度、批判思维称为科学的态度和思维。科学以理

---

① 叶启政：《社会、文化和知识分子》，东大图书公司 1984 年版，第 129 页。

② 张汝伦：《思考与批判》，上海三联书店 1999 年版，第 579 页。

③ 程志敏：《理性的定位与思想的复兴》，《现代哲学》，2002 年第 4 期。

性精神为内在精神特征，科学研究过程是一个理性的批判过程。科学研究以“事实”或“问题”为出发点，研究过程就是胡适所言“大胆假设，小心求证”，或者波普所说的“TT-EE”（试验性理论一排除错误），以及对科学结论的“证伪”原则，这些都表明近代科学本身就是一种批判精神。知识分子多数是从事（间接或直接）生产和科学研究的，后者决定了他们是思变的、向前看的、不固守成规的。而且，近代科学不再是纯粹的个人业余行为，而是发展成为一种有组织的社会活动。因而，科学的批判精神也变成了一种“有组织的怀疑”，即现代科学组织将科学的批判精神制度化、日常化了。批判精神变成了科学组织内所有成员的一种职业道德。

知识分子之为知识分子的关键条件是社会责任感和基于独立理性思考与普遍正义理想之上的社会文化批判。知识分子的批判首先是一种文化道德的批判，其次才是一种社会政治的批判。这一方面是由知识分子的文化本性所决定，另一方面也因为知识分子参与社会政治受特定的社会条件所限制。知识群体是批判反思和长期思想活动的中心。单纯的文化资本尽管不是知识分子之为知识分子的充足条件，但是知识分子的影响力却与其文化资本密切相关，就如爱因斯坦如果不是以杰出物理学家身份在反战和平宣言上签名，他也不会成为享誉世界的“知识分子”。知识分子批判的这种特点在中国知识分子身上表现最为突出，孔子可为典范。孔子一生主要工作是以自己的文化、政治与社会理想来教化民众，而非参与实际政治事务，但这并没有妨碍他被中外学者当作古代杰出的知识分子。杜维明先生也曾指出，儒家知识分子的基本关怀是不朽与文化。另一方面，知识分子参政是在特殊条件下发生的。美国学者戴维·L·沙尔克（David L. Schalk）认为，知识分子参政必须有两个因素同时出现，首先，政府必须做出愚蠢的事或一些应受指责的事，以激起强烈的道德反应；其次，也是最关键的，因为它超越了道德反应层面，可能会导致“反抗法律”这一态度的出现[①]。如果用一句浅显通俗的话来解释戴维·L·沙尔克的这两个条件，那么可以这么说，社会政治愈不清明，知识分子愈倾向于参与政治，进行社会政治批判。而现代社会民主政治越来越完善，相应地，知识分子的社会政治批判也越来越让位于文化道德批判。所以，有人指出，当代中国知识分子批判主要是文化道德批判，是对非现代性的东西以及现代性本身的批判。

总之，对于一个理想知识分子来说，独立自由精神是基础，如果没有独立自由的精神，也就不可能生发出理想主义精神以及基于理想而对社会、文化等表现出终

---

① ［法］米歇尔·莱马里、让-弗朗索瓦·西里内利主编，顾元芬译：《西方当代知识分子史》，江苏教育出版社 2007 年版，第 363 页。

极关怀意识，进而也不可能产生批判性行为和批判精神；理想主义精神是知识分子作为“理念人”的超越性本性，是知识分子批判的基石和内在动力；知识分子的关怀意识是一种终极关怀，是知识分子对文化道德、社会的使命感和责任感的集中体现；反思批判精神则是知识分子精神的具体表现形式，知识分子的独立自由、理想主义精神和关怀意识都必须通过知识分子的批判具体地展现出来。

三、我国当代大学教师的知识分子形象

本书认为，知识分子主要是一个精神性概念。知识分子是具有独立自由精神、理想主义精神、关怀意识和反思批判精神等精神特质的人。从知识分子所拥有的这些精神特质上看，我国当代大学教师是知识分子吗？笔者认为，对于这一问题的解答应从两个层面来进行：一是应然层面；二是实然层面。前者，问题的实质事实上就是当代大学教师是否应是知识分子以及能否成为知识分子；后者，问题的实质就是我国当代大学教师的知识分子精神状况如何。

（一）当代大学教师与知识分子

西方社会在20世纪四五十年代以前，知识分子主要是作为独立职业者“自由漂浮”于沙龙、咖啡馆、科学协会、月刊或季刊、文学市场和出版界、政治派别以及波西米亚式的场所和小型文艺杂志等环境之中；20世纪四五十年代以后，随着社会建制化程度越来越高，高等教育的迅猛扩张，现代主义的终结，意识形态的衰落以及富裕社会所造成的压力等因素的影响，独立自由的知识分子迅速消失了。知识分子越来越与公司、工厂、国家、军队、知识产业、教育机构有机地联系在一起，变成“技术专家治国型”知识分子。知识分子的传统理想形象在当代社会已经贬值了，所以，有人认为“知识分子已死”，还有人认为知识分子的“立法者”形象已经过时，取而代之的应是“阐释者”形象。那么，是否真是如此呢？现代社会确实已经不再需要上述那种理想的知识分子了吗？答案是否定的。因为，如果缺少了经典的批判性知识分子，“一个社会制度将走向僵化。一个不再受到挑战的制度，也不再有能力做出创造性的回应。它可以墨守成规继续存在，但它不再有能力更新自己”。“没有知识分子对永恒的往昔形成的陈规陋习和传统发起挑战——甚至当他们维护标准和表达新的要求时——我们的文化不久就会成为一种死文化。”① 任何社会都不是

① ［美］刘易斯·科塞著，郭方等译：《理念人——一项社会学的考察》，中央编译出版社2004年版，第393页。

乌托邦，都存在着种种弊端，都存在着种种不公平、不合理，没有批判精神就意味着没有正义的呼声，意味着黑暗的合法化，意味着邪恶可以任意横行。所以，即使拉塞尔·雅各比喊出了“最后的知识分子”的呼声，它也是充满了乐观的呼声，他是“故意用这个含混的字眼——它指知识分子的最后一代，也指刚刚过去（好比去年）的一代，暗示不久将出现的另一代人”①。雅各比并没有认为知识分子将会彻底从这个世界上消失，而只是认为传统的波西米亚式的、自由的知识分子将会消失，但新的类型的知识分子将会取而代之。批判性知识分子仍然是现代社会发展不可缺少的一类人。

我国当代社会是高度异质化的社会。一方面，我国当代社会尚未实现传统向现代的彻底转型，现代性价值观还没有完全确立，知识分子文化亦即真正的现代性并未得到充分发展，我们所缺乏的，正是纯粹而坚定的现代性观念，这正是20世纪中国历史文化众多悲剧产生的一个极为重要的内因；另一方面，随着改革开放和对外大规模交流的展开，20世纪五六十年代在西方兴起的后现代主义也已开始在中国大地上落地生根并且蓬勃发展起来。于是，中国当代社会形成了传统与现代和后现代并存的异质化的特点。在这样一个复杂的社会环境中，中国当代社会发展的任务也是双重的，一方面要实现向现代性的完全转变，另一方面又要迎接后现代的挑战。尤其是实现向现代性的完全转变，在中国当前社会发展中仍然是首要而且是最重要的任务。在现代性发展中，现代性价值观的确立具有先导作用。中国现代化是一种“后发型”现代化，现代性价值的确立不是源于传统文化价值观的自然演化，而是将西方现代性价值“强行介入”中国社会中，从而造成了传统文化价值观的断裂，以及现代性文化价值观与传统文化价值观的激烈“碰撞”，最后导致了当前社会文化价值观的极度紊乱状态。所以，在当前中国社会发展中，迫切需要解决的问题之一，就是传统文化价值观的现代转型与现代性价值观的确立，而这两项任务的解决都离不开知识分子的作用。

在高度组织化的现代社会中，作为“自由漂浮”者的知识分子越来越难以立足。那么，哪里还有可能找寻到知识分子呢？知识分子不是一般意义的阶级或阶层，而是一个精神性群体，这就意味着知识分子“永远是社会中的少数”②。这是因为成为一个知识分子的充足条件是：首先，知识分子必须是以某种理念知识为业的人；其

---

① ［美］拉塞尔·雅各比著，洪洁译：《最后的知识分子》，江苏人民出版社2006年版，第27页。

② 金耀基：《知识分子在社会上的角色》，转引自王小波等：《知识分子应该干什么》，时事出版社1999年版，第167页。

次，知识分子必须是超越本专业领域，对历史、文化和社会公共事务有着深切关怀意识的人。二者缺一不可，缺少了任何一个条件都不能称其为严格意义上的知识分子。在现代社会里，大学教师虽然不是唯一的以理念知识为业的群体，但是，他们是以理念知识为业的人的主体。也即是说，大学教师最有可能成为知识分子。从这一角度来看，至少大学教师群体中的一部分人应该承担起知识分子职责。雅各比虽然认为取传统波西米亚式知识分子而代之的是新一代知识分子，但是他也指出，这新一代的知识分子主要是在大学里。"消逝的知识分子就消逝在大学里。"① 作为知识人社区的大学，现在或许已经是知识分子最后和唯一的避难所了。虽然"任何人都不能说木工或图书管理员或脑外科医生就不可能是公共知识分子"，但是，"认为知识分子就是大学教授，并且知识分子的命运就是大学教授的命运，这几乎就是屈从于历史的不可抗拒的力量；这意味着作一个知识分子就得以校园为家"②。从历史上看，中世纪大学起源于"学者行会"（Universitas）。有学者指出，由于人们通常只注意到"学者行会"所具有的"行会"的词源学意义，故而常常只把中世纪大学看作是培养专业人才的场所。这事实上忽视了学者行会与其他行会的本质区别。"学者行会"并不耽于职业需要，它超越了具体行业技术的传授，行使着社会终极意义的阐释和精神信仰的教化等重大使命，具有深刻的人文意义。在"学者行会"产生以前，对意义的阐释和对知识的创造与传播是教会的特权，"学者行会"的产生不仅打破了教会对思想、知识的垄断，而且开创了一个理智批判和文化变革的时代，从这个意义上说，大学承继了社会终极价值意义阐释与教化的功能或使命，"大学行业也成为现代社会终极意义的最高关怀机构。……所谓社会最高代表……是指大学行业人士更应超越自身特定利益立场，甚至超越特定阶级、政党与王国、民族利益，从更高的人类社会整体与终极价值意义角度思考行事。这一社会职能的承担者被称作'知识分子'"③。所以，知识分子和大学具有"精神共契"④ 性，大学离不开知识分子，而知识分子也离不开大学。"大学最根本而且也是最重要的本质，应该是作为知识的殿堂，大学是属于知识分子的，为知识分子而存在，并把所有知识加以统合的地方，因此，大学表现出知识社群的特性。"⑤ 知识分子在大学中占据主导地位，是大学精神和大学生命意义的阐释者、负载者和体现者。正因为如此，雅克·勒戈夫认为，

---

① ［美］拉塞尔·雅各比著，洪洁译：《最后的知识分子》，江苏人民出版社 2006 年版，第 15 页。

② ［美］拉塞尔·雅各比著，洪洁译：《最后的知识分子》，江苏人民出版社 2006 年版，第 243 页。

③ 尤西林：《大学人文精神的信仰渊源》，《高等教育研究》，2002 年第 2 期。

④ 刘亚敏：《大学精神探论》，中国海洋大学出版社 2006 年版，第 46 页。

⑤ 黄俊杰：《大学通识教育探索》，中山大学出版社 2002 年版，第 40 页。

在学者、讲师、教士、思想家这些词汇中，只有知识分子这个词确切表明了大学教师这个群体。而科塞则认为，早期的学院里知识分子构成了教师和学者的主体。由此可见，早期大学教师与知识分子可以说具有一致性，大学教师就是知识分子。

现在情况有所变化，现代大学的多样性决定了大学必须承担起各种非知识分子从事的工作，而专业化和职业的压力等因素更是限制了大学教师履行知识分子的职责，但是大学现在并且在将来仍然可能是知识分子的聚集地。因为现代大学作为一个特殊的制度化环境，为知识分子作用的发挥提供了最有利的条件。刘易斯·科塞把大学制度有利于知识分子的方面归纳为五点：(1) 大学提供了一个环境，在这里共同从事不受约束的知识追求的人可以相互交流，并在不断的交流中磨砺自己的思想。(2) 大学定期支付教授报酬，尽管大大低于一些非学术职业的报酬，但能保证他享受中产阶级的生活方式。(3) 大学向高级学院人提供任教期间的权利保证。这一点和最后一点共同解释了这一事实：学院人得到了制度上的保证，免受捉摸不定的市场的影响，从而可以在不受经济压力干扰的情况下全身心地投入工作。(4) 大学把大学教师的时间分配制度化，使他们能够把大部分工作时间用于独立思考和自主的研究。(5) 最后，也是最重要的一点，大学承认其成员的学术自由①。大学的学术自由制度是使大学教师发挥知识分子批判功能最为关键的因素，因为大学的学术自由制度使不再拥有身份自由的大学教师有可能保有最大限度的思想自由、精神独立以及拥有相对宽容和自由的外部环境，这是关系着知识分子能否发挥批判功能以及影响批判功能发挥自由度的关键性因素。

当代社会，知识分子或许不再是大学教师的主体，但社会仍然需要一部分大学教师承担起知识分子的职责和使命。从个体角度来讲，扮演知识分子角色应成为每个大学教师的理想追求和至高人生境界。1998 年联合国世界高等教育大会所发表的主题报告《21 世纪的高等教育：展望和行动》宣言中，明确提出大学及其师生应当“完全独立和充分负责地就伦理、文化和社会问题坦率地发表意见，成为社会的知识权威，以帮助社会去思考、理解和行动；通过不断分析社会、经济、文化和政治趋势，增强批判功能和前瞻功能并成为预测、警报和预防的中心”②。

（二） 我国当代大学教师“知识分子”精神式微的分析

检视近些年来国内关于“知识分子精神”的研究，发现与其连接较多的词汇是

---

① ［美］刘易斯·科塞著，郭方等译：《理念人——一项社会学的考察》，中央编译出版社 2004 年版，第 310 页。

② 赵中建：《21 世纪世界高等教育的展望及其行动框架——’98 世界高等教育大会概述》，《上海高教研究》，1998 年第 12 期。

“失落”、“弱化”、“淡化”、“式微”以及“重建”等字眼[①]，这表明知识分子的精神现状与其被期待的角色应然之间存在一定的差距。大学教师的“知识分子”精神现状也与上述一般知识分子精神状况类似，总体上看，当代大学教师扮演知识分子角色的人数在锐减，大学教师的批判意识和批判作用的影响在降低，也就是出现了学者们通常所说的知识分子精神的“式微”现象。笔者认为，当代大学教师“知识分子”精神式微既有其深刻的时代背景，也有其在外部环境的挤压和诱导下自我丢弃的原因。

第一，当代文化对大学教师“知识分子”精神的消解。

当前文化的总体状况是文化多元化、文化大众化和后现代文化的出现。多元文化价值观、大众文化和后现代文化在形成过程中都曾起到了对原有文化的批判作用，但又都走向了它们的对立面，消解了其批判性。前面我们已经指出，知识分子是现代性的产物，重要原因之一就是现代性价值观中的多元化文化价值观有利于产生自由、宽容的社会气氛，这是知识分子精神尤其是批判精神成长的关键性因素。当前，我国一元化的文化价值观念已被打破，多元化的文化价值观念已成定局。但在究竟哪种文化价值观念相对处于主导地位，多元化的文化价值观念应包括哪些成分等问题上，人们的看法是不一致的。所以，人们大多只能用一种抽象的说法，如原有的、不定的、新生的等对之予以概括，但却又说不清什么是原有的、不定的、新生的。在这种多元文化混杂不清的情况下，西方的后现代文化观又强行灌注进来，进一步加剧了我国文化价值观的紊乱。在一个“说什么都有理”的时代，知识分子批判的原动力消失了，批判的效度也会大打折扣。“后现代”是一个含义多样的概念，不过，凡被称为“后现代”的东西都有一个共同特征，即“他们几乎都有反对（否定、超越）传统形而上学的体系哲学、心物二元论、基础主义、本质主义、理性主义和道德理想主义、主体主义和人类中心论（人道主义）、一元论和决定论（惟一性和确定性、简单性和绝对性）”[②] 等特点。按照利奥塔的观点说，就是后现代带来了“元叙事”的危机。所谓“元叙事” （meta－narratives），也称为“大叙事” （grand narratives），它是被合法化和理念化的叙事，指的是具有最高叙事意义的政治和哲学的叙事，具有普遍性、权威性甚至绝对性特征[③]。利奥塔认为，“元叙事”是现代性

---

① 如陈思和等人的《知识分子精神的自我救赎》，孙蔚的《论知识分子道德担当和批判精神的远去》，贺奕的《群体性精神逃亡：中国知识分子的世纪病》，索飒、海因兹·迪特里齐（Heinz Dieterich）的《知识分子危机与批判精神的复苏》等。

② 刘放桐编：《新编现代西方哲学》，人民出版社 2000 年版，第 618 页。

③ 刘放桐编：《新编现代西方哲学》，人民出版社 2000 年版，第 620 页。

的标志。知识分子的“立法者”角色正是建立在“元叙事”基础之上。当代也有学者指出，知识分子的形成有多方面的条件因素：一是“知识分子”的神话角色必须具有被赋予的权威主体的存在资格，这意味着“知识分子”具有“代言人”的性质；二是必须有元叙事或元语言的存在，这表明存在着具有综合性的同一特征的普遍语言；三是必须假设知识分子的“元语言”是恒定正确的，“元叙事”的意义是不变的①。总之，知识分子与启蒙、代言人、进步、提供“先进”文化价值等有着天然联系。近代知识分子与“元叙事”之间的这种关系表明，随着后现代对“元叙事”的消解，知识分子也就失去了其合法存在的基础而随之消亡了，“知识分子之死”变成了事实。从这个意义上讲，后现代文化消解了大学教师的知识分子精神。

文化大众化是当代文化的又一重要特征。大众文化对大学教师的知识分子精神也有深刻影响：一方面，大众文化本身就直接起着消解知识分子精神的作用，另一方面大众文化通过把高层文化纳入自身之中从而清除了“双向度”的文化。大众文化是大众社会特有的现象。所谓大众社会就是现代工商社会，其特点是把一切变成对象、变成物，包括人的意识和精神。意识的物化必然导致文化本身的物化，即文化艺术成为商品而文化成为“文化工业”。文化生产像其他商品生产一样，必须遵循市场规律的最高原则，生产、摹仿与复制代替了创造、想象与灵感。文化生产者必须根据大众的需要来进行创作，但“大众”在现代社会是一个失去了个别性和独立性的集合概念，这样就决定了大众文化日趋标准同一和平庸。在此意义上讲，大众文化是庸俗文化。现代社会大众不但塑造大众文化，更被大众文化塑造。在标准同一、庸俗的大众文化强大而又无所不在的影响下，现代人的个性泯灭了，主体性也丧失了，人变成了统计学意义上的“消费者”。另一方面，大众文化通过无休止的重复和批量生产与销售，日益渗透进人们的日常生活，成为人们日常生活的一部分，从而变成现代社会中的一个支配性权力。但是这种支配性权力并不是通过有形的行政手段来发挥作用的，而是通过控制大众意识的形式来实现的。但这种无形的控制手段同样具有强迫性，而且往往还能够比其他任何社会权力更深地侵入、威胁乃至剥夺人的私人空间。私人领域一旦被渗透，也就意味着自由意识的消失，因为自由意识首先表现在私人领域和艺术领域。马尔库塞说：“决定人类自由程度的决定性因素，不是可供个人选择的范围，而是个人能够选择的是什么和实际选择的是什么。”②

① 陆杰荣：《后现代·知识分子·当代使命——论利奥塔的“知识分子之死”的理论实质》，《哲学动态》，2003年第6期。

② ［美］赫伯特·马尔库塞著，刘继译：《单向度的人》，上海译文出版社2006年版，第8页。

当人的个性泯灭和自由意识丧失以后，人的批判精神也将不复存在。所以，张汝伦先生说："光是现代经济制度和科层化，还不足以完全使人失去自己的独立性，人们至少还可以在精神和文化领域中保持自己的独立意识，反思能力和自由精神，从而对现状持一种批判和反思态度，而这种态度是改变或至少改善现状的前提条件。但一旦人类精神为大众文化所支配，人类也许会最终失去这种可能。"[①]

大众文化消解大学教师知识分子精神的另一个表现就是消除高层文化中对立的、异己的和超越性的因素。高层文化也称为"精致文化"或"精英文化"。高层文化之所以被称为"高层"文化，是因为从文化满足的人的需要的层次上看，高层文化满足的是人的高层次的需要——"自我实现的需要"；从形式上看，高层文化是"理念型"文化；从与现实的关系上看，高层文化具有超越现实的理想性特点。总而言之，高层文化本质上是对社会现实的一种超越、对立和批判。所以，在过去，高层文化总是与社会现实相矛盾，而且只是具有特权的少数人才能享受它的乐趣，描绘它的理想，但是现在，这个社会正在采取把可爱的超越性形象纳入无所不在的日常现实的办法来使其失去合法性。大众传播媒介通过把艺术、政治、宗教、哲学同商业天衣无缝地混合在一起，把它们"俗化"了，并将其纳入自身的秩序，大规模地复制和显示它们，结果使高层文化中的理想性因素被消除。理想被现实所同化，自由、完善等这些过去伟大的字眼，现在已变成了毫无意义的单词。现代社会理想已被从心灵、精神或内心世界的高尚领域里拽了出来，并被转换为操作性术语和问题。随着高层文化中的理想性因素被消除，大学教师的理想主义精神也就失去了生长的精神土壤，进而以理想为根基的批判精神也就沦为无根的浮萍。从而大学教师的知识分子精神式微也就是不可避免的结果。

第二，当代社会的知识状况限制了大学教师"知识分子"精神的发展。

当代社会知识结构的分化、知识制度以及占主导地位的知识性质都不利于大学教师"知识分子"精神的发展。

宏观上，现代社会知识结构的分化表现为"两种文化"——科学与人文——的对立。在人类学意义上，科学文化是科学家集团或科学共同体的文化；人文文化是人文知识分子的文化。从文化特质上看，科学文化是一种历时性的文化，而人文文化则是共时性的[②]。两种文化特质的差异在很大程度上决定着各自批判的形式与批判

---

① 张汝伦：《思考与批判》，上海三联书店 1999 年版，第 547 页。

② 所谓"历时性"，就是指科学文化具有一种非凡的并吞与内化过去的能力，其过去的精华已被整合入现在之中。所谓"共时性"是指人文文化作为一种独立的实体而存在，部分的超越于时间之外。参见王全林：《精神式微与复归——"知识分子"视角下的大学教师研究》，南京师范大学出版社 2006 年版，第 164～165 页。

力度的差异，进而也就从概率论意义上决定着大学不同学科的教师之间的批判精神差异。科学文化的历时性表明，科学文化本身是自我积累和穿越时空的，即它是不断追求卓越与“与时俱进”的，从而也就决定了科学文化本身的怀疑与批判是“内敛式”的，即主要是指向科学内容自身的自我超越与批判，而非指向外部世界。所以，对外部世界的批判被科学家集体视为是“不务正业”。作为知识分子当代含义的集中体现者的人文知识分子的状况又是怎样的呢？自18世纪以来，在“两种文化”的分裂与对立中，科学文化几乎占据了绝对优势地位，成为一种世界观和方法论，不断向其他文化包括人文文化领域渗透和扩张。在这种情况下，人文文化出现了自身生存和文化保存的合法性危机。人文知识分子的精神特质自然也大打折扣。

中观上，知识结构的分化表现为知识专业化。知识专业化是社会分工发展的必然结果，也是由知识发展的内在规律所决定的。当人类知识积累到一定程度以后，个体的有限性决定了他无法完全掌握全部的人类知识，而只能在分门别类的知识领域中掌握某一（或几个）门类的相关知识；同时，为了提高知识生产效率，也必须将知识专门化和专业化。从这个意义上讲，知识专业化有其积极意义。但是，我们的时代是一个知识专业化极端发展的时代，专业化在带来积极作用的同时，也走向了对立面。从对大学教师的影响来看，知识专业化在一定程度上对大学教师的知识分子精神产生了消极影响。叶启政认为，社会结构尤其是知识结构本身隐藏着抑制知识分子发挥批判精神的力量，这种抑制原动力根源于知识专业化和知识工具化两种现象的普遍存在①。现代社会的知识本质上是专业性并且是实用工具性的。知识专业化使得知识领域分离而区间化（compartmentalization），不同性质的知识之间，甚至同类型的知识之间的隔阂越来越大，甚至知识分子之间也逐渐产生了沟通上的困难，出现了俗话所谓的“隔行如隔山”现象。而批判性知识分子所关涉的主要是整个社会之宇宙人生观的建立、修饰与批判等问题，其知识本质上应是目的性和普遍性的。这使得今天的知识分子要想发挥对社会与文化的批判作用，必须首先经过相当时间的专业积累和培养才有可能。因为专业知识是知识分子批判的基础。知识性质上的差异导致了现代知识分子缺乏批判的能力和自信。另一方面，现代组织的绝对态势也使得知识分子愈发相信，自己的专业成就唯有依赖组织，尤其是政府，才有实现的可能，进而加剧了知识分子对专业的依赖性。而现代社会知识制度（包括大学）的功能自主和自足现象②，反过来又滋养了知识专业化和区间化的形成。概言

① 叶启政：《社会、文化和知识分子》，东大图书公司1984年版，第164页。

② 所谓知识制度的功能自主与自足现象，即知识制度的存在本身解释了它存在的理由，知识制度（如大学）成为一个封闭社会体系，这使得培育知识分子只是为了培育下一代的知识分子。

之，知识专业化和功能自主、自足的知识制度联合起来扼杀了知识分子的批判传统、萎缩了他们的批判能力和退化了他们的批判精神。

大学建制事实上是在知识专业化的时代格局中形成的，以系科为基本组织形式。现代大学按照学科和专业被划分成很多科系，科系之间壁垒森严，从而使超越这些科系的求知欲一蹶不振；而学术职务晋升要求和学术竞争规则对大学教师所造成的职业压力，进一步迫使他们固守在狭窄的专业领域以内。这样，大学反过来加深和加速了知识专业化。由此，在大学内部，“学科的过度分化使抓住社会生活的整体变得困难，所以，对意义和观点的追求不可避免地迷失在专业技能和经验性资料的困境之中”①，从而造成大学教师的批判热情和批判能力大大下降；另一方面，学科割据和学科规训使人往往从专业利益出发，人为地设置不必要的边界，使大学成为充斥偏见的场所，同时也使批判失去了客观性、公正性、全面性和理想性②。另外，学科规训所强调的规范化的训练也抑制了大学教师的思想自由和自主精神，进而限制了大学教师的批判意识和批判能力的发展。并且，由于大学教师是所有知识人中受学科规训时间最长、要求最严格和最彻底的人，所以，这对大学教师批判精神的养成无疑是严重的打击。笔者认为，如果说由知识发展的内在规律所引起的专业化是必要的，也是必然的，那么由大学本身所加深的知识专业化则在一定程度上是可以改善的，尤其是它对大学教师知识分子精神式微的影响远远大于前者。

19 世纪产业革命以后，知识发生了由人文向科学、再向技术的转型。由于各类知识自身特点所致，知识转型过程同时意味着知识神圣感的削减和批判性的式微。科学在现代社会中主要是指自然科学。石中英教授在《知识转型与教育改革》一书中对“人文知识”与“自然知识”的特点作了如下比较：(1) 就知识的对象而言，前者主要反映的是人们对于“人文世界”的认识；而后者主要反映的是人们对“自然世界”的认识。 (2) 就知识与对象的关系而言，前者是一种“反思性的知识”(reflective knowledge)，旨在通过认识者个体对于历史上所亲历的价值实践的总体反思呈现出认识者个体对于人生意义的体验；后者是一种“描述性的知识”(descriptive knowledge)，旨在通过一定的概念符号和数量关系反映不同层次自然界所存在的一些“事实”和“事件”。(3) 就知识的发展方式而言，前者是“螺旋性”的；后者是

① [美] 卡尔·博格斯著，李俊等译：《知识分子与现代性危机》，江苏人民出版社 2006 年版，第 158 页。

② [美] 华勒斯坦等著，刘健芝编译：《学科·知识·权力》，生活·读书·新知三联书店 1999 年版，第 78 页。

"直线性"的。(4) 就知识的适用范围而言，前者具有超越文化限制的"个体性"；后者具有一定程度的"普适性"。(5) 就知识的检验或辩护而言，前者诉诸个人生活世界的"证实"；后者诉诸"经验"和"逻辑"的"证实"、"证伪"或"证明"[①]。技术知识是关于人们如何行动的知识。技术知识具有如下特点：(1) 技术知识是以规则形式出现的。"规则是行动的方式的规定，它说明要实现预定的目标应如何做。更明确地说，规则就是一种要求按一定程序采取一系列行动以达到既定目标的说明。"(2) 正因为技术是以规则形态呈现，技术知识的判断标准为"有效性"。(3) 技术知识可以说是"行动的"，或者说"规范的"[②]。简言之，"人文知识"为人们提供安身立命的终极目的意义和价值观，因而具有超越性、理想性和反思性；"科学知识"是基于特定实践而对世界所作的种种限定，是事实性、客观性的；"技术知识"是规范行动的知识，因而是操作性的、工具主义的。"人文知识"因其超越性、理想性和反思性从而具有了批判性；"科学知识"虽然是事实性、客观性的，但因事实的无限性和个体认识能力的相对有限，导致科学知识永远无法达到绝对真理，所以，科学的发展也就意味着是一个不断的否定之否定的过程，也是一个批判的过程；但是"技术知识"却是真正"单向度"的，技术语言是一种坚决地反批判、反辩证法的语言，在这种语言中，操作的、行为的合理性吞没了理性的超越性、否定性和对立的因素。由此可见，不同类型的知识本身所内蕴的批判性因素是有差异的。而知识主体不仅创造知识，同时也会被知识所型塑。随着占主导地位的知识的性质发生变化，该时期知识分子精神气质也会随之被重塑。当代社会不仅科学技术知识具有绝对优势地位，而且在实证主义等影响下，人文知识本身也日趋"科学技术"化，大学教师的知识分子精神特质萎缩自然也就顺理成章了。

第三，当代社会政治环境的变化制约了大学教师"知识分子"精神的发挥。

在一定意义上讲，"知识分子"是一个政治学意义上的概念，知识分子研究往往总是与政治联系在一起。所以，社会政治状况对知识分子精神发展具有直接影响。

王全林博士分别从意识形态话语转型、阶级基础变化、斯大林社会主义模式以及知识人与政治之间的关系等角度具体地分析了当代社会政治状况对大学教师"知识分子"精神式微的影响。从意识形态话语角度来看，当代社会意识形态话语已由过去"普世性"、"人道主义"和"为了达到社会平等和最广泛意义上的自由"等"宏大叙事"或"解放叙事"话语型转向现在"地区性"、"工具主义"和"为了发展经济和民族强盛"等话语型。在新意识形态语境下，知识分子的理想幻灭了，致使

① 石中英：《知识转型与教育改革》，教育科学出版社 2001 年版，第 280～285 页。

② 潘天群：《技术知识论》，《科学技术与辩证法》，1999 年第 6 期。

其丧失了批判原动力和强有力的批判“武器”，以及动摇了其批判根基——理想社会的参照系，其结果必然是，知识分子失去了其在往日社会中所表现出来的强烈批判意识和批判精神。从阶级基础的变化来看，现代产业工人已不再是传统意义上纯粹的“无产阶级”；而知识人阶层也不再是曼海姆所言的无根基的“自由漂浮物”，知识人在现代社会因其拥有文化资本而具有“统治性”，但又由于其文化资本相对于社会资本和经济资本而言处于从属地位，故而知识人在现代社会中是“统治阶级中的被统治者”。无产阶级和知识阶层地位的双重变化使现代知识分子立场十分尴尬，因而其过去鲜明的批判立场在现代社会变得模棱两可。从斯大林社会主义模式的影响看，19 世纪中期以来，社会主义一直是作为一种社会理想对资本主义社会现实起着批判作用，但是斯大林社会主义模式使这种理想失落了，现代知识分子丧失了政治批判的“标的”。从知识人与政治之间的关系来看，知识人无论是直接从政，还是参政、议政，更不用说避政，其批判精神都受到制约。总之，现代社会的政治状况总体上制约着知识分子社会、政治批判作用的发挥。

除上述因素以外，现代社会的民主政治也在很大程度上消解了知识分子的批判精神，而这在一定意义上讲是社会进步的表现。美国学者戴维·L·沙尔克（David L·Schalk）的参政周期理论认为，知识分子最初是在舒适安逸的象牙塔生活，然后依次进入参政周期的“教育阶段”、“道德阶段”和“反抗法律阶段”，当冲突结束之后，循环周期结束，知识分子重新回到自己的象牙塔中。知识分子出现参政现象必须有两个因素同时具备，一是政府做出愚蠢的事或一些应受指责的事，以激起强烈的道德反应；二是问题的关键，因为它超越了道德反应层面，可能会导致“反抗法律”这一态度的出现。然而，在现代民主制度下，政府通常会通过科学决策减少社会问题的产生以及通过民主协商等手段和措施将社会问题消除在萌芽或初期阶段，能够使民众产生“反抗法律”态度的社会问题的发生概率大大降低，这也就意味着社会需要知识分子发挥参政作用的机会大大减少。与此相应，知识分子的批判精神尤其是表现在社会政治方面的批判精神整体弱化。从这一角度来看，大学教师的“知识分子”精神式微并不完全是消极意义的，在一定程度上反而具有积极意义。

第四，大学内部管理中的“市场经济”逻辑对大学教师“知识分子”精神的消解。

当代社会的一个重要特点是以“市场”为代表的经济逻辑渗透到社会的方方面面，大学也不例外。在大学内部，经济逻辑在许多方面日渐战胜了大学内在的知识和学术逻辑，如学术活动中越来越强势的实用主义、功利主义倾向、科学研究和教学中的应用导向等，大学的“认识论”逻辑日益淡化，这些在很大程度上消解了大学教师的“知识分子”精神气质。王全林博士分析了以“市场”名义消解大学教师“知识分子”精神气质的四种方式。首先，诱导大学与大学教师以“市场”为导向开展自我审查，在不经意间使其主动成为反批判的自我合谋者。学术与科研资助、捐赠市场通过冷落乃至封杀批判性研究，诱导大学与大学教师形成以市场与应用为导向的自我审查机制，使追求应用与实用的趋向成为一种自我审查的集体无意识，从而消解了大学教师的“知识分子”精神特质。其次，通过“机会市场”的分配来消解大学教师的批判精神。同其他任何一个市场一样，学术市场上也充满着诸多的“垄断”的机会，如大学教师被邀请参加各种各样的咨询、论证、鉴定、考察、讲座、报告等活动的机会，以及各种委员会、基金会、协会、顾问、编委等头衔的机会，他们一旦参加相应的活动或获得了相应的头衔，其独立性必然要受到影响，批判的空间也就受到限制，因为如果他们发出了批判或者对立的声音，那就意味着下一次“机会市场”的丧失。再次，假借“市场”的名义干预学术与研究市场。一种情况是某些领域平庸的学术生产者与外部权力之间联合起来封杀学术研究中真正的批判性思想，因为越是水平不高的研究者越倾向于主动迎合外部的权力和力量，以抬高自己的身价和名气，以及获得相应的资助，与此同时，资助者也更愿意把“订单”下给那些听话的文化“庸人”，有时甚至在市场竞争之前就通过预约“定向”，然后再以“市场”的名义下“订单”计划。另一种情况是“市场”直接向学术文化官僚与权威倾斜。最后，对真正的批判者以“市场”的名义进行封杀。这种情况主要表现在大学教师的评聘等过程中直接压制持异议者。

另外，大学内部学术分等与激烈的学术竞争结合在一起也对大学教师的“知识分子”精神发展产生了不利影响。原初意义上的学术分等有其积极意义，它有利于激励教师的学术发展。但是，当学术分等与学术管理中激烈的市场竞争原则紧紧地纠缠在一起的时候，现代大学教师要想在制度化的学术晋升等级秩序中取得成就，就必须按照学术竞争规则发表令人满意的专业作品，这迫使他们不得“王顾左右而言他”，而只能追求狭窄的专业领域内的贡献，学术分等在这种情况下就对大学教师的知识分子精神气质的形成产生了消极影响。

第五，大学教师对“知识分子”精神的自我丢弃。

扮演知识分子角色是大学教师追求生命意义、价值以及生存高境界的表现，是教师个体的一种自我选择和精神追求。当代大学教师“知识分子”精神萎缩并不完全是外部环境作用的结果，而是在外部环境影响下，教师主体的自我放弃。一方面，大学教师对“知识分子”精神的丢弃是在当代社会文化、知识、政治环境以及大学内部环境等变化的情况下所做的一种“不得不”的选择，即是一种在环境压力下的被迫选择；另一方面，大学教师对“知识分子”精神的丢弃也有主动性因素在内。当代部分大学教师已经从内心里真正接受了文化、政治和市场化的消极影响，主动地放弃了知识分子的精神追求。正如英国学者弗兰克·富里迪在分析市场化和媚俗文化对知识分子的影响时所指出的，“认为知识分子在不知不觉间成了无法控制的环境的牺牲品，忽视了这样一个事实，即他们往往乐于利用学术工作制度化中所包含的机会。知识分子在推进专业化和制定学院规章制度方面扮演着关键角色”，“我们中的一些人已经积极地从内心里接受了文化媚俗政治，而其他人通过不情愿地服从机构的要求，也找到了一种轻松的生活”[①]。特别是在物质生活日渐富足的社会里，原本在不太富足的社会中还可以忍受最低限度的物质舒适的知识分子现在已不再愿意安于贫困，日益期待着更高的“最低”生活标准，他们屈从于“金钱、地位、安稳和权力”而主动放弃了对知识分子精神的追求。

笔者认为，在现代社会背景下，客观上存在的工具主义、实用主义的思维和制度环境等因素尽管不利于知识分子精神的成长，但倘若个体有良好的情操修养，内心有坚定不移的信念与使命感，大学教师仍然能够在当代社会充分发挥知识分子精神和作用。尤其在当今这样一个“精神饥渴”的时代，大学理应成为人们“心灵的故乡”，大学教师应是一个精神性群体。“成为一名知识分子”理当是每一位当代大学教师的理想追求。

① ［美］弗兰克·富里迪著，戴从容译：《知识分子都到哪里去了》，江苏人民出版社 2005 年版，第39、146 页。

第五章　大学教师理想角色形象的建构

古希腊哲学家亚里士多德认为，幸福是人的目的。所谓幸福，就是指“生活得好和做得好”[①]。可见，人生不是“为了活着而活着”，倘若果真如此，那就是奴性的、动物式的生活而不是人的生活；人是为了“追求好的生活”而活着。人生是为了追求完善，是一种高境界的存在。境界或者叫“心境”，是心灵超越所达到的一种境地。它是一种精神状态或心灵的存在方式，是心灵“存在”经过自我提升，所达到的一种境地和界域[②]。不同个体对人生意义和价值的理解不同，故而人生追求也就不同，导致人生境界也有高低层次差别。“真正的教育永远是精神的追求”[③]，即教育在本质上是一种境界教育，或者说教育的终极目的就是提升人的境界。质言之，教育活动与人生境界的提升（或者说高境界的追求）有着天然的联系。在教育的三级阶段中，如果说初等教育是自然的，中等教育是社会的，那么高等教育应主要是精神的，即侧重于发展人的内向度的精神品质，如自主精神、审美精神、信仰精神，并不断指向精神自由[④]。一句话，高等教育主要是着眼于“高境界的人”的培养的教育，故而，作为培养“高境界的人”的培养者而言，大学教师理应有一种高境界的职业人生追求。笔者认为，这种高境界的职业追求主要表现在两方面：一方面，就是前面我们已经讨论过的大学教师对理想教育者、学者和知识分子形象的追求，这是对大学教师理想形象的单维的分析；另一方面，大学教师应努力追求教育者、学者和知识分子角色三者的有机统一，做一个优秀的大学教师。

---

① ［古希腊］亚里士多德著，廖申白译注：《尼各马可伦理学》，商务印书馆 2003 年版，第 22 页。

② 蒙培元：《心灵超越与境界》，人民出版社 1998 年版，第 75～76 页。

③ Gardner J. F：Education in Search of the Spirit：Essays on American education. Anthroposophy Press，1995，p. 235.

④ 王坤庆：《精神与教育》，上海教育出版社 2002 年版，第 238～239 页。

一、基于角色理论的大学教师理想形象建构

中外教育史上，虽然不少优秀大学教师都是融教育者、学者和知识分子角色于一身的人，但是，我们也看到，现实中大学教师在职业社会角色扮演过程中经常出现角色之间相互矛盾和冲突的现象。本部分首先从角色本身入手分析这种冲突和矛盾的内在原因，在此基础上提出解决这一问题的初步构想。

（一）大学教师职业角色观的演变

自中世纪大学产生以来，大学教师社会角色观经历了一个发展变化的过程，这种变化分别表现在理论与实践两个层面。从理论上看，大学教师社会角色观经历了如下演变过程：一是单一角色观，即大学教师就是“教育者”，如纽曼和马克斯·韦伯都把教育者角色当作大学教师主要或唯一社会角色。二是双重角色观，即大学教师既是教育者也是学者，是二者的有机统一体，如西方教育家洪堡、雅斯贝尔斯、帕森斯和我国近代教育家蔡元培、梅贻琦等人，以及当代学者钱伟长、张楚庭等人都持此观点。三是多重角色观，即理想的大学教师应是教育者、学者、知识分子等多重角色的有机统一体，如美国高等教育思想家赫钦斯和我国当代学者徐辉等人都持此论。赫钦斯把大学看做是“人格完整的象征、保存文明的机构和探索学术的社会”，是“独立思想和批判的中心”，相应地大学教师就会有教育者、学者和知识分子的角色要求，徐辉等人在《大学教学概论》中直接提出理想的大学教师应是教育者、研究者、服务者统一体的观点。

大学教师职业角色观的变化根源于大学理念的发展和大学职能观的演变。大学理念是指人们在对教育规律的认识的基础上所形成的关于大学的性质、职能、使命、目的、大学与社会的关系等一系列大学基本问题的理性认识。不同的大学理念也就意味着要求大学所担负的职能、承担的使命不同，相应地，对大学教师社会角色的要求也就不同，故而，从本质上讲，大学教师社会角色观的改变是由大学理念变化所引起的。刘宝存博士在《大学理念的传统与变革》一书中从大学本质的角度把西方近代大学的理念概括为如下几个基本命题：“大学是学者的社团”、“大学是传授普遍知识的场所”、“大学是探索和传播高深学问的机构”、“大学是独立思想和批判的中心”、“大学是社会服务站”以及“大学是一个统一的有机体或多元化巨型大学”，并认为前四个命题反映了大学的实质，而后两者则不尽然。中世纪大学被公认为是“学者的社团”，学者的社团在初期含义比较广泛，既指学生组成的社团，也指教师

的社团，又指教师和学生共同组成的社团，后来主要指教师和学生共同组成的社团。中世纪大学以专业教育为目的，大学的唯一职能就是教学，所以，中世纪大学教师与学者是同义的，都是指“以传授思想为业”的人，换句话讲，中世纪大学教师的社会角色主要是“教育者”角色。纽曼继承了这一观点，他在《大学的理念》前言中开宗明义地指出，“大学是一个传授普遍知识的场所”，从这一命题出发，纽曼认为教学是大学的唯一职能，他说，“如果大学的目的是为了科学和哲学发现，我不明白为什么大学应该拥有学生；如果大学的目的是进行宗教训练，我不明白它为什么会成为文学和科学的殿堂”，总之，大学的目的是“理智的而非道德的”，它是“以传播和推广知识而非增扩知识为目的”①。可见，纽曼只把教育者看做大学教师唯一的社会角色。

“高深学问”是大学产生和发展的历史和逻辑起点，在许多教育家眼里，大学就是“探索和传播高深学问的机构”。德国教育家威廉·冯·洪堡较早地论述此观点，他明确地指出，大学是带有研究性质的学校，是高等学术机构，大学具有科学研究和教学的双重职能。在这种大学理念的支配下，洪堡所说的“大学教师已非严格意义上的教师，大学生也非真正的学生；大学生已在进行研究，教师不过是引导、帮助学生进行研究”②，显然在洪堡这里，大学教师已是教育者与研究者的统一体。雅斯贝尔斯继承了这一思想，他在《什么是教育》中指出，“大学是研究和传授科学的殿堂，是教育新人成长的世界，是个体之间富有生命的交往，是学术勃发的世界”。相应地，“大学有四项任务：第一是研究、教学和专业知识课程；第二是教育与培养；第三是生命的精神交往；第四是学术”③，而且由于大学教育并非只是教授一套固定的知识而是要训练发展一套科学思想的构架，培养未来的学者和研究者，所以，大学教师不仅应该是研究者与教育者的统一体，而且应该首先是研究者其次才是教育者。

20 世纪中叶美国高等教育思想家和改革家罗伯特·梅纳德·何钦斯明确提出了“大学是人格完整的象征、保存文明的机构和探索学术的社会”，以及“大学是独立思想与批判的中心”。赫钦斯是唯一一个明确将社会批判作为大学理念之一部分的教育思想家。针对 20 世纪上半叶大学正逐步脱离传统理念的现实，他发出诘问：“大

① ［英］纽曼著，徐辉等译：《大学的理想》，浙江教育出版社 2001 年版，前言第 1 页。

② 陈洪捷：《德国古典大学观及其对中国的影响》，北京大学出版社 2006 年版，第 31 页。

③ ［德］雅斯贝尔斯著，邹进译：《什么是教育》，生活·读书·新知三联书店 1991 年版，第 149、150 页。

学应服务社会，抑批评社会？大学应仰赖于人，抑能独立自主？大学是一面镜子还是一座灯塔？应谋解决国家当前的实际需要，抑其主要职责在传递及推广高等文化？"① 对此，他回答说，大学应"具有一种强烈而严肃的使命，这就是思考。大学是独立思想的中心，既然它是一个思想的中心，一个独立思想的中心，那么它也是一个批判的中心"②。从何钦斯的大学理念中我们可以看到大学教师应承担起社会批判的使命，因为大学教师是大学理念的主要践行者。然而，即使何钦斯把社会批判作为大学理念之一部分，但他并没有相应地将其列为大学的职能之一，在何钦斯眼中，大学职能有三种，即教学、领导教育发展和科研。所以，从大学职能角度来看，大学教师并没有被要求履行知识分子职责。是故，归纳起来可以发现，在何钦斯这里，知识分子角色对于大学教师而言是一个充分但非必要条件，是大学教师追求生命高境界的一种体现。

从实践上看，教育者和研究者角色在西方大学发展历史上先后演变为制度性职业角色，而知识分子角色却从来没有得到制度上的承认。"教育者"角色是中世纪大学赋予大学教师的制度性社会角色，这从中世纪学位的起源可以得到佐证。美国教育史学家格莱芙斯指出，中世纪大学"学生研究学问及受教育三年至七年之后，即得经一种考试，验其辩论及讲解的能力。如及格，即许受'硕士'(master)、'博士'(doctor) 或'教授'(professor) 的学位。……已得学位之后，就要准备实施其教授技能，和其他教师硕士，赛学生的多寡了"③。我国学者黄福涛等也认为，从词源上看，我们今天使用的硕士和博士学位在中世纪拉丁语中都是指传道、授业和解惑的教师阶层，只是在不同大学或不同学部中使用不同的称呼。由此可见，中世纪大学教师的制度性角色是教育者角色。19 世纪初期在洪堡思想的影响下，柏林大学把"杰出学者"作为大学教师任用的几乎唯一的标准，其具体标准包括三个层次：首先，大学教师应该在他所从事的领域学有专长并具有向听众传递自己知识的能力；其次，大学教师应能把自己的理性活动通过发表来宣扬自己的思想；最后，也是最重要的一点，大学教师应从事科学研究④。自此以后，大学教师的学者角色在制度上获得认可。现代大学一般把教育者和学者都作为大学教师的制度性职业角色。然而，自中世纪大学产生以来，实际上各个历史时期都有大学教师在扮演知识分子角色，

---

① [美] 何钦斯著，姚柏春译：《教育现势与前瞻》，今日世界出版社 1976 年版，第 121～122 页。

② Hutchins R. M：The University of Utopia，The University of Chicago Press，1936，p. 84.

③ [美] 格莱芙斯著，吴康译：《中世教育史》，华东师范大学出版社 2005 年版，第 94 页。

④ 郭丽君：《大学教师聘任制》，经济管理出版社 2007 年版，第 52 页。

履行着知识分子职责。12 世纪的彼埃尔·阿贝拉尔既被誉为“第一个教授”，也被誉为“第一个伟大的新时代的知识分子”①。阿贝拉尔一生都是一个反传统者，他放弃士兵的武器，而进行另一种斗争，他永远不知道安静，总是出现在发生矛盾纠葛的地方。他始终在促进新观念的产生，哪里有他的身影哪里就有激烈的争议。而同时期沙特尔修道院的教师则形成了“沙特尔精神”，他们不同于基督教传统的求新和理性精神，把沙特尔修道院发展成了中世纪重要的科学中心。19 世纪德国著名哲学家康德写出了世界文化史上“三大批判”巨著（即《纯粹理性批判》、《实践理性批判》和《判断力批判》），而他同时也是哥尼斯堡大学教授。19 世纪末法国德雷福斯事件中，德雷福斯派成员的重要力量是大学系统的教师和学生，巴黎高等师范学院几乎所有教师都是热烈的德雷福斯派成员。他们抵制国家和社会秩序的要求，维护普遍的、抽象的价值；捍卫他们所认为的正义的事业，甚至不惜反对司法制度；坚持人权，甚至在捍卫行动被认为可能有损于国家时，也是如此。20 世纪美国大学师生反越战行动和法国的“五月风暴”等。这些都表明，自大学产生以后，西方社会大学教师在实践中一直都充当着知识分子角色。通过大学教师职业角色观的实践，我们可以得出以下结论：第一，教育者和学者角色是制度化的大学教师社会角色，这意味着每一个合格的大学教师都应该履行这两种社会角色和承担这两种角色职责。第二，知识分子角色是大学教师实践中而非制度化的社会角色，也即意味着它是大学教师主体的一种自我选择。

我国近代大学理念萌发于清朝末期，但真正产生影响的是民国时期蔡元培、梅贻琦等人的教育思想。蔡元培认为大学是“研究高深学问”② 的机关和“囊括大典，网罗众家”③ 之学府，根据这一理念，大学的职能是研究高深学问，是“教授高深学术，养成硕学闳材”④，即教学和科研，并要求教学与科研并重。他指出要“延聘纯粹之学问家，一面教授，一面与学生共同研究，以改造大学为纯粹研究学问之机关”⑤。梅贻琦继承了中国古代大学精神，认为“大学之道，在明明德，在新民，在止于至善”，同时他提出了“大师论”，即“大学者，非谓有大楼之谓也，有大师之谓也”⑥，以及大学应是综合性大学的思想。梅贻琦也认为大学有研究学术和培养人

① ［法］雅克·勒戈夫著，张弘译：《中世纪的知识分子》，商务印书馆 1996 年版，第 31 页。
② 高平叔编：《蔡元培教育论著选》，人民教育出版社 1991 年版，第 22 页。
③ 蔡元培：《蔡元培全集》（第 3 卷），中华书局 1984 年版，第 221 页。
④ 高平叔编：《蔡元培教育论著选》，人民教育出版社 1991 年版，第 24 页。
⑤ 蔡元培：《蔡元培全集》（第 3 卷），中华书局 1984 年版，第 110 页。
⑥ 黄延复、刘述理编：《梅贻琦教育论著选》，人民教育出版社 1993 年版，第 18 页。

才两项职能。由此可见，蔡元培和梅贻琦都把大学教师的职业角色定位在教育者与学者的有机统一上。新中国成立以后，我国大学的基本职能是培养人才和发展科学，并且以培养人才为主。相应地，大学教师也就有教育者与学者双重角色。同样，我国近代大学教师在实践中也一直扮演着知识分子角色，尤其在新中国成立以前，在各种救国思想的影响下，一批近代大学教师中体现出了知识分子精神，如蔡元培、陈独秀、鲁迅等。新中国成立以后，相当一部分大学教师积极投身到社会主义现代化建设事业中，针砭时弊，为国家富强、民族复兴大业献计献策，展现了传统的“铁肩担道义，妙手著文章”的知识分子精神。

如何看待教育者、学者和知识分子三种社会角色在大学教师理想形象中的作用呢？王全林博士关于大学教师的知识人角色层进式模式分析对我们理解此一问题很有启发意义。王全林博士把大学教师的知识人角色分为生存性角色、发展性角色和超越性角色。所谓生存性角色即社会所赋予的，作为教师的最为基本、最为本原、最为共通的角色期待与角色职责，是教师与非教师的角色分水岭，“知识传播者”尤其是“教育者”无疑是每一个大学教师的天职与角色职责。发展性角色是指作为知识人的大学教师，为了在知识人“社会圈子”中占有一席之地，为了更好地胜任知识贡献者与知识创新者角色，需要主动地向科学知识链的上游角色拓展，乃至成为创立学派的“真理发现者”。一定程度的角色“上溯”抱负水平，是大学教师全方位胜任知识人社会角色的客观需要。超越性角色是指大学教师在充分履行社会所赋予的生存性角色与发展角色的同时，超越狭窄的学科领域，纯粹发乎自我、发乎人性的对公共领域的观照，它往往是在追求生存性与发展性角色进入化境后出现的一种自我超越体验与人间情怀，如爱因斯坦挟科学家的身份对和平的追求，马寅初近乎单枪匹马地捍卫“新人口论”。由此，大学教师角色发展呈一个层进式过程：生存性角色→发展性角色→超越性角色，这是一个由社会到个人、由职业人到“自由人”乃至“自我实现人”的层进式推进关系，其中作为“教育者”的生存性角色是大学教师作为“师者”的职业操守，放弃者纵使知识再多，也属“虚假”教师角色；发展性角色是大学教师履行知识人角色的职业要求，是社会期待与个人选择相结合的产物，此中既有社会压力的成分，也有一定的自由度与选择余地；而超越性角色则完全发乎个人的自主选择与自我超越，它属于充分履行生存性与发展性角色之后的一种自我升化，乃是知识人角色的最高境界[①]。从王全林博士的分析来看，教育者、

① 王全林：《精神式微与复归——“知识分子”视角下的大学教师研究》，南京师范大学出版社 2006 年版，第 59 页。

学者和知识分子角色大致分别对应于他所说的三类角色，即教育者是大学教师的生存性角色，学者是大学教师的发展性角色，知识分子是大学教师的超越性角色。上述划分的积极意义是，把大学教师的发展与大学教师的职业角色相联系，这样就避免了空谈发展而无具体的内容指向，同时也使发展目标、重点更为集中，从而更有针对性，更有利于指导实践。但是，笔者也并不完全同意王全林博士的观点，这是因为：上述层进式模式实质上是单线递进式模式，也就是由“教育者→学者→知识分子”这样一个单线模式，这与大学教师发展的实际状态是不符合的，大学教师的实际发展过程并不是一个简单的单线式结构，而是根据个人和具体环境条件呈现出非常复杂的选择状态。

笔者认为，教育者和学者角色共同构成了大学教师的基本职业社会角色，知识分子角色是大学教师的超越性角色。所谓基本职业社会角色是与大学和大学教师的本性密切相关，因而是不可或缺的角色。大学是学术性和教育性有机统一的地方，二者缺一不可；如果失去了学术性，大学与一般教育机构也就没有差别了，而如果没有了教育性，大学也就是纯粹的研究机构。这就是雅斯贝尔斯所说的大学研究与教学并重原则。故而，教育者和学者共同构成了大学教师的基本社会角色，是每一个大学教师都应扮演的职业角色。教育者是大学教师之所以谓“师”的最为基本、最为本原、最为共通的角色期待与角色职责，是教师与非教师的角色分水岭，而学者则是大学教师之所以谓“大”的根本要求，是大学教师与一般教师的角色分界线。所谓超越性职业角色，是大学教师追求自我超越、追求生命高境界的一种自我选择。理想的大学教师应很好地履行基本社会角色并积极主动地追求一种超越性的生命境界，是教育者、学者和知识分子的有机合一。

（二） 大学教师的多重角色冲突及分析

大学教师在履行三种职业角色的实践过程中往往充满矛盾和不和谐，有时甚至出现冲突，表现出一定程度的角色紊乱现象。笔者认为，从实际存在的冲突来看，其原因是多方面的，因而解决的策略也应是多方面的，但从社会角色本身角度讲主要有两个方面的原因：首先，从静态上讲，三种角色各有其“合法性”基础，哲学根源的差异导致出现角色扮演过程中的矛盾；另外，角色本身的性质与行为特点差异也是大学教师在角色扮演过程中出现矛盾冲突的重要原因。其次，从动态上讲，大学教师职业角色扮演中的矛盾与冲突来自角色扮演中的“错位”。

第一，三种角色哲学根源的差异是导致大学教师多重角色冲突的深层原因。

大学教师所扮演的三种社会角色分别有其“合法性”基础：教育者角色以教育人类学为合法性基础，以学生的成长和发展为本位；学者角色以“认识论”为合法性基础，以学科专业为中心的学术和科研本位；知识分子角色以“政治论”为合法性基础。大学自产生以来，就一直处在对不同哲学观的矛盾抉择中，这种矛盾状态在当代社会尤为明显。哲学观的冲突必然带来大学教师角色扮演中的矛盾。

大学教师教育者角色是“人本论”[①] 高等教育哲学观在大学教师角色观上的反映。从教育与文化的内在联系来看，教育担当着传承文化道统、开发人的潜能、塑造道德人格的使命，这是教育的人类学本体论意义[②]。简言之，从人类学本体意义上看，“人是教育的出发点”[③]。高等教育作为一种教育形式，也要体现教育本质所规定的东西，即“成人”。为此，中外一些教育家特别重视大学促进人的发展，尤其是人的精神发展。红衣主教纽曼的大学理念代表了这些人的心声，他把传播和推广知识而非增扩知识作为大学教育的目的。雅斯贝尔斯直截了当地指出，大学的生命全在于教师传授给学生新颖的、合符自身境遇的思想来唤起他们的自我意识，“大学是教育新人成长的世界，是个体之间富有生命的交往”[④]。怀特海认为，大学是使青年和老年人融为一体对学术进行充满想象力的探索从而在知识和追求生命的热情之间架起的一座桥梁。西班牙教育家奥尔特加·加塞特认为，大学的使命首先应是把普通人培养成为有文化修养的人，使他们达到时代标准所要求的高度，所谓的“文化修养”指的是“人的精神思想”[⑤]。我国自古以来教育尤重“人”，“成人”是教育的首要目标。梅贻琦在《大学一解》中指出，我国现代大学就制度而言乃自西洋移植而来，然而就精神而言，实与古代《大学》之精神有相通之处，“今日之大学教育，骤视之，若与明明德、新民之义不甚相干，然若加深察，则可知今日大学教育之种种措施，始终未能超越此二义之范围，所患者，在体认尚有未尽而实践尚有不力耳”，即大学之道乃“在明明德，在新民，在止于至善”[⑥]。郑晓沧也指出，大学教育的理想是培养“士君子”，“‘君子’尤重行谊，而‘士’则必学问上有相当之造诣者”[⑦]。

---

① 目前这种高等教育哲学观的提法还没有取得完全一致的意见。除了本书所采用的提法以外，也有学者称之为“本体论”的高等教育哲学，如叶文梓的《论教学过程中“大学生的理解”——从认识论到本体论的诠释》（《江苏高教》，1999 年第 2 期），张正锋的《对高等教育存在的合法性哲学的反思》（《现代教育科学》，2004 年第 6 期），牛慧娟的《关于高等教育的本体论思考》（《黑龙江高教研究》，2004 年第6 期），彭元的《高等教育本体价值的确证——一种基于生存论的思考》（《高等教育研究》，2006 年第 6 期）。

② 何中华：《现代语境中的大学精神及其悖论》，《文史哲》，2002 年第 1 期。

③ 扈中平：《教育目的论》（修订版），湖北教育出版社 2004 年版，第 29 页。

④ ［德］雅斯贝尔斯著，邹进译：《什么是教育》，生活·读书·新知三联书店 1991 年版，第 139、150 页。

⑤ ［西班牙］奥尔特加·加塞特著，徐小洲等译：《大学的使命》，浙江教育出版社 2001 年版，第 73 页。

⑥ 杨东平主编：《大学精神》，文汇出版社 2003 年版，第 46、47 页。

⑦ 杨东平主编：《大学精神》，文汇出版社 2003 年版，第 40 页。

现代教育将“人”作为教育的出发点，但是与古代教育不同的是，现代教育重视的是人的全面发展，即人的全面发展是教育的出发点。从“人本论”的哲学基础出发，大学教师就必须承担起教育者职责。

学者角色是“认识论”的高等教育哲学观在大学教师职业角色观上的具体体现。美国高等教育哲学家布鲁贝克在20世纪70年代提出，20世纪的大学赖以存在的哲学基础有两种：一是“认识论”的哲学基础，二是“政治论”的哲学基础。“认识论”哲学以“兴趣”为核心范畴来阐明高等教育的价值，“强调认识论的人，在他们的高等教育哲学中趋向于把以‘闲逸的好奇’精神追求知识作为目的。他们力求了解他们生存的世界，就像做一件好奇的事情一样”[①]，“认识论”哲学关注的是真理本身，并以“知识本位”的原则来确证其价值，奉行的是理性主义价值观。“认识论”的高等教育哲学虽然是在20世纪70年代提出的，但它在西方社会有着十分悠久的历史，它是西方的理性主义哲学在高等教育哲学观上的反映。在西方哲学史上，理性主义经历了古希腊的理性主义、近代启蒙思想的理性主义和德国古典的理性主义三种形式，其含义包括[②]：首先，理性主义是一种世界观，它把世界看作一个合乎理性的世界，世界是一个和谐有序的整体。人只要正确运用自己的理性，便可以认识它的规律。其次，理性主义是一种人生哲学和人生理想，它把理性看成人的本质，认为最好的生活就是遵循理性指导去生活。最后，理性主义又是一种文化传统，这种传统推崇理性，崇尚科学，重视逻辑思维，相信知识的力量。理性主义分为纯粹理性和实践理性两种形式。所谓纯粹理性，是指超出一己的感官欲望和利害关系，不求功利、不计得失地探索各种抽象思辨的问题。如世界的本源、事物的本质、思维的形式、存在的意义以及绝对、无限和永恒。这种探讨是一种抽象的思辨，一种形而上的玄思，其动机也许是为了追求完美和绝对，也许是出于不可遏止的创造冲动，也许是纯粹为了满足求知欲和好奇心；而所谓实践理性是指人以合理的态度处理自己与周遭世界的关系，一切动机和目的都意在结果对人有利[③]。由此可知，布鲁贝克所说的“认识论”的高等教育哲学就是以纯粹理性主义为基础的高等教育哲学。这种高等教育哲学把大学看做理性的产物和理性的工具，认为大学是探索高深学问和普遍真理的场所，相应地，大学教师就是高深学问和普遍真理的探索者，即“学者”。

---

① ［美］约翰·S·布鲁贝克著，王承绪等译：《高等教育哲学》，浙江教育出版社2002年版，第13页。

② 刘宝存：《大学理念的传统与变革》，教育科学出版社2004年版，第170页。

③ 陈刚：《西方精神史》（上卷），江苏人民出版社2000年版，第55～56页。

知识分子角色是“政治论”的高等教育哲学观在大学教师职业角色观上的具体化。“政治论”哲学以“需要”为核心范畴来解释高等教育的价值，“按照这种观念，人们探讨深奥的知识不仅出于闲逸的好奇，而且还因为它对国家有着深远的影响”①，即“政治论”哲学关注的是作为工具或手段的高等教育，并以“关系本位”的原则来确证其价值，奉行的是工具主义价值观。“政治论”的高等教育哲学观也是理性主义哲学在高等教育领域的体现，不过，与“认识论”高等教育哲学不同的是，它是实践理性主义在高等教育领域的具体化。实践理性既包括以人为目的的价值，又包括功利主义的思想，还体现了工具理性的精神。实践理性也重视理性，也要求通过研究哲学和自然科学来探求真理，但与纯粹理性不同的是，它是把理性当作手段或者工具而不是当作目的本身。中世纪晚期以来纯粹理性与实践理性就一直处于冲突和矛盾之中，进入20世纪以后，随着科学技术的迅猛发展及其在现代生产和生活中的广泛应用，实践理性和工具理性得到了大大发展。以实践理性主义为基础的高等教育哲学也把大学看做是探索真理的地方，但这种探索不是出自纯粹理性的驱动和不计功利得失，相反是为了解决实际问题，应付环境的需要。大学教育是为了适应社会和国家发展的需要以及为了受教育者的幸福等，与此相应，对大学教师的要求就突出强调其社会责任和为国家为社会服务的职能，要求大学教师扮演“社会代言人或社会的代表者、道德的榜样和社会的良心、社会的理性定针”等角色。

第二，角色行为方式与立场的差异是导致大学教师多重角色冲突的现实原因。

大学教师产生职业角色冲突和矛盾的另一个重要原因是不同社会角色的角色性质和行为特点存在差异。首先，教育者与学者之间的冲突在于教学与科研各自对主体的要求不同；其次，学者与知识分子角色之间的冲突在于二者立场和行为方式不同；最后，教育者与知识分子角色之间也存在立场上的矛盾。

教学与科研在某种意义上讲是性质不同的两种学术活动。教学主要是一种向学生传授人类已知的或基本已知的认识成果的活动，从而教学人员的主要特质是组织和传授知识的能力，是教学方法以及相关的个性特征；科学研究主要是一种面对问题进行探索和创新的活动，是知识探索和创新者，从而科学研究从业人员的特质不同于教学人员。纽曼指出发现和教学是两种迥异的职能，也是迥异的才能，同一个人兼备这两种才能的情形并不多见。他说，“教学允许与外界打交道，但实验和思辨的自然家园是隐居”，“探寻真理需要离群索居，心无二用，这是人类的常识。最伟大的思想家对自己的思考对象极为专心致志，不许别人打断。他们心不在焉，行为

① ［美］约翰·S·布鲁贝克著，王承绪等译：《高等教育哲学》，浙江教育出版社2002年版，第15页。

怪僻，或多或少对课堂及公共学校退避三舍”[①]。所以，纽曼主张在大学和科学团体之间进行智力分工。马克斯·韦伯认为教学是一种艺术，涉及个人的天赋，它并非与研究学问的能力相吻合，所以，一个人能同时兼备这两种能力，完全靠运气。可见，从教学与科研这两种不同性质的学术活动对主体所需特质的要求看，教育者与学者角色在同一个体身上的统一是有条件的。另一方面个体在扮演两种角色的时间上也存在冲突。科研活动领域的一个重要特征就是，“学术资本的积累需要时间（从资本的多少密切关联于年龄的事实就很明显），所以，在这一领域内，相互的差异和距离是以时间来度量的，根据时间上悬殊大小和年龄的差别大小而定”[②]，而整天忙于把自己的现有知识传授给学生的人，也不可能有闲暇和精力去获取新的知识。事实上，无论是教学还是科研都是一种需要花费相当时间和精力的活动，而一个人的时间和精力总是有限的，所以，一个人在选择投身教学活动的同时势必会减少花费在科研上的时间和精力，反之也如此。这要，大学教师在教学和科研两者之间选择上的矛盾和冲突被进一步加剧。教学与科研性质上的这些差异以及其他一些引起教学与科研分化的外部因素的存在，最终导致在大学内出现了伯顿·克拉克教授所说的“教学的漂移”和“科研的漂移”现象[③]，大学教授出现了教育者群体与科研群体的分化。但是，由于大学高深学问教与学的特性决定了大学教师必须是教育者与学者的有机结合体，大学教师必须寻求在教学与科研之间的和谐。尽管教学与科研存在本性上的诸多矛盾，但这并不意味着教学与科研完全不能被协调起来，可以确定的是，科研和教学只是在特殊的条件下才能够在单独一个框架内组织起来，远远不是一种自然的相配。

大学教师社会角色观冲突的又一个表现是学者与知识分子角色之间的冲突。学者与知识分子角色的矛盾之一是二者的立场不同。马克斯·韦伯曾指出，学术奉行“价值中立”[④] 原则，而政治奉行责任伦理原则。学术的“价值中立”原则并非是要求学术研究中不涉及价值因素，而是针对价值判断而言，即学术研究要摆脱价值判

---

① ［英］约翰·亨利·纽曼著，徐辉等译：《大学的理想（节本）》，浙江教育出版社 2001 年版，第 4、5 页。

② ［法］P·波丢著，王作虹译：《人：学术者》，贵州人民出版社 2006 年版，第 92 页。

③ 所谓“教学的漂移”是指“大规模运作中的教学的某些推力，要求教学撤离科研”，而所谓“科研的漂移”是指“科研活动中某些一般的冲力倾向于把科研从教学和学习赶走”。参见［美］伯顿·克拉克著，王承绪译：《探究的场所》，浙江教育出版社 2001 年版，第 220 页。

④ 关于这一原则不同汉译者的译法有所差别，有人译为“价值无涉”（韩水法等译：《社会科学方法论》，中央编译出版社 2005 年版），有人译为“道德中立”（杨富斌译：《社会科学方法论》，华夏出版社 1999 年版），有人译为“价值中立”（钱永祥等译：《学术与政治》，广西师范大学出版社 2004 年版）等。

断。所谓价值判断即关于受到我们行动影响的现象是卑下的或是正当的评价。韦伯认为，某一门科学“摆脱”这种价值判断的问题，亦即这种逻辑原则的意义和有效性与下述迥然相异的问题并无一致，这个将予以简要讨论的问题是：人们在大学授课时“是否应当”宣明他们所赞成的某种伦理的或建立在文明理想以及其他世界观基础上的实际的价值判断。这个问题无法从科学上予以讨论，因为它本身完全取决于实际的价值判断，因而无法得到最终的解决①。帕森思把“价值中立”诠释为“科学家的自由”，也就是在与学术相关的领域中服从学术价值的自由，而不会受到其他违背学术研究或不相干价值之干扰。德国学者施路赫特则指出，“价值中立指涉的不只是学术的界限，而且也是学术的文化使命。免于价值判断的自由本身便是科学家可以起身维护学术之价值的立足基础。此一价值是某种特殊文化传统中的重要质素，它使得现代科学得以成立和发展，更表现为这种文化之‘价值普遍主义’的基座，允许学术一方面根基于此文化中，却又保证它面对周遭整体的文化时有着批判的距离”②。可见，“价值中立”是学者文化的基石。“价值中立”原则源于近代科学家一种对事实和真理自由追求的学术氛围的向往，不再希望有其他的价值权威凌驾于科学之上，他们把科学视为纯粹求真的事业，并把与近代实验科学方法和逻辑论证无缘的政治、伦理等和科学严格区分开来，以保持科学的纯洁与独立。质言之，“价值中立”原则要求学者遵循的是学术的价值，是“事实”和“真理”的立场。与上述学者的立场不同，知识分子角色强调和重视价值判断。布鲁贝克在讨论两种高等教育哲学的矛盾时也明确指出，探讨高深学问的认识论方法想方设法摆脱价值影响；而政治论方法则必须考虑价值问题。知识分子必须考虑他的行动之后果的价值，从而将行动获得实现的机会以及结果一并列入考虑，也就是说他负有社会责任。学者与知识分子角色的矛盾之二在于二者的行为方式不同。学者信奉“静观的人生”，而知识分子则信奉“行动的人生”。学者只对永恒不变的真理世界感兴趣，扰攘的现实世界是不值得注意的，而知识分子的兴趣却在现实世界，在“行动”或“实践”。如果说学者的任务在于“解释”世界，那么知识分子的责任则在“改造”世界。正是在这一意义上，余英时先生在《士在中国文化史上的地位》中说西方近代“知识分子”和古希腊哲学家之间并没有一脉相承的关系，而“士”作为一个承担着文化使命的特殊阶层自始便在中国历史上发挥着“知识分子”的功用。

教育者角色与知识分子角色在文化道德上的差异与矛盾是产生大学教师社会角

① ［德］马克斯·韦伯著，韩水法等译：《社会科学方法论》，中央编译出版社 2005 年版，第 136 页。

② ［德］马克斯·韦伯著，钱永祥等译：《学术与政治》，广西师范大学出版社 2004 年版，第 142 页。

色观冲突的又一因素。我国当代学者周浩波认为，教师自身的文化特点与话语方式都是与真正意义上的知识分子有区别的。真正意义上的知识分子是独立的，他们“并不直接地为社会某一阶层服务，他们以理性为宗旨、以社会良心自居、以发现自然与社会的普遍法则和价值为己任，这样，他们便与社会各阶层之间保持了一定的距离，以创造客观、公正、理性的知识为目标，并形成了自己独特的文化特点与话语方式”[①]，他们在社会发展中更多的是作为一种道德力量而存在。如果说古代教师一定程度上还是一种自由职业，大都还体现出前知识分子的文化道德特征。一些学者一方面自由地从事知识的创造，另一方面又将这些知识传授给弟子或学生，而这种传授过程在相对的意义上看也是一个自由劳动的过程。那么随着国民教育体系的建立，古代教师的这种文化道德特征逐渐消失了。现代社会的教师是知识传递者，是受雇于国家或地方政府的雇员，他们不能自由地选择学生与教学内容，只能依据特定的目标而行动。他们直接为国家、政府服务。由于国家的权力控制，教师丧失了作为知识分子的最基本的文化道德特点——独立文化人格——而表现为一种“受控型”职业文化人格。另一方面，自近代夸美纽斯以来，教育教学活动成为学理研究的一部分。教育理论对教师教学行为的规范性、技术性研究使教师劳动的方式方法受到了教学法的严格控制，从而改变了教师文化的特点，形成了以技术与工艺为基础的教师文化，诚如周浩波所言：“实际上，教师的劳动从本质上说，与产业技术工人并没有什么区别，都是服从于一定的职业技术规范而从事生产。他们不能随心所欲地按照自己的意愿去教学，只能在教育理论、教学理论所提供的各种形式化的教学技术中去加以选择，他们有自己固定的操作程序、职业技术以及职业道德。”[②]这与以理性、逻辑、普遍价值为内核的知识分子文化构成了巨大差异。再次，作为“社会代表者”的教育者角色通常代表的是社会的统治阶级、主流文化与主流意识形态，而作为“社会的良心”的知识分子角色所代表的并不总是如此，有时甚至是与教育者角色所代表的相反或对立，代表民间、良知、大众与弱者。概而言之，大学教师身上所负载的教育者角色文化与知识分子文化往往呈现二律背反的矛盾状态，结果导致大学教师在社会角色扮演过程中经常处于犹疑不决的矛盾状态和冲突之中。

第三，角色扮演“错位”激发了大学教师多重职业角色的矛盾。

从表面上看，固然大学教师的教育者、学者、知识分子三种角色各有其“合法性”基础，角色性质与行为特点也不同，从而其职业社会角色是矛盾的，但事实上

---

① 周浩波：《教育哲学》，人民教育出版社 2000 年版，第 235 页。

② 周浩波：《教育哲学》，人民教育出版社 2000 年版，第 239 页。

若无“错位”的角色扮演，大学教师的各种职业社会角色之间也是可以协调、统一的。根据社会学的观点，社会角色总是与特定的社会关系联系在一起，在特定的组织环境中主要的社会关系赋予了个体主要的社会地位和角色，社会学家们称之为“首要地位”或“首要角色”。大学教师的社会角色也是如此。如在教育教学中大学教师的首要角色是教育者，在科研活动中主要是学者角色，而在关怀社会公共事务时就是知识分子角色。换句话讲，大学教师在特定场合中的社会关系是特定的，其主要或者首要社会角色也是固定的，只要其角色行为与其所处的社会环境相适宜，角色冲突的可能性就能够被最大限度地降低。但是，非常遗憾的是，大学教师却经常出现角色扮演“错位”，即在教学活动中以学者或知识分子自居，而在科研活动中又只把自己当作教育者等。简单地说，就是角色行为与所处环境不协调，这就可视为“错位”现象。这种“错位”现象的产生既有主观的原因，也有客观的因素。

（三）“创造性合同”：基于角色冲突与融合的大学教师形象建构策略

角色冲突是个体在角色扮演过程中所体验到的内心冲突。根据国内外社会学界对角色冲突的研究，我国有学者把角色冲突概括为两种类型五种表现形式。第一种类型是角色内冲突，包括三种表现形式：其一，个人扮演一个角色时，对理想角色的认识与对实际角色行为的认识发生矛盾；其二，个人扮演一个角色时，面对两个(或两个以上）角色要求不能契合的情况下体验到的角色冲突；其三，个体扮演一个角色时产生的新旧角色冲突。第二种类型是角色外冲突，具体包括两种表现形式：其一，不同社会地位的占有者对特定角色缺乏一致意见所产生的冲突；其二，个体同时扮演几个角色时产生的多重角色冲突①。根据上述分类，显然，本书所讲大学教师的教育者、学者和知识分子角色冲突主要属于角色外的多重角色冲突形式。社会学理论认为，并不是所有的角色冲突都需要解决，只有当冲突产生负功能时，才需要采取措施予以解决。“角色分离”是社会学中解决角色冲突的重要方法。所谓角色分离并非角色绝对地对立，而是分清在某一角色环境中的主导角色及其主要特征和角色功能该如何表达，对角色间和角色内的冲突作出澄清，分离的是各角色的权限、责任与功能表达。通过分离，达到对角色的重新认知，即对角色规范和角色评价的辨识。由此可见，角色分离即使不能完全解决角色冲突，但至少可以缓解角色冲突，特别是对角色外的多重角色冲突的解决很有积极意义。有鉴于此，笔者认为，从使

① 张人杰：《教师角色冲突解决方法的教育社会学研究之批判》，《华东师范大学学报》（教育科学版），2007 年第 4 期。

大学教师多重角色分离而达到缓解或解决其角色冲突的角度看，美国高等教育家博耶所提出的“创造性合同”[①] 策略很有借鉴意义。

“创造性合同”(creativity contract) 是博耶为了保持大学教授的学术活力促进其一生多产而提出的一种教师评价思想。博耶认为，学术水平的质量最终取决于每位教授的活力。根据心理学的研究，成人生活模式有稳定和转变（丹尼尔·莱维森语）两个阶段或“生存活力”和“消极停滞”（埃里克·埃里克森语）两个相互竞争的时期。在稳定阶段，成人追求相当明确的目标，但到一定阶段，人应当重新安排自己的中心，改变行为，激发生存活力。否则，就会进入消极停滞时期。博耶指出，大学教授在学术生涯中也经历着同样的稳定和变化。而且，教授的这种涨落变化还受到学术工作中其他一些因素的影响而变得更为复杂化。例如，相互竞争的各种义务所造成的压力实际上降低了年轻教师工作的质量，以及不同专业领域的多产期出现的形式和时间的差异等。因此，博耶提出，应当有一些能提供灵活性和变化机遇的职业道路以适应人一生中在个人和专业上发生的变化。也就是说，学院和大学应作出一种可能将之称为创造性的合同的安排，让教师通过这种形式来确定自己以 3～5 年为一阶段的专业目标，并使从一种学术重点转移到另一种学术重点成为可能。更具体地讲，创造性合同可能是这样进行的：我们可以想象一个教师把他或她的职业早期的大部分时间用于某项专门研究，然后这为学者可能希望探讨综合性的问题——花时间去阅读其他领域的材料，撰写解释性文章或教科书，或者花一些时间和其他学校的一位教师讨论其工作的影响，再过一段时间，这种创造性合同可能集中于某个应用项目，它可能让这位教授参与校内咨询，或作为某个政府机构的顾问，这一合同也肯定能在不同阶段把精力集中于学术活动的教学方面。

笔者认为，博耶的“创造性合同”思想融灵活性与差异性为一体，注重在教师整个学术生涯的各项学术活动之间达到动态平衡，尊重教师的个性，有利于促进教师专业自主发展。根据这种合同，一个大学教师可以决定在未来某段时间里，主要从事探究的学术工作，少做一点教学的学术工作。在再往后的几年里，他可能主要从事应用知识的学术工作或为社会服务。每个大学教师都可以在一定的时间内转移自己的学术工作重点。这种合同为大学教师多重角色冲突提供了一个解决策略，因为根据“创造性合同”思想，大学教师在每一个时期都可只选择一种学术工作作为

① 吕达等主编：《当代外国教育改革著名文献》（美国卷·第三册），人民教育出版社 2004 年版，第 35～41 页。

重点，相应地，在该时期他的首要角色比较明确，这样有利于在某一特定时期使多重角色相对分离，达到角色要求相对单一，从而减少多重角色冲突。同时，在“创造性合同”环境下，大学教师可以根据具体情况及时转换学术工作重点，即可以在整个学术生涯的不同时期选择不同的学术工作类型为重点，如此，大学教师便可实践不同的职业角色。笔者认为，当前我国部分大学在教师评聘改革工作中把教师划分为不同类型——科研型、教学科研并重型以及教学型——这种做法与“创造性合同”思想有相近之处，但是这种划分更多的还是体现在对不同教师学术地位与身份的定位上，还没有真正完全地体现“创造性合同”思想的实质。真正的“创造性合同”不仅尊重和承认大学教师的个体差异性而提供多样化的职业模式供其选择，而且为了鼓励大学教师一生持续多产而提供灵活的职业模式，那就是大学教师个体可以根据需要、个性等情况自主选择不同时期的学术工作重点。从后一角度上看，“创造性合同”有利于大学教师实现多重职业角色的融合和统一。鉴于“创造性合同”思想的这个特点，笔者认为，在当前我国大学教师聘任制改革的背景下，把聘任制与“创造性合同”思想实质结合起来，实施将会有利于大学教师的各种职业社会角色的践行，从而有利于大学教师理想形象的塑造。

二、大学教师理想角色形象的主体建构——以陈寅恪为例

大学教师的各职业角色之间不仅内在着种种不协调的因素，而且大学内也存在诸多不利于教师融合各职业角色的制度和环境因素，然而，即使如此，古今中外优秀的大学教师莫不克服各种不利条件，成功地践行了各角色，从而使教育者、学者和知识分子角色在自己身上达到了有机统一，在教育史上塑造了一个个理想大学教师形象的典范。在这些优秀大学教师中，陈寅恪即是其一。

（一） 陈寅恪的大学教师角色形象

陈寅恪诞生于清光绪十六年五月十七日（公元 1890 年 7 月 3 日）。他从 1926 年受聘为清华大学国学研究院教授到 1958 年因在“厚古博今”运动中受到批判而停止授课为止，陈寅恪从未离开过大学讲坛，并深受学生爱戴，获赠“万世师表”之称誉；他一生著述颇丰，言人之未言，被誉为一代“学术宗师”；终身捍卫“自由之思想，独立之精神”，堪称知识分子的典范。

1.“教授之教授”——教育者形象的陈寅恪

陈寅恪从 1926 年开始到清华大学任教至 1958 年被迫停止授课，前后三十余年一直恪守他是一个“教书匠”的职责，体现了一个教育者的高尚德操。在一生的教

育教学实践中，陈寅恪先后开设了“魏晋南北朝史”、“隋唐五代史”、“晋南北朝史专题研究”、“唐史专题研究”、“唐代西北史料学”、“元白诗证史”、“蒙古源流研究”、“世说新语研究”、“唐诗校释”、“唐代乐府”、“元白刘诗研究”、“欧阳修研究”等数十门课程，且每门课程都以自己的研究为基础。

陈寅恪十分热爱教学工作，并且教学态度极为认真负责。有学者将其归纳总结为四个方面：第一，认真履行各教学机构的聘约。陈寅恪认为，一旦接受了大学教学机构的聘约，就应认真对待，信守约定，不能随便解约。他多次表明这样一种观点：“大学校尤不及其他机关”，“以有契约及学生功课之关系，不得不顾及”①，一旦应约受聘，“故必须践约也”②。1943 年，陈寅恪通过当时中英庚款会出面协商，接受了广西大学一年授课讲座聘约。刚好“中央研究院”又给陈寅恪寄来聘书，聘陈为“专任研究员”。由于已经允诺前约，陈寅恪“意恐接受专任聘者与中英庚款及西大（广西大学）聘约有所冲突”，故当即“将专任研究员聘书寄还，自与庚款之约不生冲突也”③。类似情况多次出现，但陈寅恪总是以教学优先。第二，严肃教师职责，决不轻易请假缺课。陈寅恪一生体弱多病，长年服用药物，但他不到万不得已决不轻易请假缺课。我国当代学者王川教授举证，从 1931 年“九一八事变”到 1940 年 2 月在昆明西南联大，共计 10 年，在这 10 年之间，除 1932 年去庐山为父亲陈三立 80 大寿“祝寿一次”外，他竟未请一次假。而与此同时，特别是在 20 世纪 30 年代中期，清华文法学院一些教师经常请假缺课，造成“学生及社会对于文法学印象之劣”④。第三，“按时讲授，从不迟到早退”。据学生回忆：“抗日战争期间，清华、北大、南开迁校至昆明，成立西南联合大学，先生为中文、历史两系合聘教授，居住在青云街靛花巷，上课教室在文林街，相距二里。昆明是山城，二里路中有几段坡路，先生体弱，抱持一大包书，走进教室时汗流满面，即刻打开书包，写满满一黑板讲课要用的史料，然后坐下闭目讲课。看到先生极端疲倦，我们学生感到内心疼痛，希望早些下课，让先生休息，但先生总是按时讲授，从不迟到早退。”⑤ 第四，关爱学生，诲人不倦。陈寅恪学识渊博且平易近人没有架子，课余常有学生登门讨教。学生“每到他家，身上总带几本小册子，佣人送上茶果，有时先生也教我们喝葡萄酒，我们便问其来历，他于是便把葡萄酒原产何处，原名什么，最早出现何处，

---

① 陈寅恪：《陈寅恪集·书信集》，生活·读书·新知三联书店 2001 年版，第 95 页。

② 陈寅恪：《陈寅恪集·书信集》，生活·读书·新知三联书店 2001 年版，第 56 页。

③ 陈寅恪：《陈寅恪集·书信集》，生活·读书·新知三联书店 2001 年版，第 91 页。

④ 陈寅恪：《陈寅恪集·书信集》，生活·读书·新知三联书店 2001 年版，第 50 页。

⑤ 张杰、杨燕丽选编：《追忆陈寅恪》，社会科学出版社 1999 年版，第 208 页。

何时又传到何处，一变成为何名，如此这般……我们都记在小册子里”[①]。

陈寅恪热爱教学、对待教学认真负责的态度还表现在他对待备课的态度和讲学原则上。陈寅恪“备课讲课之认真，用时用力之多，恐无人可以企及”[②]。他每上一堂课，课前都要花很多时间和精力认真准备，从不敷衍应付。特别是晚年在中山大学任教时主要讲“两晋南北朝史”、“隋唐史”、“元白诗证史”等课程，尽管对于这三门课程，他都已有大量的研究成果问世，讲课内容可以说已经是滚瓜烂熟，但他仍然一如既往，认真重新备课，不因自己已经双目失明、精力不济而有丝毫放松。每次上课之前，他都按老习惯要助手提前7～10天找齐该堂课所需的材料，自己看不见，就吩咐助手黄萱逐条、逐段、逐句念给他听。对某一史实，根据不同史书的记载，进行严密的考证与校勘，指出哪种记载是可靠的，哪种记载为什么不可靠，然后口述讲课提纲，并把有关的参考资料和他所写的有关文章找出来或者抄录出来，交给学校油印或打印，以便上课时发给学生。陈寅恪讲课极具个人特色。他讲课坚持“三不讲”原则。所谓“三不讲”简单地说就是“自己没有研究过的不讲、有些问题值得讲但材料缺乏的也不讲、已经讲过的不讲”[③]。在这一原则指导下，陈寅恪讲课虽然语言平实，平铺直叙，但娓娓道来，内容丰富而精彩，因而吸引了众多学生前来听课或“偷听”。他的学生回忆陈寅恪讲课：“每种课程均以新的资料印证旧闻，或于习见史籍发现新的理解”[④]，“他讲课都是讲他的心得和卓见，所以同一门功课可以听上好几次，因为内容并不全同。他最令同学敬佩的，就是利用一般人都能看到的资料，讲出新奇而不怪异的见解。大家听完以后都会有‘我们怎么竟想不出’的感觉”[⑤]。曾有爱好京剧的年青学子在听完陈寅恪的课后感叹道：“就如看了一场著名武生杨小楼的拿手好戏！感到异常‘过瘾’。”[⑥] 陈寅恪讲课不仅内容充实而且讲究

---

① 陈哲三：《陈寅恪先生轶事及其著作》，转引自张杰、杨燕丽选编：《追忆陈寅恪》，社会科学出版社1999年版，第85页。

② 胡守为：《陈寅恪与二十世纪中国学术》，浙江人民出版社2000年版，第21页。

③ 这是1935年陈寅恪为清华学生开设选修课“晋至唐史”时作为“概述讲授要旨”提出来的，他说：“本课程属通史性质，但也不能全讲……其原因有三：(1) 自己研究有限，自己没有研究过的，要讲就得引用旁人的研究成果和见解。这些，都见于记载，大家都能看到，不必在此重说一遍。(2) 有些问题确是值得讲，但一时材料缺乏，也不能讲。(3) 以前已经讲过的，也不愿重复……现在准备讲的，是有新见解、新解释的。”参见蒋天枢：《陈寅恪先生编年事辑》，上海古籍出版社1997年版，第94页。

④ 吴定宇：《学人魂——陈寅恪传》，上海文艺出版社1996年版，第71页。

⑤ 吴定宇：《学人魂——陈寅恪传》，上海文艺出版社1996年版，第71页。

⑥ 周一良：《纪念陈寅恪先生》，见张杰、杨燕丽选编：《追忆陈寅恪》，社会科学出版社1999年版，第144页。

教学方法，非常注重启发，引导学生自己做研究。例如罗香林做了篇探讨客家人源流的论文，陈寅恪认真审阅后，在第二章批了句："家谱内，多有材料，须再查考。"① 这句话使罗香林茅塞顿开，立时认清了方向。后罗香林果然在族谱研究中获得重大成就。高水平、高质量的讲课不仅吸引了清华大学内外众多学子前来听课，也吸引了当时许多同辈教授前来听讲，如清华大学吴宓、朱自清、冯友兰、孔繁斋和北平大学的德国学者钢和泰等都经常听陈寅恪讲课。因此，陈寅恪被清华师生亲切地称为"太老师"、"教授之教授"②。

陈寅恪对待考试也极具个人特色。他认为问答式的笔试不是考察学问的最好方法，所以只要是依据学校制度要求举行的考试，学生没有不及格的。学生们每要求他以写论文代替大考。但他又认为，做论文要有新的资料或新的见解，如果资料和见解都没有什么可取，则做论文也没有什么益处；最好各同学于听讲及研究后，学期结束后对教师提出一二个问题，教师可从学生能否提出适当的问题来分别成绩。

作为教育者，陈寅恪对学生既严格要求又关心爱护。陈寅恪在学业上严格要求学生，而在生活上则无微不至地关怀学生，体现了崇高的教师德性精神。严格要求学生是教师热爱学生的一种具体表现。朱延丰乃是陈寅恪在清华大学历史研究所任教时所带的研究生。1934 年，朱延丰和邵循正（也是陈寅恪所指导的研究生）两人研究生毕业，清华大学拟派二人出洋深造，但陈寅恪因朱论文未臻成熟，没有使他"发生出洋必需之信念"而力主不派其出洋。后此事因牵及系主任，传闻不派朱延丰出洋是系主任与朱有意见，就此陈寅恪专门致函时任清华大学校长的梅贻琦先生以澄清此事③。同时，陈寅恪亦建议朱延丰暂时不发表其论文《突厥通考》，而"请俟十年增改之后，出以与世相见，则如率精锐之卒，摧陷敌阵，可无敌于中原矣"④。朱延丰亦尊师训，潜心向学，精心修正其论文于十年后方才正式公开发表。事实上，不仅对朱延丰是如此，陈寅恪在学业上对学生一贯要求严格，据多名学生回忆，陈

① 吴定宇：《学人魂——陈寅恪传》，上海文艺出版社 1996 年版，第 72 页。

② 吴定宇：《学人魂——陈寅恪传》，上海文艺出版社 1996 年版，第 73 页。

③ 函文如下："月涵吾兄先生：执事朱君不派出洋事，当日教授会议时，弟首先发表宜只派邵君一人，廷黻先生时为主席，询问大家意见，并无主张，事迨弟发表意见后，全体赞同，无一异议。弟之主张绝不顾及其他关系，苟朱君可以使弟发生出洋必需之信念者，必已坚持力争无疑也。至谓系主任与之有意见者，他教授并随同系主任者，则不独轻视他教授之人格，尤其轻视弟个人人格矣。总之，此次史学系议决只派邵君而不派朱君一事弟负最大最多之责任。此中情形经过如此，恐外间不明真相，特函陈述，如有来询者，即求代为转达，藉明真相而祛误会为荷。"程巢父：《思想时代》，华夏出版社 2004 年版，第 1～2 页。

④ 程巢父：《思想时代》，华夏出版社 2004 年版，第 3 页。

寅恪无论是对自己还是对学生都要求论文不成熟不要发表。在生活上，陈寅恪对学生则是关爱有加。据香港罗香林教授回忆，朱延丰进研究院第一年时因恋爱受挫而离校出走，陈寅恪闻讯后非常着急，特地叫罗各处寻找。后来虽然朱延丰自己回到了学校，但老不说话。罗香林于是建议朱找点事情做以作寄托。其时正当胡适在进行一项翻译计划，于是二人去找陈寅恪请其向胡适推荐，陈寅恪得知以后也非常高兴，于是写信向胡适推荐朱延丰。1931 年，陈寅恪在得知弟子罗香林的父亲去世的消息后亲自撰写挽联一副寄往罗香林的老家——兴宁，以表安慰和鼓励。陈寅恪不但对自己所教的学生给予了无微不至的关怀，更难得的是，他对不是自己门下的学生也是竭尽所能去帮助。1929 年陈寅恪曾为吴其昌谋教职而写推荐信给陈垣先生①。更有甚者陈寅恪还主动为清华大学肄业生刘世辅作推荐为其谋事。1948 年陈寅恪致信当代文字训诂学大师杨树达："遇夫先生有道：前闻令郎言先生往广州讲学，想早已返长沙。近日大著倘蒙赐寄一读，不胜感幸。兹有恳者：清华史学系肄业生刘君世辅，成绩颇佳，而因家计辍学，欲求一小小工作，不知我公能在湖大或其他机关为之设法否？"② 由此可见陈寅恪的"师者之风"、"仁者之怀"。

扶掖后学。1937 年春天，陈寅恪从《国闻周报》上读到北平大学历史系青年教师邓广铭所写的《〈辛稼轩年谱〉及〈稼轩词疏证〉总辨证》一文，大为赞赏。后来听闻邓广铭准备以辛稼轩为研究课题向中华教育文化基金会申请资助，于是他便把自己对上文的评价告诉了基金会的负责人胡适和傅斯年，胡、傅二人极为尊重陈寅恪的意见，便批准资助这个与陈寅恪素不相识的青年学人两年。为了使学生早出成果、出高质量的成果，陈寅恪总是把好机会让给他们。1940 年，中国史学会与胜利出版社合作出版中国历代重要人物传记，约请陈寅恪写《唐太宗传》。但是他却写信给出版社社长潘公展极力推荐弟子罗香林担任此项任务。他在信中说："民族先贤故事集丛刊中，自不可阙《唐太宗》一种。弟虽在学校教授唐史有年，而专攻此门者，人数本不甚多。……就前从受学诸友中，现在尚知其仍在从事著述，可以信任者，似惟有罗香林君一人。罗君任职重庆，先生就近与之接洽，必有效果。罗君十年来，著述颇多，斐然可观，自不用旧日教师从旁饶舌，以妨其独立自由之意志也。"等等③。

---

① 吴其昌是清华研究院毕业生，曾师承罗振玉。陈垣先生当时为北平师范大学史学系主任。

② 程巢父：《思想时代》，华夏出版社 2004 年版，第 42 页。

③ 罗香林：《回忆陈寅恪》，转引自吴定宇：《学人魂——陈寅恪传》，上海文艺出版社 1996 年版，第 80 页。

2. 一代“学术宗师”——学者形象的陈寅恪

陈寅恪为求真学问自13岁开始五度出国留学，青年时期在欧美留学生中即有“我国最有希望的读书种子”的美誉，这为他日后成为百科全书式的一代史学宗师奠定了坚实的基础。

1926年陈寅恪受聘为清华大学国学研究院教授，正式开始学术生涯。他一生学术成果丰富，这些学术研究大致可以分为三个阶段：一是1926年7月至1937年卢沟桥事变在清华园时期，这一时期是陈寅恪专心治学、读书最多、思维活跃、著述最勤的黄金时期，发表了五十多篇极有价值的论文和序跋，余英时认为“这一阶段的跋文与考证，在每一点上他都有突破性的贡献，发前人和并世中外学者所未发”①；同时这一时期也为三四十年代一些重要著述的写作打下了基础。第二时期从卢沟桥事变陈寅恪举家逃离北平到1949年南迁岭南，这一时期正是国家多乱、陈寅恪家庭多事、陈寅恪本人多病的年代，但他克服了难以想象的困难以惊人的毅力完成了三部学术巨著——《唐代政治史述论稿》、《隋唐制度渊源略论稿》、《元白诗笺证稿》以及三十多篇论文和许多感人肺腑的诗歌。第三时期是晚年在中山大学，这一时期陈寅恪除了在中古史领域作了更进一步的研究外，他还在身体极度病弱的情况下又拓展了新的研究领域——现在我国学者通常所谓的“颂红妆”或余英时所说的“心史”研究，写出了《论〈再生缘〉》、《钱柳因缘诗证释稿》（即《柳如是别传》）等传世著作，再次实现了自我超越。作为学者，陈寅恪治学范围非常广泛，他对魏晋南北朝史、隋唐史、蒙古史、敦煌学、唐代和清初文学、佛教典籍以及梵文、突厥文、西夏文等古文字都有独到精湛的研究；而从陈寅恪所掌握的语言来看，也是世上少有人能及，除了母语汉语以外，他所掌握的外语有作为工具语言的英文、德文、法文、俄文等，以及作为研究对象的语言梵文、巴利文、印度古代俗语、藏文、蒙文、西夏文、满文、新疆现代语言、新疆古代语言、伊朗古代语言、古希伯来语等。故而，季羡林先生称其“博学多能，泛滥无涯”②；余英时认为，“从中国传统的观点说，他可以算是‘通儒’；从西方启蒙时代的标准说，他近乎‘百科全书派’”③。陈寅恪是当之无愧的学术大师。

---

① 余英时：《试述陈寅恪的史学三变》，见《现代学人与学术》，广西师范大学出版社2006年版，第148页。

② 季羡林：《从学习笔记本看陈寅恪先生的治学范围和途径》，转引自张杰、杨燕丽选编：《追忆陈寅恪》，社会科学出版社1999年版，第144页。

③ 余英时：《试述陈寅恪的史学三变》，见《现代学人与学术》，广西师范大学出版社2006年版，第142页。

丰硕的学术成果是构成陈寅恪作为一代学术大师的内涵之一。除此以外，崇高的学术品格和学者精神也是陈寅恪成为学术大师的重要理由。本书由于篇幅原因主要介绍陈寅恪独立、自由的学术品格和存疑求是的学术精神以作简要分析。

陈寅恪视学术文化为自己的生命，生平主张“独立之精神，自由之思想”的学术精神和基本原则。他的这一学术精神和原则最早见于1929年“海宁王静安先生纪念碑”碑文中，而实际上，他在留学期间的经历已经昭示了此种精神与原则。陈寅恪五次出国，在海外求学多年，却始终没有获得任何博士学位，这对于一个当年的“读书种子”来说是不能用能力等外缘因素来进行解释的。对此，他的侄子曾问他：“您在国外留学十几年，为什么没有得个博士学位?”他回答：“考博士并不难，但两三年内被一具专题束缚住，就没有时间学其他知识了。只要能学到知识，有无学位并不重要。”侄子后来向俞大维提及此事，俞大维也说：“寅恪的想法是对的，所以是大学问家。我在哈佛得了博士学位，但我的学问不如他。”[①] 1929年他在《北大学院已巳级史学系毕业生赠言》中也有“天赋迂儒‘自圣狂’，读书不肯为人忙。平生所学宁堪赠，独此区区是秘方”[②] 之说。由此可见，陈寅恪把读书治学一定要独立、自由思考，并有独立之思想、不为别人希望的某种实用主义左右视为其秘方，这是他一生治学的基本原则。他曾自述“平生治学，不甘逐队随人，而为牛后”[③]，平生“未尝侮食自矜，曲学阿世”[④]。在学术研究过程中从来“不籍时令”，“不假乎功名”，不受世局及外缘的影响；在学问上总是持“审慎态度”，“博考而慎取”，“有误必改，无证不从”，体现了经典的“为学术而学术”的态度。所以，与同时期的学者相比，陈寅恪可谓能“承续先哲将坠之业”，“开拓学术之区宇，补前修所未逮”，其学术成果也能“示来者以轨则”。

陈寅恪的学者精神还体现为存疑求是的学术精神。怀疑是有创造性的学者必备的特质，没有怀疑就不会有创新，陈寅恪作为一代学术宗师，一生开创了众多学术新领域，留下了丰富的学术成果，这自然也与他所具有的怀疑精神有关。陈氏家族素有笃定、务实的家风。“这种家庭风气，培育着陈寅恪不囿于经书和已有定论的存疑精神以及锲而不舍，寻根究底的学术品格。”[⑤] 陈寅恪十岁时听祖父闲话往事，“昔年自京师返义宁乡居，先曾祖母告之曰，前患咳嗽，适门外有以人参求售者，购服

---

① 王川：《学界泰斗陈寅恪传》，广东人民出版社2006年版，第40页。

② 张杰、杨燕丽选编：《追忆陈寅恪》，社会科学出版社1999年版，第223页。

③ 陈寅恪：《寒柳堂集》，上海古籍出版社1980年版，第144页。

④ 陈寅恪：《寒柳堂集》，上海古籍出版社1980年版，第162页。

⑤ 吴定宇：《学人魂——陈寅恪传》，上海文艺出版社1996年版，第10页。

之即愈。先祖诧曰，吾家素贫，人参价贵，售者肯以贱价出卖，此必非人参，乃荠苨也。盖荠苨似人参，而能治咳嗽之病，《本草》所载甚明，特世人未尝注意及之耳”。更有意思的是，听完故事以后，他竟然特意查阅《本草纲目》，“即检荠苨一药，果与先祖父之言符”①。由此可见，他从小就形成了存疑求是的精神，这种精神特质在他以后的学术研究中大放光彩，使他既摄纳前人研究成果的精粹，又不盲从前人的学说，思想解放，勇于探索，勤于独立思考，独具只眼，洞幽烛微，敢于提出前人没有发现、或者同前人见解相反的观点。他在《朱延丰〈突厥通考〉序》中就说“寅恪平生治学，不甘逐队随人，而为牛后”。他在三四十年代的重要著作《隋唐制度渊源略论稿》和《唐代政治史述论稿》，被称为隋唐史研究的里程碑之作，英国享有盛誉的唐史专家崔瑞德（D. Twitchett）所编的《剑桥中国隋唐史》中的每一章节都参考了陈寅恪的研究成果。同时，他还在《元白诗笺证稿》等著作中开创了诗文证史的史料学新方法。

3. 知识分子的“气节”——知识分子形象的陈寅恪

陈寅恪一生远离现实政治，用他自己的话说是“只是专心教书和著作，从未实际办过事”。也正因为如此，对于陈寅恪究竟算不算是近代严格意义上的知识分子这个问题，当代学者们的观点可以分为两派。一派认为陈寅恪是学者而不是知识分子，如学者吕陈群说：“国内最聪明的学者要数陈寅恪和钱锺书两位了，但是他们都不是哲学家，学问重而思想轻。所谓知识分子，就当以孔子、苏格拉底、马克思和爱因斯坦为楷模，以伦理教育、社会批判、精神理想和知识创造为自己的职责。”②《学人魂——陈寅恪传》的作者吴定宇也认为，“严格地说他是一个学问家而不是一个思想家”③。另一派则认为，陈寅恪既是学者也是知识分子，如季羡林在《回忆陈寅恪先生》中说：“寅恪先生决不是一个‘闭门只读圣贤书’的书呆子。他继承了中国‘士’的优良传统：天下兴亡，匹夫有责。”④ 程巢父认为，“一个真正的知识分子，他必不以赏玩人生为满足，他必有更高的人生追求。他们的人生追求和理想总是体现在对文化的基本价值的坚守和护卫上，如陈寅恪‘科学院的答复’和坚持‘黄巾米贼’之说。他们对知识和思想总是持一种庄严虔敬的求真、求是态度，‘造次必于是，颠沛必于是’。在坚守和护卫文化价值时，很自然地显示出‘富贵不能淫，贫贱不能移，威武不能屈’的气概”⑤。当代学者李慎之也说，“陈寅恪先生是举世公认的

---

① 吴定宇：《学人魂——陈寅恪传》，上海文艺出版社 1996 年版，第 13 页。

② 王小波等：《知识分子应该干什么》，时事出版社 1999 年版，第 160 页。

③ 吴定宇：《学人魂——陈寅恪传》，上海文艺出版社 1996 年版，第 270 页。

④ 张杰、杨燕丽选编：《追忆陈寅恪》，社会科学出版社 1999 年版，第 128 页。

⑤ 程巢父：《思想时代》，华夏出版社 2004 年版，第 33 页。

二十世纪中国伟大的史学家，同时也是位中国近代史上杰出的思想家”[①]。笔者认同后者的观点，认为陈寅恪不仅是一代学术宗师，也是知识分子的典范。值得注意的是，陈寅恪的知识分子精神不是通过直接的社会批判以及参政等形式体现出来的，而是通过他对基本文化价值的坚守及其道德人格等体现出来的。

陈寅恪为什么没有像同时期的鲁迅等人那样直面社会黑暗直接参与社会政治呢？笔者认为有如下几种因素：第一，陈氏家族的特殊经历对陈寅恪远离政治潜心学问的人生态度产生了重要影响。陈寅恪的祖父陈宝箴、父亲陈三立两人在维新变法运动前后都发挥了重要作用，变法失败后，祖父陈宝箴被逼自杀，父亲陈三立也受到革职处分。陈寅恪的一个姐姐和长嫂也于维新运动失败后不久相继去世。其后，陈三立决心作“神州袖手人”[②]。在此影响下，陈寅恪的众兄弟中仅有一人在政界工作，其余诸人皆从事文化、教育工作。第二，陈寅恪的个性不喜欢与人争辩，有一件小事可以说明他的这种性格特征。姜亮夫在《忆清华国学研究院》里面写道：“寅恪先生还有两件事使我终生不能忘怀。我在清华曾写过一篇批评容庚先生的文章，送登《燕京学报》，容庚先生把我的文章送给陈寅恪先生看。过后寅恪先生对我说：‘你花这么大的精力批别人，为什么不把这精力集中在建立自己的研究工作上！’”[③] 而通常不喜欢与人争辩的人大多也不喜欢参与政治活动。第三，陈寅恪对学术、文化与政治之间关系的理解和认识也使他有意识地远离政治，选择以文化作为自己的安身立命之本，以实现自己作为知识分子的使命。首先，他认为学术与政治不可能完全没有关系，但学术与政治又是有区别的。据王钟翰先生回忆：“1945 年秋，一日，先生仰卧病榻上，当我提问治学与政治有无关系时，先生沉思片刻，云：‘古今中外，哪里有作学问能完全脱离政治之事？但两者之间，自然有区别，不能混为一谈。如果作学问是为了去迎合政治，那不是真正的学问。因为作学问与政治不同，毕竟有它自己的独立性。’”[④] 这表明，陈寅恪首先肯定学术与政治之间是必然有联系的，但是他又认为学术必须有自己的独立性方才是真正的学术，这是他终生坚守“独立之精神，自由之思想”的根本原因。“学术与政治必然有关系但学术又必须独立于政治”这句话乍看起来是矛盾的，但是若理解了陈寅恪关于文化精神与政治时局的关系的见解就能够理解这句话的真正含义。陈寅恪认为，一国之兴衰与文化精神有莫大关

---

① 李慎之：《独立之精神　自由之思想——论作为思想家的陈寅恪》，《学术界》，2000 年第 5 期。

② 陈三立被革职后在给梁启超的诗中说：“凭栏一片风云气，来作神州袖手人。”

③ 张杰、杨燕丽选编：《追忆陈寅恪》，社会科学出版社 1999 年版，第 72 页。

④ 张杰、杨燕丽选编：《追忆陈寅恪》，社会科学出版社 1999 年版，第 253 页。

系，学术趋势可以左右政治时局。陈寅恪早在哈佛留学期间就曾说，“救国经世，尤必以精神之学问（谓形而上学）为根基”，对于输入西方文化，如果“专谋以功利机械之事输入，而不图精神之救药，势必至人欲横流，道义沦丧。即求其输诚爱国，且不能得”[①]。及至后来在分析李唐统治集团崛起的原因中又说“李唐一族之所以崛兴，盖取塞外野蛮精悍之血，注入中原文化颓废之躯，旧染既除，新机重启，扩大恢张，遂能别创空前之世局”[②]，以及在《朱延丰〈突厥通考〉序》中直接指出，“考自古世局之转移，往往起于前人一时学术趋向之细微。迨至后来，遂若惊雷破柱，怒涛振海之不可御遏”[③]。如此一来，也就不难理解陈寅恪上面那段看似矛盾实质内蕴着他作为史学家的深刻洞察的话语，这就是以“独立之精神，自由之思想”所做出的真学问实质上是直接关乎社会政治实际的，这也是陈寅恪终生致力于学术研究的重要缘由。所以，季羡林先生说：“从他的著作中也可以看出，他非常关心政治。他研究隋唐史，表面上似乎是满篇考证，骨子里谈的都是成败兴衰的政治问题，可惜难得解人。”[④] 最后，陈寅恪虽然留学十余载，深谙西方文化，但他也是一个深受儒家传统文化影响的人。“儒者的基本承诺关乎不朽与文化，远非任何特定的权利结构”[⑤]，这一特点也影响到了陈寅恪的行为方式。

金耀基认为，判断一个人是不是知识分子要“重一个人所做的，而不是重一个人是甚么”[⑥]，所以，我们判断陈寅恪是不是知识分子不能仅仅从他是否担任了什么政治职务来看，而要从他一生的践行来分析。从陈寅恪一生的实践来看，最能体现其知识分子精神的是他终生坚守“独立之精神，自由之思想”的文化价值观以及他的治史动机或说史学关怀。

从陈寅恪的一生践行来看，“独立之精神，自由之思想”不仅仅是一个学者必备的素质，而且它已经上升到一种文化价值观的高度。陈寅恪坚守“独立之精神，自由之思想”的行为不仅是出于学者求真学问的需要，而且是出于他对一种基本文化价值观的捍卫。现代学者们基本确认陈寅恪是一个“中国文化本位论”者，即陈寅恪坚持“中学为体，西学为用”思想。什么是中国文化？陈寅恪在《王观堂先生挽词·序》中说：“吾中国文化之定义，具于白虎通三纲六纪之说，其意义为抽象理想

---

① 吴定宇：《学人魂——陈寅恪传》，上海文艺出版社 1996 年版，第 52 页。
② 吴定宇：《学人魂——陈寅恪传》，上海文艺出版社 1996 年版，第 88 页。
③ 吴定宇：《学人魂——陈寅恪传》，上海文艺出版社 1996 年版，第 88 页。
④ 张杰、杨燕丽选编：《追忆陈寅恪》，社会科学出版社 1999 年版，第 128 页。
⑤ 杜维明：《道学政——论儒家知识分子》，上海人民出版社 2000 年版，第 92 页。
⑥ 王小波等：《知识分子应该干什么》，时事出版社 1999 年版，第 163 页。

最高之境，犹希腊柏拉图所谓 Idea 者。”即陈寅恪认为伦理道德是中国传统文化的集中表现①。接着他又指出“夫纲纪本理想抽象之物，然不能不有所依托，以为具体表现之用。其所依托以表现者，实为有形之社会制度，而经济制度尤其重要者。故所依托者不变易，则依托者亦得因以保存”。这句话的意思是说，“纲纪”是抽象的理境，它必须要以经验的具体社会制度为依托，社会制度不变，则理想亦不变。反之亦然，社会制度变化了，理想亦变。而“近数十年来，自道光之季迄今日，社会经济制度，以外族之侵迫，致剧疾之变迁；纲纪之说无所凭依，不待外来学说之撞击而已销沉沦丧于不知不觉之间，虽有人焉，强聒而力持，亦终归于不可救疗之局”。现在社会制度已经变化了，旧日的“纲纪”理想自然不复存在，那么变化了的新的文化理想是什么呢？余英时认为，陈寅恪眼中新的理想价值观就是其在《王观堂先生纪念碑铭》中所提到的“独立之精神，自由之思想”。同时余英时也指出，“他（指陈寅恪，笔者注）并没有将这种转化当作一种普遍原则提出来；这只能看作是他个人怎样通过现代的方式，实践‘读书治学之士’的传统‘气节’的一种示范。因此，最重要的是看他的实践历程”②。如果说陈寅恪早年不求学位而专心读书是一种潜意识地追求独立与自由的行为，那么到写《王观堂先生纪念碑铭》时已经是一种有意识地追求，特别是到晚年更是积极主动地将它作为自己的一种信念和文化价值观来坚守。众所周知，陈寅恪对独立自由精神的追求最为典型的事例就是他对科学院的答复和拒绝北上的言行。1949 年北平解放前夕，陈寅恪携家眷南下受聘为广州岭南大学教授，后岭南大学被并入中山大学，陈寅恪成为中山大学历史系教授。1953 年，中共中央决定设立历史研究委员会，由陈伯达、郭沫若等人任委员。同年 10 月，为了确立马列主义在史学研究中的领导地位，历史研究委员会决定：尽快在中国科学院再增设两个历史研究所；创办一份代表新时代历史研究最高水平的刊物《历史研究》。在即将设立的历史研究所中计划由郭沫若、陈寅恪、范文澜三人分别出任一、二、三所所长。为此，昔日的受业弟子汪篯带着中国科学院院长郭沫若和副院长李四光的亲笔信函来到中山大学面呈陈寅恪，请其北上出任二所即中古史研究所所长。1953 年 11 月 21 日晚，汪篯将郭、李二人的信转交给陈寅恪，次日晨陈寅恪即作答复提出了担任中古史研究所所长的两个条件：一、允许研究所不宗奉马列主义，并不学习政治；二、请毛公或刘公给一个允许证明书，以作挡箭牌。12 月 1 日又正式口述长文《给科学院的答复》一篇，里面重申了“独立之精神，自由之思

① 张杰、杨燕丽选编：《追忆陈寅恪》，社会科学出版社 1999 年版，第 298 页。

② 余英时：《陈寅恪与儒学实践》，见《现代学人与学术》，广西师范大学出版社 2006 年版，第 130 页。

想”的主张，且说“独立精神和自由意志是必须争的，且须以生死力争”，并将上述两条件再次郑重提出。正如有学者所言“陈寅恪关于‘自由思想、独立精神’的答复在1953年无异是‘骇人听闻’的”[①]。可以想见，陈寅恪终未能到北京就任中古史研究所所长一职。陈寅恪的此举不仅仅是一种个体的行为选择，而且这一行为背后还蕴涵着深刻的文化价值内涵。所以，余英时说“这是他晚年生命史上必须特笔大书的第一大事”[②]。

陈寅恪之所以如此看重知识分子的独立意志和自由精神甚至不惜一切来践行，原因之一即在于前面已提到的他对文化精神与政治关系的理解，其二在于他充分认识到知识分子在继承传统文化、引进外来文化以重建现代中国文化过程中的重要、不可替代的作用，特别是在一个动荡不安的时代，知识分子的立场对于社会发展所具有的重要而深远的影响。这可从陈寅恪对曹操所颁布的求才三令的分析中充分反证这一思想。他说：“夫曹孟德者，旷世之枭杰也。其在汉末，欲取刘氏之皇位而代之，则必先摧破其劲敌士大夫阶级精神上之堡垒，即汉代传统之儒家思想，然后可以成功。读史者于曹孟德之使诈使贪，唯议其私人之过失，而不知此实有转移数百年世局之作用，非仅一时一事之关系也。”[③] 通过陈寅恪的分析可以看到，他认为曹操颁布求才三令的真正用意在于，利用它宣扬以“才”为先的观念，从而达到抗衡和消解汉代士大夫修身治国平天下的传统儒家精神，以从根本上抽掉汉代统治秩序的精神根基而为自己建立新的统治秩序清除障碍。反之，我们可以看出陈寅恪的基本观念：在陈寅恪看来，社会急剧变革时期，伦理道德观念最易发生变化，知识分子如果能够维护和坚持旧有的但依然是正确的伦理观念和礼仪制度，同时及时制订适应新状况的有关道德观念和具体制度，就可保证社会安定和人们的信念不致破灭。

陈寅恪作为一代史学大师，兼收并蓄，既采乾嘉学派和西方考证方法之长，又取中国传统史学“通古今之变”的学术精神，在对历史的考证研究中充满了对现实的深切关怀。吴定宇认为，陈寅恪早年留学期间选学历史和语言学以及中年由“殊族之文，塞外之史”到“中古以降民族文化之史”的研究转向都充满了爱国情怀。他还认为，像陈寅恪那样天资聪慧而又挑中“冷门”的留学生，在当时很罕见。并认为陈寅恪之所以执著地学习史学、佛学和语言学是基于如下原因：首先，他从小

---

① 陆建东：《陈寅恪的最后20年》，生活·读书·新知三联书店1995年版，第118页。

② 余英时：《陈寅恪与儒学实践》，见《现代学人与学术》，广西师范大学出版社2006年版，第119页。

③ 陈寅恪：《金明馆丛稿初编》，见刘克敌：《陈寅恪和他的同时代人》，文化艺术出版社2006年版，第229页。

就养成了一种对中国传统文化思想的特别热爱的深厚感情，这使他自然选择了史学来实现自我人生价值。其次，出自赤诚的爱国心。他受到晚清一批倡导和认同经世致用的学者怀着匡扶天下、力挽狂澜的社会责任感而研究边疆地理史的影响，而选定以西域民族史、元、蒙史为研究重点。再者，陈寅恪以“中学为体，西学为用”纲领为观照，对中国文化如何吸收、同化外来文化，外来文化又怎样影响和改造本土文化等问题，进行了深层次的思考。他的第一次学术转向更是直接着眼于中国学术之独立和振奋中华民族的民族精神，痛感于中国人对中国的历史文化研究落后于东邻日本。陈寅恪在1931年纪念清华二十周年对学生发表讲话时说：“吾国大学之职责，在求本国学术之独立，此今日之公论也。……近年中国古代及近代史料发见虽多，而具有系统与不涉傅会之整理，尤待今后之努力。今日全国大学未必有人焉，能授本国通史，或一代专史，而胜利愉快者。东洋邻国以三十年学术锐进之故，其关于吾国历史之著作，非复国人所能追步。昔元裕之、危太朴、钱受之、万季野诸人，其品格之隆汙，学术之歧异，不可以一概而论；然其心意中有一共同观念，即国可亡，而史不可灭。今日国虽幸存，而国史已失其正统，若起先民于地下，其感慨如何？……此重公案，实系吾民族精神上生死一大事者，与清华及全国学术有关，诸君试一参究之。以为如何?”[①] 这段话明确地说明了他学术转向的原因在于求学术独立与振兴民族精神。余英时也认为陈寅恪一生的学术工作都与现实密切相关。他说，陈寅恪“在表明上给人的印象完全是一位不食人间烟火、不问当世理乱的古典型的学者。……然而深一层看，陈先生一生的学术工作可以说都与现实密切相关：他自称‘喜谈中古以降民族文化之史’（《西域人华化考序》），其实这正显示出他所关切的是中国文化在现代世界中如何转化的问题”[②]。而且，陈寅恪在一般历史问题的研究中也充满了对世事的关怀，他的《论李怀光之叛》实质上是直接受到西安事变的影响而特别撰写的。当代还有不少学者都持类似看法，认为陈寅恪不是为历史而历史的研究者，他的历史研究蕴涵着对现实的深切关怀，如前面已经提到的季羡林认为“他研究隋唐史，表面上似乎是满篇考证，骨子里谈的都是成败兴衰的政治问题”。总之，陈寅恪不仅是一个伟大的史学家，一个优秀的学者，还是“近代极少数真正符合儒家标准的知识分子之一”[③]。

---

① 陈寅恪：《金明馆丛稿二编·吾国学术之现状及清华之职责》，转引自吴定宇：《学人魂——陈寅恪传》，上海文艺出版社1996年版，第86页。

② 余英时：《陈寅恪的学术精神和晚年心境》，见《现代学人与学术》，广西师范大学出版社2006年版，第186～187页。

③ 余英时：《陈寅恪的学术精神和晚年心境》，见《现代学人与学术》，广西师范大学出版社2006年版，第178页。

（二） 陈寅恪践行大学教师职业角色的特点及启示

综合上述可见，陈寅恪在一生职业生涯中成功地扮演了教育者、学者和知识分子三重角色，堪称理想大学教师形象的典范。

纵观其言行，笔者认为，陈寅恪在处理教育者、学者和知识分子角色三者之间的关系时有如下几个特点。

第一，陈寅恪视教学为“天职”，任何时候都把教学放在第一位。他一生都以“教书匠”自居，并把教学视为本职。1946年陈寅恪双目失明以后，清华大学历史系主任雷海宗教授“因为他体弱多病，又双目失明，便劝他暂不要开课了，先休息一段时间，搞搞个人研究。寅恪先生马上说：‘我是教书匠，不教书怎么能叫教书匠呢？我要开课，至于个人研究，那是次要的事情。我每个月薪水不少，怎么能光拿钱不干活?”① 另外陈寅恪严格履行教学聘约和遵守教学时间都很好地说明了这一点。特别是当研究工作或学术会议时间与教学时间冲突时，他总是把教学放在第一位。1929年，中央研究院历史语言研究所由广州迁至北平，拟聘陈寅恪为研究员兼历史组主任、《历史语言研究所明清史料编刊会》编委，但研究所规定所内成员必须是专职不得兼任其他职务，于是陈寅恪提出不脱离教学工作方可接受聘约，最后时任所长的傅斯年为了使他接受聘约只得破例允许他边授课边做研究。1936年，“中央研究院”历史语言所在南京召开学术会议，因陈寅恪兼职为史语所第一组（历史组）主任，傅斯年一再函邀出席会议。但由于其时并非学校假期，参加会议必然耽误上课，陈寅恪考虑再三决计不南行，并回函向傅斯年澄明理由。同样原因，陈寅恪拒绝了“中央研究院”的另一次学术评议会议。当时陈寅恪受聘在香港大学讲课，陈寅恪身为评议委员，理所当然应出席，但考虑到开会就得停课，势必影响学生学习，于是陈寅恪致函“中央研究院”，要求将开会改为用信札征询各位评议委员的意见，以确保正常的教学进程安排。

第二，他以“教学为本”，但把学术研究与教学有机地结合起来。陈寅恪虽然视教学为本职工作，任何情况下都不放弃教学工作，但他又把教学建立在研究的基础上，视学术研究为个人乐趣，使教学工作与研究工作相互促进。这从他讲课的“三不讲”原则和在大学先后开设的课程“魏晋南北朝史”、“隋唐五代史”、“晋南北朝史专题研究”、“唐史专题研究”、“唐代西北史料学”、“元白诗证史”、“蒙古源流研究”、“世说新语研究”、“唐诗校释”、“唐代乐府”、“元白刘诗研究”、“欧阳修研究”

① 吴定宇：《学人魂——陈寅恪传》，上海文艺出版社1996年版，第149页。

等课程名称与学术研究主题具有高度一致性方面可以充分证实这一点。陈寅恪还认为，讲课必须有新意，使同学每听一堂课就有一堂课的益处，才不算白讲。所以，他所讲的内容如果已经写成文章发表了或著书出版了，学生们都可以买到看到，那么他就不再开设该门课程。如此以来，为了保证每一次教学都有新的内容，他就必须不断进行深入研究或拓展新的研究领域，而他的研究又会为教学提供更好的内容。这样在教学与学术研究之间就形成了良性互动。

第三，陈寅恪以“学者”的方式和自身的道德人格践行着一个知识分子对社会、政治和文化的深切关怀。自近代“知识分子”一词产生以来，它就与政治有着千丝万缕的关系。所以，一般情况下被称为知识分子的或者是直接与政治活动有关的梁启超、陈独秀等人，或者是直面惨淡人生的鲁迅式的知识人，或者是寄希望于“内部穿孔”的胡适等人，甚至至少是联名上书给蒋介石、毛泽东力主国共合作的西南联大十教授[①]等类型的人。陈寅恪既没有直接参与政治活动，也没有直接对实际的社会、政治状况进行过公开的针砭，一生固守学术与教育工作，所以他常常被人认为只是一个“学问家”而不是知识分子。但是，我们认为，陈寅恪既是一个学问家，也是一个知识分子，只不过他履行知识分子职责的方式与众不同。正如上文我们已经分析指出的，他是通过学术实践与终身对独立自由之基本文化价值观的坚守所体现出来的精神人格来表达自己作为一个知识分子的精神实质的。所以说，他“虽然不是思想家，但在中国现代思想史上却具有一种典型的意义”[②]。当然，从整体上看，他在中国文化史上的贡献，首先还是作为一个学者对学术界的贡献，其次才是作为一个知识分子对整个社会的贡献。总之，陈寅恪始终把教育工作和学术工作作为自己职业生涯的基本和重要的内容，并在学术本位的基础上坚守自己的文化理想而形成了独特的精神人格，这是他能同时成功地扮演大学教师的三重职业角色的关键因素。

陈寅恪对大学教师多重职业角色的实践对于我们今天塑造大学教师理想形象具有重要的启示意义。笔者认为，至少有以下两点值得注意。

首先，大学教师主体是建构大学教师理想形象的最根本因素。毛泽东在论述事物发展动力时曾提出“外因是变化的条件，内因是变化的根据，外因通过内因而起作用”[③] 的著名论断，同样适用于大学教师。笔者认为，大学教师理想形象的形成固

---

① 他们是张奚若、周炳琳、朱自清、李继侗、吴之椿、陈序经、陈岱孙、汤用彤、闻一多、钱端升等。

② 余英时：《陈寅恪的学术精神和晚年心境》，见《现代学人与学术》，广西师范大学出版社 2006 年版，第 183 页。

③ 《毛泽东选集》第 1 卷，人民出版社 1991 年版，第 302 页。

然离不开适宜的外部环境的滋养，比如大学是否持有学术自由思想和制度对于理想大学教师特质的养成具有重要影响，但是，大学教师主体才是建构大学教师理想形象的更为根本的因素或关键因素。否则，我们就无法解释中外教育史上诸多优秀大学教师包括陈寅恪身上所体现出来的优秀特质是怎样得以产生的。陈寅恪一生所处的社会、政治环境都极其恶劣。在陈寅恪的青壮年时期，国家面临内忧外患，社会动荡不安，中华民族处在生死存亡关头，民生凋零，为躲避战火他所在的清华大学也是在不断搬迁之中；晚年时期即新中国成立以后，国家虽然实现了统一和稳定，但是又长期处在“政治至上”的极“左”年代。尤其是陈寅恪一生又体弱多病，且自中年时即已双目失明。这对于从事教育和学术事业的陈寅恪来讲，无疑是在恶劣的外部环境下又雪上加霜。但是，陈寅恪却仍然在这样非常不利的环境中克服一切困难圆满地塑造了大学教师的各职业角色，究其原因，如果离开了陈寅恪自身的主体性因素是很难解释的。余英时先生曾指出，用传统儒家的语言说，陈寅恪“信道之笃、守道之严”在同辈的学人之中，昭乎确乎可当“未之或先”四个字①。笔者认为，余氏所言实质上就是指陈寅恪身上所表现出来的高度的责任感、使命感和坚定的信念。陈寅恪从“民族一文化”观出发认为一个民族的精神文化对于社会时局的转移具有重大影响，也就是他认为“救国经世，尤必以精神之学问（谓形而上学）为根基”以及在解析李唐统治集团崛起的原因时又认为“李唐一族之所以崛兴，盖取塞外野蛮精悍之血，注入中原文化颓废之躯，旧染既除，新机重启，扩大恢张，遂能别创空前之世局”，及至在《朱延丰〈突厥通考〉序》中直接指出“考自古世局之转移，往往起于前人一时学术趋向之细微。迨至后来，遂若惊雷破柱，怒涛振海之不可御遏”等。同时，他又是一个“中国文化本位”论者，他坚信中国儒家精神的正面价值，当然他也认为儒家精神的经验内容则应是随着时代的变化而变化的。因此，在20世纪特别是20世纪上半叶的时代背景下，陈寅恪相信重塑中国文化价值体系是解决中国问题的重要途径。而知识分子包括正在培养的未来的知识分子是中国传统精神文化的主要承载者、新文化价值体系的塑造者。同时，他亦坚信只要知识分子个人愿意，那么他就能抗拒寂寞与贫穷等一切外界的巨大压力而坚守学术的独立与知识分子人格。鉴于上述理由，陈寅恪本着承续先哲将坠之业以及培养能够继承并发展中国文化精神的未来学者、培养能够安邦定国的专门人才的高度责任感和使命感积极投身教育和学术事业。他一生坚持做真学问，从不曲学阿世，坚持学术独立；恪守教育者职责，视教学为“天职”坚守在三尺讲坛上，从不以教学为

① 余英时：《陈寅恪与儒学实践》，见《现代学人与学术》，广西师范大学出版社2006年版，第117页。

低等工作，不以“教书匠”为耻反而公开坚持自己是一个“教书匠”。他在1964年6月的《赠蒋秉南序》中说：“……至若追踪昔贤，幽居疏属之南，汾水之曲，守先哲之遗范，托末契于后生者，则有如方丈蓬莱，渺不可即，徒寄之梦寐，存乎遐想而已。呜呼！此岂寅恪少时所自待及异日他人所望于寅恪者哉？……”[①] 这段话真实地表达了陈寅恪因“河汾之志”在特殊的时代背景不能实现的悲愤之情，也从另一个角度证实了陈寅恪对于教育事业的高度责任感和使命感。这表现出他与同时期某些学者视教学人员为低等人才[②]明显不同的远见卓识，也与当前我国大学教师中出现的“讲师不讲”、“教授不教”有本质区别。笔者认为，当代我国大学教师中出现“讲师不讲”、“教授不教”现象的部分原因在于当前的功利主义大学制度所致，但更重要的原因在于大学教师自身的责任感、使命感淡化。大学教师本身缺乏追求生存高境界的积极性和能动性，仅仅把大学教师职业当做一项谋生糊口的工作，从而导致仅以名利的大小、多少来衡量自己工作的价值，以致丧失或者淡化了教书育人工作的内动力，再加上功利主义、工具主义价值取向指导下的大学制度的挤压，最终导致教学成为大学教师的一项“负担”，一些大学教师即使勉强站上讲台也是敷衍了事，或者干脆不站本校讲台。因此，笔者认为，重塑大学教师的理想形象虽然离不开相应的大学制度支持，但是，大学教师主体的积极性、能动性更为关键。

其次，正确认识和处理教育者、学者和知识分子三重角色的关系对塑造大学教师理想形象非常重要。在陈寅恪的职业生涯中，教育者和学者角色始终是其最基本也是最主要的角色。他视教学为“天职”、以研究为个人乐趣，在实践上坚持教学与研究二者相互促进。在大学的早期发展阶段，教育者角色是大学教师主要职业角色，大学教师在理论和实践上均十分重视教育教学工作；但自科学研究正式成为大学的基本职能以后，如何认识、处理教学与科研的关系成为影响大学教师职业发展的一个重要因素。事实上，自柏林大学将研究才能作为大学教师的首要条件以来，大学教师重科研、轻教学现象日趋严重，发展到现在已是出现部分所谓大学教师已不再从事教学工作，视教学为低水平工作。在波兰学者兹纳涅茨基的《知识人的社会角色》一书中，教育者角色就处于一种十分尴尬的地位，尽管他也认为教育者角色在现代社会愈来愈重要，但是他也指出，“这种工作花费很多精力；虽然从社会角度讲

---

① 陈寅恪：《寒柳堂集》，上海古籍出版社1980年版，第162页。

② 1940年，“中央研究院”拟设民族研究所，欲请有“非汉语语言学之父”美誉的李方桂先生执掌。时任“中央研究院”总干事的傅斯年多次登门拜访，李方桂坚辞不就，对傅斯年说：“我认为，研究人员是一等人才，教学人员是二等人才，当所长做官的是三等人才。”参见黄俊伟：《说过去的教授和现在的教授》，《书屋》，2004年第5期。

它很重要，但在科学上却毫无成果。因此，活跃在上述角色中的学者，很少想去执行这一角色。在较老的学派中，这一角色往往暂时委派给至今未曾获得过高水平学术的人担任；或永久委派给那些无望对学术知识增加提供意义的人担任”①。兹纳涅茨基的观点代表了不少人的看法，如前述我国学者把教学人员看做二等人才即属此类。由于上述原因，作为学者的大学教师，其知识人的角色抉择定位中有放弃科学知识链的下游角色而直奔中游乃至上溯至源头的倾向。也就是说，大学教师倾向于选择扮演真理的发现者、组织者、贡献者或真理的斗士而放弃扮演知识的传播者角色，而现代大学以科研为导向的实用主义管理制度又进一步加剧了这一倾向。结果致使大学教师忽视或轻视教学，从而影响了大学教学质量。这在一定程度上影响了大学教师的形象。我们认为，探索高深学问与培养高级专门人才是现代大学的根本使命，现代大学是兼具学术性与教育性两重属性的特殊组织。所以，教育者与学者角色是现代大学教师缺一不可的职业角色，只有这样才能成为一个合格的现代大学教师。陈寅恪虽然只把研究作为自己的乐趣，但是，他实践中始终把科研成果与教学内容二者有机结合起来，使学术研究成果丰富教学内容，而教学中坚持“三不讲”原则又反过来促使他不断地进行新的学术研究与创新，如此便使教学与科研真正达到了相互促进。这是他成功践行教育者与学者角色非常重要的原因。而鉴于对学术与政治关系的认识以及知识人对社会贡献方式的理解，陈寅恪认为唯有学术才是读书人的最终安身之地。在西南联大时期，面对闻一多等一些西南联大师生积极参与民主运动和一大批学生弃学从军，陈寅恪表达了相反的观点，他认为越是在国家民族危难时刻越要看到为将来建设国家储备人才的必要，大学生是未来国家建设的生力军，大学师生报效国家的主要方式不是战场而是学术。简言之，陈寅恪认为大学教师应坚持学术本位。我们认为，现代大学仍然是“社会的良心”，大学教师至少其中一部分人应当成为社会良知的代言人、扮演知识分子角色。但是，他们是以自己的科学理性精神和能力为基础来针砭社会时弊、维护合理的社会秩序而不是一般的议论和发牢骚，他们的言行应是其高度社会责任感、道德感的具体展现。也就是说，专业能力是大学教师对社会公共事务发挥影响的基础。换言之，大学教师作为知识人对社会的贡献应主要立足于学者和教育者的方式，在此基础上寻求对专业领域的超越而关注社会公共事务，从而表现出强烈的人文精神。他们是一群“在理性背后有对正义的激情，在科学背后有对真理的渴求，在批判背后有对更美好的事物的憧

① ［波兰］弗·兹纳涅茨基著，郑斌祥译：《知识人的社会角色》，译林出版社 2000 年版，第 103 页。

憬"[1] 的人。

理想是一种信念，它需要有一定的条件支持才能更好地变为现实。塑造理想的大学教师角色形象应是每一个从事大学教师职业的人的一种职业信念，它也需要有相应的制度条件做保障，笔者认为大学自治和学术自由应是其中最基本的制度，但本书由于篇幅所限以及学者们在此问题上的相关论著较多，因此不再赘述。

本书至此差不多已经结束了，但一直感觉还有一个问题萦绕在心头没有得到很好地解决，那就是我经常自问或者被问的一个问题：研究大学教师的理想形象对于我们今天的大学教师来讲有什么意义？我想只能借用毛泽东的一句名言来表达我的一个简单的想法，那就是："人是要有一点精神的。"[2] 毛泽东这里所说的精神就包括思想、理想、信念、高尚的道德情操等。"理想与信念的确立是人精神生活的核心"[3]，理想犹如海上的灯塔指引舵手冲破迷雾顺利地抵达港口一般，导引着人在躁动不安的物欲世界中保持满腔的热情去追寻生命的价值与意义。建构大学教师的理想职业角色形象就是为大学教师树立一个理想、一个目标和一个信念。也许不是每一个大学教师都能最终成就理想的大学教师形象，但若能激励每一个大学教师都产生一种"虽不能至，心向往之"的追求，这也是一种理想。

---

① ［法］雅克·勒戈夫著，张弘译：《中世纪的知识分子》，商务印书馆 2002 年版，第 3 页。

② 《毛泽东文集》第 7 卷，人民出版社 1999 年版，第 162 页。

③ Helminiak D A. The Human Core Spirituality：Minds as Psyche and Spirit，State University of New York Press，1996，p. 128.

主要参考文献

一

[1] 马克思恩格斯全集（第1卷）[M]．北京：人民出版社，1952.

[2] 牛津现代高级英汉双解辞典（第三版）[M]．伦敦：牛津大学出版社，1984.

[3] [日] 平冢益德．世界教育辞典 [M]．黄德诚，等，译．长沙：湖南教育出版社，1989.

[4] [波兰] 弗·兹纳涅茨基．知识人的社会角色 [M]．郑斌祥，译．南京：译林出版社，2000.

[5] [德] 恩斯特·卡西尔．人论 [M]．甘阳，译．上海：上海译文出版社，2003.

[6] [德] 费希特．费希特著作全集（第四卷）[M]．郭大为，译．北京：商务印书馆，2000.

[7] [德] 费希特．论人的使命 [M]．梁志学，等，译．北京：商务印书馆，1982.

[8] [德] 费希特．论学者的使命 [M]．梁志学，等，译．北京：商务印书馆，1980.

[9] [德] 康德．纯粹理性批判 [M]．邓晓芒，译．北京：人民出版社，2004.

[10] [德] 康德．判断力批判 [M]．邓晓芒，译．北京：人民出版社，2002.

[11] [德] 马克斯·韦伯．论经济与社会中的法律 [M]．张乃根，译．北京：中国大百科全书出版社，1998.

[12] [德] 马克斯·韦伯．学术与政治 [M]．钱永祥，等，译．桂林：广西师范大学出版社，2004.

[13] [德] 马克斯·韦伯．社会科学方法论 [M]．杨富斌，译．北京：华夏出版社，1999.

[14] [法] P·波丢. 人：学术者 [M]. 王作虹，译. 贵阳：贵州人民出版社，2006.

[15] [法] 米歇尔·莱马里，让一弗朗索瓦·西里内利. 西方当代知识分子史 [M]. 顾元芬，译. 南京：江苏教育出版社，2007.

[16] [法] 雅克·勒戈夫. 中世纪的知识分子 [M]. 张弘，译. 北京：商务印书馆，1996.

[17] [法] 朱里安·本达. 知识分子的背叛 [M]. 孙传钊，译. 长春：吉林人民出版社，2004.

[18] [古希腊] 亚里士多德. 尼各马可伦理学 [M]. 廖申白，译注. 北京：商务印书馆，2003.

[19] [古希腊] 亚里士多德. 尼各马科伦理学 [M]. 苗力田，译. 北京：中国社会科学出版社，1999.

[20] [古希腊] 亚里士多德. 形而上学 [M]. 苗力田，译. 北京：中国人民大学出版社，2003.

[21] [古希腊] 亚里士多德. 形而上学 [M]. 吴寿彭，译. 北京：商务印书馆，1959.

[22] [荷兰] 斯宾诺莎. 政治论 [M]. 冯炳昆，译. 北京：商务印书馆，1999.

[23] [荷兰] 斯宾诺莎. 神学政治论 [M]. 温锡增，译. 北京：商务印书馆，1982.

[24] [美] A·J·赫舍尔. 人是谁 [M]. 隗仁莲，译. 贵阳：贵州人民出版社，1994.

[25] [美] R·K·默顿. 科学社会学（上、下）[M]. 鲁旭东，等，译. 北京：商务印书馆，2004.

[26] [美] 爱德华·W·萨义德. 知识分子论 [M]. 单德兴，译. 北京：生活·读书·新知三联书店，2002.

[27] [美] 爱默生. 美国学者 [M]. 赵一凡，译. 上海：三联书店，1998.

[28] [美] 赫伯特·马尔库塞. 单向度的人 [M]. 刘继，译. 上海：上海译文出版社，2006.

[29] [美] 华勒斯坦，等. 学科·知识·权力 [M]. 刘健芝，等，编译. 北京：生活·读书·新知三联书店，1999.

[30] [美] 华勒斯坦等. 开放社会科学 [M]. 北京：生活·读书·新知三联书店，1999.

[31] [美] 卡尔·博格斯. 知识分子与现代性危机 [M]. 李俊等，译. 南京：

江苏人民出版社，2006.

[32] [美] 拉塞尔·雅各比. 最后的知识分子 [M]. 洪洁，译. 南京：江苏人民出版社，2006.

[33] [美] 刘易斯·科塞. 理念人——一项社会学的考察 [M]. 郭方，等，译. 北京：中央编译出版社，2004.

[34] [美] 迈克尔·米哈尔科. 创新精神——创造性天才的秘密 [M]. 刘悦欣，译. 北京：新华出版社，2004.

[35] [美] A·麦金太尔. 德性之后 [M]. 龚群，译. 北京：中国社会科学出版社，1995.

[36] [美] 威廉·巴雷特. 非理性的人 [M]. 段德智，译. 上海：上海译文出版社，2007.

[37] [美] 亚伯拉罕·马斯洛. 人类价值新论 [M]. 胡万福，译. 石家庄：河北人民出版社，1988.

[38] [美] 约瑟夫·本—戴维. 科学家在社会中的角色 [M]. 赵佳苓，译. 成都：四川人民出版社，1985.

[39] [英] J·B·伯里. 思想自由史 [M]. 宋桂煌，译. 长春：吉林人民出版社，1999.

[40] [英] 弗兰克·富里迪. 知识分子都到哪里去了 [M]. 戴从容，译. 南京：江苏人民出版社，2005.

[41] [英] 齐格蒙·鲍曼. 立法者与阐释者 [M]. 洪涛，译. 上海：上海人民出版社，2000.

[42] [英] 塞缪尔·斯迈尔斯. 品格的力量 [M]. 宋景堂，等，译. 北京：北京图书馆出版社，2001.

[43] [英] 汤因比，[日] 池田大作. 展望二十一世纪——汤因比与池田大作对话录 [M]. 荀春生，等，译. 北京：国际文化出版公司，1985.

[44] [英] 约翰·密尔. 论自由 [M]. 程崇华，译. 北京：商务印书馆，1982.

[45] [英] 约翰·齐曼. 元科学导论 [M]. 刘君君，等，译. 长沙：湖南人民出版社，1988.

[46] 北京大学哲学系外国哲学史教研室. 西方哲学原著选读（上） [M]. 北京：商务印书馆，1981.

[47] 许良英，等. 爱因斯坦文集（第 3 卷） [M]. 北京：商务印书馆，1979.

[48] [德] 第斯多惠. 德国教师培养指南 [M]. 袁一安，译. 北京：人民教育

出版社，2001.

[49] [德] 雅斯贝尔斯. 什么是教育 [M]. 邹进，译. 北京：生活·读书·新知三联书店，1991.

[50] [美] D. John Mclntyre，Mary John O'Hair. 教师角色 [M]. 丁怡，马玲，等，译. 北京：中国轻工业出版社，2002.

[51] [美] S·E·佛罗斯特. 西方教育的历史和哲学基础 [M]. 吴元训，等，译. 北京：华夏出版社，1987.

[52] [美] 伯顿·R·克拉克. 高等教育系统——学术组织的跨国研究 [M]. 王承绪，等，译. 杭州：杭州大学出版社，1994.

[53] [美] 伯顿·克拉克. 高等教育新论——多学科的研究 [M]. 王承绪，等，译. 杭州：浙江教育出版社，2001.

[54] [美] 伯顿·克拉克. 探究的场所 [M]. 王承绪，译. 杭州：浙江教育出版社，2001.

[55] [美] 布鲁贝克. 教育问题史 [M]. 吴元训，等，译. 合肥：安徽教育出版社，1991.

[56] [美] 菲利普·G·阿特巴赫. 失落的精神家园——发展中与中等收入国家大学教授职业透视 [M]. 施晓光，主译. 青岛：中国海洋大学出版社，2006.

[57] [美] 何钦思. 教育现势与前瞻 [M]. 姚柏春，译. 北京：今日世界出版社，1976.

[58] [美] 亨利·罗索夫斯基. 美国校园文化——学生·教授·管理 [M]. 谢宗仙，译. 济南：山东人民出版社，1996.

[59] [美] 克拉克·科尔. 大学的功用 [M]. 陈学飞，等，译. 南昌：江西教育出版社，1993.

[60] [美] 克拉克·克尔. 高等教育不能回避历史——21世纪的问题 [M]. 王承绪，译. 杭州：浙江教育出版社，2001.

[61] [美] 肯·贝恩. 如何成为卓越的大学教师 [M]. 明廷雄，等，译. 北京：北京大学出版社，2007.

[62] [美] 欧内斯特·L·博耶. 关于美国教育改革的演讲 [M]. 涂燕国，方彤，译. 北京：教育科学出版社，2002.

[63] [美] 莎伦·F·拉里斯，等. 动态教师——教育变革的领导者 [M]. 侯晶晶，译. 北京：北京大学出版社，2006.

[64] [美] 斯蒂芬·D·布鲁克菲尔德. 大学教师的技巧 [M]. 周心红，等，

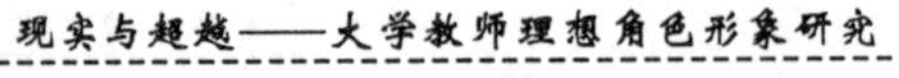

译. 杭州：浙江大学出版社，2005.

[65] [美] 亚伯拉罕·弗莱克斯纳. 现代大学论——美英德大学研究 [M]. 徐辉，陈晓菲，译. 杭州：浙江教育出版社，2001.

[66] [美] 约翰·S·布鲁贝克. 高等教育哲学 [M]. 王承绪，等，译. 杭州：浙江教育出版社，2002.

[67] [日] 筑波大学教育学研究会. 现代教育学基础 [M]. 钟启泉，译. 上海：上海教育出版社，2003.

[68] [日] 左藤学. 课程与教师 [M]. 钟启泉，译. 北京：教育科学出版社，2003.

[69] [西班牙] 奥尔特加·加塞特. 大学的使命 [M]. 徐小洲，等，译. 杭州：浙江教育出版社，2001.

[70] [西班牙] 戈培尔，等. 教师的角色转换 [M]. 万喜生，译. 长沙：湖南教育出版社，1991.

[71] [英] 博伊德，金合. 西方教育史 [M]. 任宝祥，吴元训，主译. 北京：人民教育出版社，1985.

[72] [英] 怀特海. 教育的目的 [M]. 徐汝州，译. 北京：生活·读书·新知三联书店，2002.

[73] [英] 约翰·亨利·纽曼. 大学的理想（节本）[M]. 徐辉，等，译. 杭州：浙江教育出版社，2001.

二

[74] 陈独秀文章选编（中）[M]. 北京：生活·读书·新知三联书店，1984.

[75] 毛泽东选集（第1卷）[M]. 北京：人民出版社，1991.

[76] 中共中央文件选集第一册（1921—1925）[M]. 北京：中共中央党校出版社，1982.

[77] 商务印书馆等. 辞源 [M]. 北京：商务印书馆，1988.

[78] 上海辞书出版社. 辞海 [M]. 缩印本. 上海：上海辞书出版社，1980.

[79] 中国社会科学院语言研究所词典编辑室. 现代汉语词典 [M]. 北京：商务印书馆，1996.

[80] 顾明远. 教育大辞典（第1卷）[M]. 上海：上海教育出版社，1990.

[81] 朱作仁. 教育辞典 [M]. 南昌：江西教育出版社，1987.

[82] 蔡元培. 蔡元培全集（第3卷）[M]. 北京：中华书局，1984.

[83] 陈刚. 西方精神史（上卷）[M]. 南京：江苏人民出版社，2000.

[84] 杜维明. 道学政——论儒家知识分子 [M]. 钱文忠，等，译. 上海：上海人民出版社，2000.

[85] 樊浩，田海平，等. 教育伦理 [M]. 南京：南京大学出版社，2000.

[86] 郝登峰. 现代精神动力论 [M]. 广州：广东人民出版社，2005.

[87] 何怀宏. 良心与正义的探寻 [M]. 哈尔滨：黑龙江人民出版社，2004.

[88] 何晓明. 知识分子与中国现代化 [M]. 上海：东方出版中心，2007.

[89] 胡伟希. 思想自由与民主政治. 政治中国（第一版）[M]. 北京：今日中国出版社，1998.

[90] 李猛. 韦伯：法律与价值 [M]. 上海：上海人民出版社，2001.

[91] 李友芝. 中外师范教育辞典 [M]. 北京：中国广播电视出版社，1994.

[92] 梁启超. 清代学术概论 [M]. 北京：中国人民大学出版社，2004.

[93] 刘放桐. 新编现代西方哲学 [M]. 北京：人民出版社，2000.

[94] 蒙培元. 心灵超越与境界 [M]. 北京：人民出版社，1998.

[95] 倪梁康. 理念人：激情与焦虑 [M]. 北京：北京大学出版社，2007.

[96] 唐君毅. 人文精神之重建（一、二）[M]. 桂林：广西师范大学出版社，2005.

[97] 陶东风. 社会转型与当代知识分子 [M]. 北京：生活·读书·新知三联书店，1999.

[98] 王国银. 德性伦理研究 [M]. 长春：吉林人民出版社，2006.

[99] 王海明. 伦理学原理 [M]. 北京：北京大学出版社，2001.

[100] 王小波，等. 知识分子应该干什么 [M]. 北京：时事出版社，1999.

[101] 王增进. 后现代与知识分子社会位置 [M]. 北京：中国社会科学出版社，2003.

[102] 许纪霖. 20世纪中国知识分子史论 [M]. 北京：新星出版社，2005.

[103] 叶启政. 社会、文化和知识分子 [M]. 台北：东大图书公司出版，1984.

[104] 叶泽雄. 社会理想论 [M]. 武汉：武汉大学出版社，1998.

[105] 尤西林. 阐释并守护世界意义的人 [M]. 西安：陕西人民出版社，2006.

[106] 尤西林. 人文精神与现代性 [M]. 西安：陕西人民出版社，2006.

[107] 余英时. 现代学人与学术（余英时文集第五卷）[M]. 桂林：广西师范

大学出版社，2006.

[108] 余英时. 中国知识人之史的考察 [M]. 桂林：广西师范大学出版社，2004.

[109] 张汝伦. 思考与批判 [M]. 上海：上海三联书店，1999.

[110] 章太炎. 国学概论 [M]. 上海：上海古籍出版社，1997.

[111] 赵汀阳. 论可能生活 [M]. 北京：中国人民大学出版社，2004.

[112] 郑也夫. 知识分子研究 [M]. 北京：中国青年出版社，2004.

[113] 祝勇. 知识分子应该干什么——一部关乎命运的争鸣录 [M]. 北京：时事出版社，1999.

[114] 陈洪捷. 德国古典大学观及其对中国的影响 [M]. 北京：北京大学出版社，2006.

[115] 陈学飞. 美国、德国、法国、日本高等教育思想研究 [M]. 上海：上海教育出版社，1999.

[116] 陈寅恪. 陈寅恪集·书信集 [M]. 北京：生活·读书·新知三联书店，2001.

[117] 陈寅恪. 寒柳堂集 [M]. 上海：上海古籍出版社，1980.

[118] 陈永明. 现代教师论 [M]. 上海：上海教育出版社，1999.

[119] 程巢父. 思想时代 [M]. 北京：华夏出版社，2004.

[120] 单中惠. 外国教育思想史 [M]. 北京：高等教育出版社，2000.

[121] 杜作润. 世界著名大学概览 [M]. 成都：四川人民出版社，1994.

[122] 高平叔. 蔡元培教育论著选 [M]. 北京：人民教育出版社，1991.

[123] 郭丽君. 大学教师聘任制 [M]. 北京：经济管理出版社，2007.

[124] 韩延明. 大学理念论纲 [M]. 北京：人民教育出版社，2003.

[125] 侯晶晶. 关怀德育论 [M]. 北京：人民教育出版社，2005.

[126] 胡守为. 陈寅恪与二十世纪中国学术 [M]. 杭州：浙江人民出版社，2000.

[127] 扈中平. 教育目的论（修订版）[M]. 武汉：湖北教育出版社，2004.

[128] 华东师大教育系，等. 西方古代教育论著选 [M]. 北京：人民教育出版社，2001.

[129] 黄福涛. 外国高等教育史 [M]. 上海：上海教育出版社，2003.

[130] 黄俊杰. 大学通识教育探索 [M]. 广州：中山大学出版社，2002.

[131] 蒋天枢. 陈寅恪先生编年事辑 [M]. 上海：上海古籍出版社，1997.

[132] 教育部人事司. 高等教育学 [M]. 修订版. 北京：高等教育出版社，1999.

[133] 金耀基. 大学之理念 [M]. 北京：生活·读书·新知三联书店，2001.

[134] 瞿保奎. 教育学文集（教师卷）[M]. 北京：人民教育出版社，1991.
[135] 李彦奎. 高等学校教师论 [M]. 天津：天津人民出版社，1989.
[136] 林玉体. 西方教育思想史 [M]. 北京：九州出版社，2006.
[137] 刘宝存. 大学理念的传统与变革 [M]. 北京：教育科学出版社，2004.
[138] 刘捷. 专业化：挑战 21 世纪的教师 [M]. 北京：教育科学出版社，2002.
[139] 刘克敌. 陈寅恪和他的同时代人 [M]. 北京：文化艺术出版社，2006.
[140] 刘述礼，黄延复. 梅贻琦教育论著选 [M]. 北京：人民教育出版社，1993.
[141] 鲁洁，吴康宁. 教育社会学 [M]. 北京：人民教育出版社，1998.
[142] 陆建东. 陈寅恪的最后 20 年 [M]. 北京：生活・读书・新知三联书店，1995.
[143] 吕达，周满生. 当代外国教育改革著名文献（美国卷・第三册）[M]. 北京：人民教育出版社，2004.
[144] 吕达，周满生. 当代外国教育改革著名文献（美国卷・第一册）[M]. 北京：人民教育出版社，2004.
[145] 孟育群，等. 现代教师论 [M]. 哈尔滨：黑龙江教育出版社，1991.
[146] 潘懋元. 高等学校教学原理与方法 [M]. 北京：人民教育出版社，1995.
[147] 潘懋元. 新编高等教育学 [M]. 北京：北京师范大学出版社，1996.
[148] 潘艺林. 大学的精神状况——高等教育批判功能引论 [M]. 北京：中央编译出版社，2004.
[149] 庞丽娟. 教师与儿童发展 [M]. 北京：北京师范大学出版社，2003.
[150] 钱伟长. 新技术革命与高等教育 [M]. 北京：教育科学出版社，1984.
[151] 阮成武. 主体性教师学 [M]. 合肥：安徽大学出版社，2005.
[152] 申继亮，辛涛. 教师素质论纲 [M]. 北京：华艺出版社，2001.
[153] 施晓光. 美国大学思想论纲 [M]. 北京：北京师范大学出版社，2001.
[154] 石中英. 知识转型与教育改革 [M]. 北京：教育科学出版社，2001.
[155] 宋嗣廉，韩力学. 中国师范教育通览（历史卷）[M]. 沈阳：东北师范大学出版社，1998.
[156] 眭依凡. 大学校长的教育理念与治校 [M]. 北京：人民教育出版社，2001.
[157] 孙彩平. 教育的伦理精神 [M]. 太原：山西教育出版社，2004.
[158] 孙培青. 中国教育史（修订版）[M]. 上海：华东师范大学出版社，2000.
[159] 台湾师范教育学会. 师范教育政策与问题 [M]. 台北：师大书苑公司，

1990.

[160] 檀传宝. 教师伦理学专题 [M]. 北京: 北京师范大学出版社, 2000.

[161] 涂又光. 中国高等教育史论 [M]. 武汉: 湖北教育出版社, 2003.

[162] 王川. 学界泰斗陈寅恪传 [M]. 广州: 广东人民出版社, 2006.

[163] 王恩华. 学术越轨批判 [M]. 长沙: 湖南师范大学出版社, 2005.

[164] 王坤庆. 精神与教育 [M]. 上海: 上海教育出版社, 2002.

[165] 王全林. 精神式微与复归——"知识分子"视角下的大学教师研究 [M]. 南京: 南京师范大学出版社, 2006.

[166] 王天一, 等. 外国教育史 (上) [M]. 北京: 北京师范大学出版社, 1993.

[167] 王正平. 人民教师的道德修养 [M]. 北京: 人民教育出版社, 1993.

[168] 吴定宇. 学人魂——陈寅恪传 [M]. 上海: 上海文艺出版社, 1996.

[169] 吴剑平. 清华名师谈治学育人 [M]. 北京: 清华大学出版社, 2003.

[170] 熊明安. 中国高等教育史 [M]. 重庆: 重庆出版社, 1988.

[171] 徐辉, 季诚均, 等. 大学教学概论 [M]. 杭州: 浙江大学出版社, 2004.

[172] 薛天祥. 高等教育学 [M]. 桂林: 广西师范大学出版社, 2001.

[173] 杨德广. 高等教育学概论 [M]. 上海: 华东师范大学出版社, 2002.

[174] 杨东平. 大学精神 [M]. 上海: 文汇出版社, 2003.

[175] 叶谰, 等. 教师角色与教师发展新探 [M]. 北京: 教育科学出版社, 2001.

[176] 臧乐源. 教师学 [M]. 天津: 天津人民出版社, 1987.

[177] 张法琨. 古希腊教育论著选 [M]. 北京: 人民教育出版社, 1994.

[178] 张杰杨, 燕丽. 追忆陈寅恪 [M]. 北京: 社会科学出版社, 1999.

[179] 张应强. 文化视野中的高等教育 [M]. 南京: 南京师范大学出版社, 1999.

[180] 郑启明, 薛天祥. 高等教育学 [M]. 上海: 华东师范大学出版社, 1985.

[181] 周光讯, 等. 哲学视野中的高等教育 [M]. 青岛: 中国海洋出大学出版社, 2006.

[182] 周浩波. 教育哲学 [M]. 北京: 人民教育出版社, 2000.

[183] 朱小蔓, 等. 教育职场: 教师的道德成长 [M]. 北京: 教育科学出版社, 2004.

[184] 刘亚敏. 大学精神探论 [M]. 青岛: 中国海洋大学出版社, 2006.

[185] 姚利民. 有效教学研究 [D]. 上海: 华东师范大学, 2004.

[186] 胡金平. 学术与政治之间: 大学教师社会角色的历史分析 [D]. 南京:

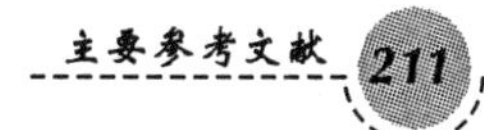

南京师范大学，2005.

[187] 吴鹏. 大学教师聘任制：基于“角色”概念的研究 [D]. 武汉：华中科技大学，2003.

三

[188] Helminiak D A. The Human Core Spirituality: Minds as Psyche and Spirit [M]. New York: State University of New York Press, 1996.

[189] George Sarton. History of Science [M]. London: Oxford University Press, 1953.

[190] Hutchins R M. The University of Utopia [M]. Chicago: The University of Chicago Press, 1936.

[191] Gardner J F. Education in Search of the Spirit: Essays on American Education [M]. New York: Anthroposophy Press, 1995.

[192] Jaspers, Karl. The Idea of the University [M]. London: Peter Owen Ltd., 1965.

[193] Lorin W. Anderson (ed.). International Encyclopedia of Teaching and Teacher Education [M]. UK: Elsevier Science Ltd., 1995.

[194] Newan, John Henry Cardinal. The Idea of a University: Defined and Illustrated [M]. Chicago, Ⅲ: Loyola University Press, 1987.

[195] Paul, Westmerer. A History of American Higher Education [M]. Spring field: Charle C. Tomas, 1985.

[196] Edgar H. Schein. Career Anchors and Job/Role Planning: The Links between Career Planning and Career Development, Career Development Theory and Practice [M]. IL: Charles C Thomas, 1992.

[197] Shulman, L. S. Knowledge and teaching: Foundation of the new reform [J]. Harward Educational Review, 1987, 57 (1): 1～22,

[198] The Oxford English Dictionary [M]. Oxford: Clarendon Press, 1989.

后　记

大学历来被誉为“象牙塔”，此“象牙塔”意味着大学当是社会精神的“定针”和“风向标”，以烛照社会之方向。大学教师作为大学精神的承载者，当如何方能不辱使命？本书是在我的博士学位论文基础上修改而成的。当初我选择这一题目作为博士论文选题，既源于对自身职业生涯的沉思，也出自对大学教师职业群体在物质至上时代所表现出的种种现象的反思。大学教师是谁？这一命题既是理论的，更是行动的。然观念决定行动，我唯愿通过自己的一点初浅认识为自己也为当今众多的大学教师个体树立一个前行的“塔标”。

真诚地感谢我的导师王坤庆教授。我的论文是在老师的悉心指导下完成的，从最初反复地推敲、修改选题到后来论文的写作、修改和定文，老师一直是不厌其烦、诲人不倦，尤其是在后期修改阶段，老师身体抱恙仍时刻不忘叮嘱、指导我们仔细推敲修改。这些年来，老师在我学业、工作和生活上给予了无微不至的关怀，更对我求学期间的“不务正业”表现了极大理解和宽容。老师不仅是“经师”，更是“人师”。“先做人后做事”这是老师对我们每一位学生的要求，所以，每当我们有了人生的难题或者困惑，不论何时何地老师总会及时地为我们解惑。老师以其渊博的学识和高尚的人格魅力生动形象地诠释了一个优秀大学教师的含义。感谢师母罗丽霞女士，罗老师为人热情、热心、爽朗，对我们就像子女一般。感谢师母以其丰富的生活智慧为我们解答了一个又一个的难题。我有幸遇到了这样的好导师和师母，感激之情难以言表，唯有在心底道一句“谢谢”聊表我意。

衷心感谢郭文安教授，感谢郭老先生在百忙之中抽出宝贵的时间对我论文写作的点拨，与郭老的每一次交流都使我获益匪浅，也感谢慈祥的郭老先生对我工作、生活的关心。感谢涂艳国教授、杜时忠教授、董泽芳教授、郭元祥教授、程红艳博士、易东平博士等人对我论文框架的批评与指导，是你们的建设性建议与意见促使我不断完善论文写作的思路，最终能够顺利完成论文的写作。由衷地感谢程斯辉教授和明庆华教授，十几年来，你们像父母一样关心我的家庭、工作和学习，指导我每一个阶段的发展，你们是我人生路上的引路人！

感谢我的学友群体。我的同门学友们形成了一个团结、真诚、和谐的群体，他（她）们有：岳伟博士、吴亚林博士、刘合荣博士、湛卫清博士、冯青来博士、陈翠荣博士、卢洁莹博士、许锋华博士、陈荣博士、汤广全博士、张业茂博士、邹心胜博士、唐子江博士、王治高博士……每一次聚会大家议文论学、话人生、聊生活，亲如一家，使枯燥的学业生活增添了许多生活的乐趣。

感谢江汉大学教育学院的诸位领导和同仁对我的支持和帮助。

本书的出版也得益于华中师范大学出版社的诸位编辑老师们，在此一并送上诚挚的谢意！

吕素珍

2012 年 6 月